「十三五」江苏省高等学校重点教材
江苏省高校青蓝工程优秀教学团队
首批国家一流专业“产品设计”建设成果

开辟新的传统文化载体——
利用中国方式进行当代产品设计

理念
美学
情感
使用

中国人特有的观念

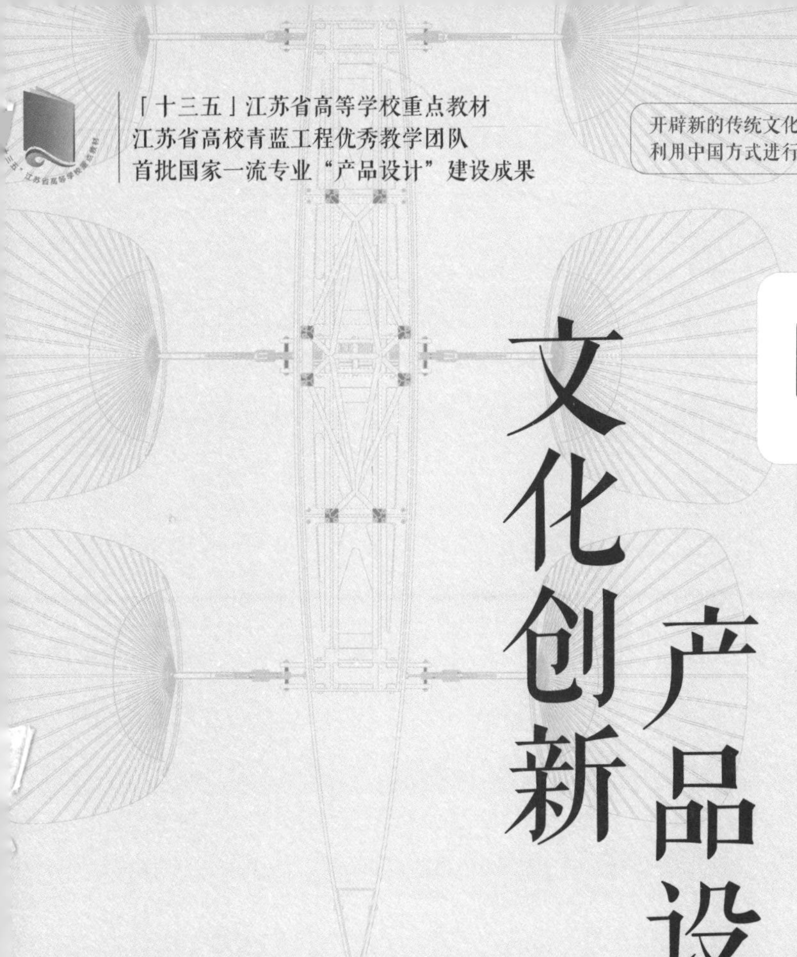

文化创新产品设计

张明 著

From Chinese style to Chinese Method

从“中国样式”到“中国方式”

文化在流变中迭代，要向外传播，第一要务是被人解读

解读「中国方式」的相关文化概念，提炼中国传统生活方式的特征和方法

继承和发扬传统的文化形式

江苏凤凰美术出版社

2019 年江苏省高等教育教改研究立项课题 2019JSJG248：国际化视野下中国传统文化创新产品设计教学课题研究

2019 江苏高校青蓝工程优秀教学团队 ZX212YJ11/001：国际化视野下的传统造物创新产品设计课程教学团队

目录

第四章　中国方式特征与造物延续的路径之二——伦理与等级方式

第五章　中国方式特征与造物延续的路径之三——材料与构件方式

第六章　中国方式特征与造物延续的路径之四——生产与使用方式

第七章　中国方式特征与造物延续的路径之五——社会活动方式

序

张明博士所著的《文化创新产品设计》通过解读“中国方式”的相关文化概念，从东西方传统造物观的比较入手，探讨生活方式与设计风格之间的关系，从审美与抒情方式、伦理方式、材料方式、使用方式、社会生活方式等多个方面提炼中国传统生活方式的特征，理清中国方式在设计思维层面上的理念、框架、思维视角。以大量中国方式设计研究与设计实践案例为基础，总结中国方式运用在现代产品设计中的艺术语言与方法，致力于找到一套面向现在和未来的行之有效的中国式造物理论，作为中国传统文化现代转译的通道。

“传薪”：传火于薪。语出《庄子·养生主》：“指穷於为薪，火传也，不知其尽也。”表达了取光照物的烛薪终会燃尽，而火种却传续下来，永远不会熄灭的意思。

“设计”是把“现有的景象”向更好的方向引导的行为。人类通过劳动改造世界、创造文明、创造物质和精神财富，最基础最主要的创造活动是“造物”，设计便是造物活动的预先计划。

“思维”，贯穿在两个方面，一是“思想”既理性认识，二是“思考”既理性认识的过程。“创造性思维”是反映事物本质和内在、外在有机联系，具有新颖的广义模式的一种可以物化的思想和思考活动。其特点是具有高度新颖性，获得成果过程的特殊性，对问题求解的有效性和对事物发展具有的重大影响性，它表现在“选择”、“突破”、“重构”这三者的关系与统一。而最关键的是善于进行“重新构建”，有效而及时地抓住新的本质，构筑起新的思维框架。

“设计思维”是一套如何进行创新探索的方法论系统，包含了触发创意的方法。设计思维以人们生活品质的持续提高为目标，依据文化的和技术的方式与方法开展创造优先未來的设计与实践。而设计师是善于掌握并运用符号构建起新的思维框架的人，他们善于设定“未来”，往往采用“由果到因”的思维模式，提出解决问题的方案既是解决问题的起点也是终点。

传薪、设计、思维、设计思维、方法论，我们将这些词汇整合起来，就构建起一种基于传统文化视角的创新设计的思维与方法，这是一种设计中的“微笑曲线”，正如孔子在《论语·子罕》中所说的“叩其两端”，遇到问题从两端来考虑，这是孔子认识事物处理问题的方式：“吾有知乎哉？无知也。有鄙夫问于我，空空如也。我叩其两端而竭焉。”面对问题怎么办呢？那就是“叩其两端而竭”。叩住传统造物智慧，启迪当下和未来，提出新的设计概念；叩问事物的始终、本末、上下、精粗、内外、高低等正反两端的情况，深入探究，从而把握事物的内在规律和本质，提出解决问题的方案。

2014 年，习总书记在十八届中央政治局第十三次集体学习时指出，弘扬中华优秀传统文化，“要处理好继承和创造性发展的关系，重点做好创造性转化和创新性发展”。这为我们创新设计的思想和方法指引了一个方向，提供了一条创新设计的文化内生力。产品的外在意义是满足了人们的使用需求，而产品的内在意义是满足了人们的一种情感的意义、一种体验的意义、一种方式的意义、一种品质的意义，只有同时关注人与物的全部关系，产品才真正进入创新的状态，在这其中文化是产品内在意义的诠释者，是产品创新的另一种内生动力。

我们需要叩住历史与未来，重新激活中国传统造物思想中的智慧，激活中国造物文化自身内在的意义，启迪我们的创新思维，面对现实存在的问题，运用现代技术手段，创造出符合现代人类生活方式的产品，以提升我们的生活品质，这是一个十分有诱惑的思路，也是中国传统造物思想在当代应用的一条研发路径。

何晓佑 博士

南京艺术学院教授、博士生导师

中国工业设计协会特邀副会长兼设计研究专委会主任

2021 年 12 月 22 日

学生作品：《二十四节气——立夏》
作者：黄亦佳
获奖信息：2018 年全国大学生工业设计大赛金奖，第四届“紫金奖”文化创意设计大赛银奖

0 绪论

一、中国方式设计提出的背景

二、中国现代产品设计发展历程及中国方式设计研究现状

三、当下中国传统文化在现代设计中的运用方式

四、东西方本土文化的全球解读

五、本书在寻求设计理论和实践研究上的突破与创新的几个方面

绪论

一、中国方式设计提出的背景

刘勰在《文心雕龙》中说："望今制奇，参古定法。"意思是只有参考古人总结下来的方法，我们当今的创新才能出彩。中国传统文化是中华文明演化而汇集成的一种反映民族特质和风貌的民族文化，是民族历史上各种思想文化、观念形态的总体表征，是指居住在中国地域内的中华民族及其祖先所创造的、为中华民族世世代代所继承发展的、具有鲜明民族特色的、历史悠久、内涵博大精深、传统优良的文化。它不仅是中国的艺术设计取之不尽、用之不竭的智慧源泉，还是中国艺术设计的根之所在。中国的传统文化一直以来都是世人所想了解与运用的素材。中国的设计历经数千年文化洗礼，形成了独特的民族特色，在设计的功能、形式、材质等多方面体现了杰出的创造力，成就可谓辉煌。时至近些年，经济"全球化"趋势影响所及，各国间不仅在经济方面的联系空前密切，文化上的交流也呈现出前所未有的局面，本土文化与异域文化的关系问题日趋尖锐，传统文化受到西方观念及思维方式的强烈冲击，应接不暇的新科技、新文化、新观念洗刷着国人的思想。与此同时，设计作为文化的载体，其发展也遭遇到此类的问题，在经历"盲目西化"与"文化回归"的阶段之后，中国设计的发展似乎迷失了方向，传统文化更不知如何应用到现代设计。所以，在文化空前交融的时代背景下，结合传统文化与现代时尚，探究中国方式，思考可以全球解读、具有中国文化特征的现代产品设计方法，就显得尤为紧迫和必要。

中国文化已有五千年历史，发展到当今的高度，最令人惊叹的莫过于传统文化从古至今的延续性。和中国文化具有同等历史长度的其他古文化，有的发展到一定的高度由于一些知名或不知名的原因突然消失，不复存在，有的虽一直持续发展，但展现出的是一种"跳跃式"极不稳定的发展路线。只有中国文化，以儒家哲学为根基，在几千年的历史长河中持续、稳定、绵延不断地慢慢发展壮大。然而在五四运动时期，中国文化经历了一小段时期内的“文化断层”，中国彻底打开了面向西方的大门，西方文化强势入侵，国内民众生活贫苦不堪，相比之下西方文化具有强大的诱惑力，人们不经过多思考，开始摒弃传统文化，宣扬西方文化，这段时期内传统文化的发展受到了很大的局限和阻碍。值得庆幸的是，1978 年改革开放后，中国逐渐以大国的身份出现在国际舞台，经济实力不断增长，各行各业呈现出一派欣欣向荣的景象。国人的自信心增强了，当年的“西学东渐”早已过去，“东学西渐”成为大势所趋，国学、中国文化、中国方式开始在世界范围内受到广泛的关注。当然，在我们看来，传统文化复兴不仅仅是中国的传统文化拿到当今继续发扬光大，而更应该在新的历史条件下，我们在现代西方文化之上，发展具有中国传统特征的新文化。我们认为这样的新文化具备两点要求：一是继续保有传统文化的魅力，不失传统内涵；二是可以全球解读，异域文化中的人应该也可以无障碍理解和剖析。所以利用中国方式进行当代的产品设计就是一个很好的探索传统文化的方法，脱离固有的传统元素符号的束缚，从中国人的审美抒情、等级观念、材料运用、生产与使用、社会生活等多方面来体现中国人特有的观念将是具有中国文化特征产品设计的重要方向。

新儒家学派的大家之一，也是中国台、港最具社会影响力的政论家徐复观有言，“在人的具体生命的心性中，发掘出道德的根源、人生价值的根源，不假借神话、迷信的力量，使每一个人，能在自己一念自觉之间，即可于现实世界中生稳根、站稳脚；并凭人类自觉之力，可以解决人类自身的矛盾，以及由此矛盾所产生的危机——中国文化在这方面的成就，不仅有历史的意义，同时也有现代的、将来的意义。”[1] 伴随着世界经济的发展和各国间交流的不断加强，全球化已深深地将我们囊括其中。但任何事物都有两面性，全球化也不例外。在加强本土经济发展、密切联系各区域关系的背后，全球化也正在以惊人的速度抹杀各个国家的地域文化。在这一进程中，相当程度上本土文化的优势和特色不复存在，大家正在失去各自传统的特点，表现出“千人一面”的文化性和“同质化”的产品产出，这是与当下消费者的需求完全背道而驰的。当下许多国家已经开始意识到，全球化实际上带来了一场文化危机，如何在强势文化的冲击下，保有自己本国的地域文化特色，加强民众对本土文化的价值认同，发展传统文化走进当下，形成一种良性循环的友好氛围，这是大家目前不得不面对并且急需要解决的。一旦处理不力，区域文化很可能就此淹没在文化大潮中。

对中国而言，设计研究和设计教育发展较晚，特别是工业产品设计。工业设计专业在国外已有很长历史，而中国的设计研究不过几十年。虽然中国历史

1　徐复观 . 中国艺术精神 [M]. 北京：商务印书馆 , 2010.

上从来不缺造物理论和造物智慧，中国传统文化的研究也提出不少，但多数仍然停留在理论分析、案例分析等理论分析层面，不结合当下的设计实践，很难提出具有现实意义的方法论总结。在现实的操作过程中，我们发现中国传统文化特征现代转译的两大难点：一是中国传统文化渊源流程博大精深，我们难以在分类学上对中国传统的方式进行一个全面而又清晰的分类界定；二是传统文化的抽象、虚无、不可捉摸等一系列的特点导致了我们当下转译到产品设计方法中的困难。中国的经济实力正走向世界大国，在这样的大背景下，设计产业的发展也必然需要进步，客观而言，中国设计缺乏民族特色，中国设计界缺乏融会传统文化的大师级设计师，中国的现代产品设计更是乏善可陈，现在的中国正以制造大国而闻名，这一现状是每一位爱国设计师都期望改变的，这也应当是作为一名设计师的社会责任。中国需要从“Made in China”向“Design in China”进行转变，从“价格创造者”向“价值创造者”转变，而这个转变的关键在于创造出具有中国特色的具有民族性格的产品。然而这并不是简单的活动，不仅要有对传统文化正确而深刻的解读，取其精华去其糟粕，更要考虑如何恰到好处地将民族文化用设计语言运用到具体的产品设计中，并满足现代人的生活需要。作为东方文化的宗主国，中国古代有关乎文化思想、设计技巧、技术美学等多层面的设计思想与造物理论，但到了现代这些理论并没有随着社会的发展而创新，造成了设计思想的断层。放眼我们周围，日本很早就树立起了他们在东方设计中的标杆，凭借的就是本国地域特色的设计哲学，后起的韩国与中国台湾，同样是沿着各自文化的特色，设计产业蓬勃发展，他们都找到了传统文化现代化的转译方式，将自己的传统方式传达给全球。中国，急需找到一条由传统到现代的转译通道，把传统文化方式通过设计推向世界。

二、中国现代产品设计发展历程及中国方式设计研究现状

二十世纪六十年代到七十年代，工业产品设计被引入中国的高等教育。但由于十年“文革”的政治运动，中国的政治、经济、文化都处于百废待兴的状态。所以相当长的一段时期内，产品设计在中国并没有运用于实际的工业生产中。八十年代初，中国逐渐脱离“文革”的影响，大力发展经济，制造业开始复兴，产品设计逐渐开始运用于实际工业生产中。不过，由于当时企业老总和生产制造人员的认识有限，他们并不真正理解产品设计的内涵，往往与传统的工艺美术混为一谈，认为产品设计就是对产品外观的一种装饰手法，使产品呈现出一种好看的形态。并且由于成本所限，当时的人们的生产手段基本上

是拿取国外现有的产品，用所谓的“产品设计”的方法稍作修改，继而生产制造，以避免产权纠纷。事实上，即使在现在，相当多的中小企业仍然延续这种生产制造的“方法。”所以在这个阶段，产品设计的意义并没有得到人们足够的重视，人们只是利用其来做一些生产制造的“表面功夫”。九十年代开始，随着改革开放和全球化的到来，大量的国外企业进驻中国，抢占中国市场。国外企业的产品都以研发和创新取胜，中国本土产品相形见绌。可以说，这对中国本土制造业的打击是巨大的。于是，海尔、长虹等一批大型老牌国有企业开始意识到传统的生产制造方法已经走不通，他们开始整合自身资源，设立自己的研发中心，运用产品设计的方法，走产品设计创新的道路。可以说，这个阶段，产品设计在大型国有企业得到了快速的发展，不在只于做表面装饰，而是全面深入到产品开发的各个阶段。但是中小企业仍然没有这个意识也没有这个能力用产品设计的方法导入开发流程，所以产品设计的发展是极不平衡的，供和求全部集中于大型国有企业。与此同时，西方的工业产品设计已走过百年历史。从 1840 年工业革命爆发到二十世纪八十年代，西方完成农业化到工业化的转化，在此期间，他们的工业设计也走过了各种风格阶段，形成了我们今天在工业设计史中看到的各式各样的风格样貌。二十世纪九十年代开始，随着互联网的推进和数字化进程的加快，第三次工业革命——信息技术革命爆发，极大地推动了人们经济、政治、文化、领域的变革，也极大地改变了人们的思维方式和生活方式。以物质为基础的工业经济，开始向以智力资源为基础的“知识经济”转型。设计创新作为这个时代条件下最有活力、最有效的生产要素，其重要性被空前凸现出来。2010 年以后，互联网产业全面进入大数据时代，深刻影响着产品设计的走向和变革。产品设计的手段和流程不断创新，设计的概念、形态、语言、工具和对象同样发生了巨大的变革。产品设计不再止于为硬件服务，交互设计的提出、服务设计的方法、整合创新的运用开始进入工业产品设计领域，具有地域特点的本土文化要素被设计师们提到了新的高度，中国方式、中国文化、传统文脉越来越多地出现在公众视野中，这一变化不同于以往设计内部的调整，它是前所未有的、全方位的、彻底的转“型”[1]。

中国文化博大精深源远流长，对于中国方式的设计研究主要以国内研究为主。但由于现代产品设计及产品设计理论都是从国外引进的，中国的产品设计

1　梅映雪 . 21 世纪中国艺术设计走向问题探讨——二论建立有民族优良“道器”文脉的“有机设计”体系 [J]. 美术观察 . 2004(01).

还处在艰难的摸索阶段，产品设计的理论还在雏形中，所以就目前而言，对中国传统方式设计的研究主要还是集中于文献和考古，通过分析器具和个案，提炼中国古代设计思想和古代造物智慧，而稀缺面向当代和未来的中国方式设计方法论。目前国内关于中国传统方式设计的研究主要有三个部分。首先，研究中国传统方式，必须要研究中国的传统文化，这部分主要通过中国古代美术史、工艺美术史表现出来，这也是学设计最早研习中国传统文化的方式。在我国，有近七百所大专院校开设了设计艺术专业，在这个专业的课程设置中，也基本上都有关于美术史、工艺美术史、设计史的理论与教育，这些艺术史论课程的开展，使中国传统文化的基本常识为更多人知晓，引发越来越多人对于传统文化的关注。另外，古代流传至今与艺术设计有关理论专著、当代学者对传统工艺探究的文献成果也是我们研究的有效途径。这部分可以参考的书目有，《周礼·考工记》、宋代沈括著《梦溪笔谈》、明代宋应星著《天工开物》、明代黄成撰、杨明著《霖饰录》，明代文震亨著《长物志》、清代王国维著《古礼器略说》等。当代学者对传统工艺探究的文献成果有：卢嘉锡主编的《中国科学技术史》、李约瑟的《中华科学文明史》等，考古学方面的有《文物》《考古》等杂志。这些课程的设置、书籍的论述普及了中国传统工艺美术的历史，贴近设计，但终究和设计还是分开的，它们着重于科学技术、原理、结构、材料工艺以及基本使用方式，并不是以设计的角度分析传统文化。其次，研究中国传统方式设计，分析中国传统造物思想是十分必要的。比如，先秦的儒家认为“技”须与“六艺”结合，必须有利于“仁”；道家则提出“技进乎道”，《庄子·天地篇》中也有不少关于“技与艺”的论述；墨子提出“兼爱”，要求人人参与劳动，因此《墨子》一书中有很多关于自然科学的讨论，除了这些诸子百家中还有许多其他思想对当时的造物活动也都有不同程度的影响。秦汉时的“天人合一”“天人感应”宇宙观流传至今，与现代设计中所提倡的绿色设计不谋而合。宋明理学的观念和文化造就了当时器具清淡秀丽，包含了浓浓的文人气息。清代封建思想达到顶峰，传统器具的设计也逐渐走向近代。在现代，我国最著名的工业设计学术带头人和理论家柳冠中教授在《中国古代设计事理学系列研究》一书中更是以轮子、中国古代升水器械、中国古代金属物等物件为例分析了中国传统设计中的事理思想。这些造物思想已经不仅仅停留在工艺、美学、结构、材质的层面，而是上升到设计的高度来思考问题。但不足在于，这些书籍只是从思想上总结了中国传统的造物智慧，还未真正付诸于实践。再者，研究中国传统方式，分析中国传统器具设计是必不可少的。器物是古人改造物质生活实践的产物，以满足使用功能为目的，将审美形式与实用功能结合起来，这就与美术工艺品有了区别，工艺品主要为了满足人们的审美欣赏。器物蕴含着人们的观念文化，并受到观念文化的影响和支配，作为精神的物质载体，它反映了特定时期的人类生活方式、技术条件、审美取向、价值文化观念。传统造物思想毕竟停留在理论层面，而古人对于传统器具的的记载又偏重于器具制作的手工技巧上，所以当代学者对传统工艺的研究在古人的基础上又有了新的发展，即在古人对器具的制作加工以及器具本身的图案、造型、使用的简单描述上又进一步详细地整理并分析了器具的设计原理、结构生产工艺等方面特性，以启迪现代设计。由南京艺术学院王琥主编，江苏美术出版社出版的《中国传统器具设计研究》一书遴选了一些特色器具，分别从结构设计分析、工作原理分析、材料工艺分析、视觉设计分析、设计特点分析几方面剖析案例，解说详细得当，其重点是设计研究。书中案例之一战国的“曾侯乙墓”冰鉴酒缶，除了具有高超的青铜器铸造技术、典型的中国传统纹样以外，最有设计价值的地方在于它是一种双层组合器具，两件器具之间形成了置冰空间，从而产生了“冰箱功能”。置冰与盛酒、舀酒的使用相应独立，互不影响，同时还绿色环保。这就是古人杰出设计智慧的表现，对现代设计有启迪作用。像这样的器具在古代还有很多，我们要把他们一一找出来再进行研究。这样的研究方式才是真正的设计方式研究，不偏重器具的工艺、图案、美学等表象的存在，而是从设计原理、结构等方面研究传统造物智慧对于现代设计的启迪，并加以实践。虽然目前对于中国方式的研究以国内为主，但国外也有不少学者基于中国文化提出了自己的看法，这些看法不仅关乎设计，更多的涉及科技、人类学，社会学，艺术学的方方面面。著名英籍科学史家李约瑟花费近50年心血撰著的多卷本《中国科学技术史》，通过丰富的史料、深入的分析和大量的东西方比较研究，全面、系统地论述了中国古代科学技术的辉煌成就及其对世界文明的伟大贡献，内容涉及哲学、历史、科学思想、数、理、化、天、地、生、农、医及工程技术等诸多领域。孙隆基[1]的《中国文化的深层结构》一书，是作者对中国文化反省的结果。他把中国上下三千年当做一个“长时段”，用结构观念，针对特定范围

1 孙隆基，国立台湾大学历史系毕业，获明尼苏达大学及斯坦福大学硕士及博士学位；曾任教于美国堪萨斯大学、圣路易市华盛顿大学和加拿大阿尔伯特大学，现任教于美国田纳西州猛菲斯大学。著有《中国文化的深层结构》《未断奶的民族》等。

的一种共时性设定，来研究中国历史和这种历史延续所生成的文化特征，其匠心独运之处在于，不是泛泛地罗列几项或是十几项这个“心”发达于“脑”的民族的国民的劣根性，然后提出老生常谈的补救之道，而是近乎千刀万剐的切割，给人以深处其间而欲全力挣脱的浓烈感觉，从而达到文化批判的深远诉求。雷德侯[1]的《万物：中国艺术中的模件化和规模化生产》，本书一经面世即引起西方汉学界及学术界的广泛关注，书中的观点被广泛引述，作者从多个方面，既依照历史的线索，技术发展的过程，也按照艺术的门类，材质工艺的区别，深入到中国文化与审美观念的层次，分析了中国艺术与工艺，揭示出中国艺术史中最为独特、最为深厚的层面。从以上国内外对于中国方式的研究成果可以看出，我们的研究从单纯研究传统工艺、美学的史论，到造物思想的研究，再到传统器具的设计原理、结构探索，再到跨界人类学、社会学、艺术学的综合文化研究，这是一个不断变化、不断深入、不断加以实践的过程。虽然现有的研究成果颇丰，但这样的研究方式一直停留在古代的史论、造物思想、传统器具部分，没有用发展的思想对接当今的中国发展，忽略了中国方式的现实意义。

三、当下中国传统文化在现代设计中的运用方式

早在二十世纪，以靳埭强、陈幼坚为代表的中国香港设计师就率先开始利用“中国元素”进行现代设计的探索之路，并成功设计出一批具有中国传统文化特征的现代作品。标志着中国设计师开始摒弃早先一味仿效西风的观念，转而大量利用起“中国元素”的开始。可以说，“中国元素”的流行，是中国设计师探索中西结合的一种积极表现。新千年以后，随着中国经济地位的提高，设计行业更多强调发出自己的声音，尤其是中国申办奥运会成功以后，希望通过某些中国符号树立本土视觉设计美学的趋势越来越明显。伴随着“红色”“中国结”、“篆刻”等等，这样的所谓“中国元素”开始大量涌现，越来越多的当代设计表露出对“中国元素”的偏好。在奥运会前后的一段时间，很多以中国传统符号为主题设计出的艺术形象都取得了非常成功的视觉效应。例如奥运会的火炬，就是用一朵祥云造型，凸显出中国传统图像高度概念化与吉祥如意

1　雷德侯教授（Lothar Ledderose），1942 年 12 月 7 日出生于德国慕尼黑。西方汉学界研究中国艺术的最有影响力的汉学家之一。《万物》（普林斯顿大学 2000 年版）于 2002 年获列文森图书奖。2005 年 9 月 7 日，雷德侯教授因对亚洲艺术史的贡献荣获巴尔赞奖。

的文字内涵。此外，火炬的主题元素也通过“渊源共生，和谐共融”的祥云图案表达出“天地自然，人本内在，宽容豁达”的东方精神。以东方文明为基点，强调融合与发展，这是借“祥云”之意传递奥运精神的一次成功的艺术表现。但随着“中国元素”的大量应用，设计领域开始出现滥化的趋向。无论是什么样的展览、体育盛事或者会议，只要是涉及到国际性的，就必须带点“中国元素”才能显出中国文化的内涵，才能与时下国家所提出的“塑造中国国家形象”的大方针贴合，才能彰显所谓的具有本土特色的设计理念，这不能不说是一种狭义的理解和对中国文化概念的误读。因此，得先把中国传统文化在现代设计中的运用方式稍作总结。

当下中国传统文化在现代设计中的运用方式主要有三种：图案设计运用、样式设计运用以及方式设计运用。图案设计这种方式主要通过传统形态、色彩、材料元素的运用，使现代产品散发传统气息。其运用又分以下三个主要方面：一是传统形态元素的运用。形，状也；态，象也。传统形态作为历史留下的图形元素符号构成部分之一，不仅仅是一种具象的形态符号表达，同时也代表着中国传统色彩有“五色”说，即青、赤、黄、白、黑。这五色为正色，为吉祥色，其余色彩则被称为间色。现代产品设计对于传统色彩的运用，与色彩所代表的特有的象征意义密不可分。三是传统材料元素的运用。以尊重自然为出发点的中国传统文化尊崇自然与人的和谐共生，因此，尽可能保留材料的自然属性特征，还原材料的真实质感，成为多数设计师对材料的主要处理手段。如图 1，长虹 A2 青花瓷手机，是长虹在 2010 年推出的 HONPhone A2 系列的青花瓷特别版。将中国传统图案运用在现代产品造型设计中，能简单直接地表明设计风格，并对设计风格有着明确的指引性，给消费者“中国风”设计的第一印象。类似的产品设计屡见不鲜，对图案的直接引入，可以说是中国传统符号运用于产品造型设计当中的最基本的表现方式。直接拿取传统元素作为产品的装饰堆砌，logo 纹样或造型来源，让人一眼感受到中国元素的气息，但细细深究下去，似乎缺少了中国文化的内涵。所以，这是中国传统文化运用在现代产品设计中比较浅

第一层次

A2 青花瓷手机 / 长虹

与经典款相比，独特的外观是其最大的卖点。机身采用直板设计，外观主色调白色，手机背板采用中国传统纹样中青花瓷的图案进行局部贴面，正面虽没有青花纹样，但“CHANGHONG”的 logo 运用和青花瓷相呼应的色彩设计，这是中国元素直接拿来作为产品外观装饰设计的例证，即“拿来主义”。

（图 1）

表性的层次，我们在本书中不纳入讨论范畴。

样式设计是对对传统事物借用和转换，将传统形式元素抽象，通过色彩再造、造型设计、材质替换加以运用。2007 年，中国台湾的故宫博物院与意大利家用品牌阿莱西合作推出“ The Chin Family——清宫系列”，灵感来自于参观故宫时所见的一幅清代乾隆皇帝年轻时的画像，最终根据画像设计出一个眉眼细长、头戴清代官帽、身着清代服饰的吉祥人偶厨房产品（如图 2）。当下越来越多的国外设计师开始涉足中国传统文化，采用中国文化进行设计。这一类题材主要包括传统中国的发明创造，如火药、印刷术、中药、榫卯结构等；中国传统生活中的典型事物及人物，如服饰、家具、建筑、园林、瓷器等传统文化艺术品，如文字。这类设计已经不是直接的中国元素堆砌，他们抽象、借用和转换，但由于文化差异以及文化研究的深度不够，这些设计大多是零散的，个别的，终究不能完整地表达中国文化的深层含义。

中国当代艺术作品中，有一部分的作品中并无直白的中国传统文化符号或可套用的传统原型，但作品中呈现出的与中国传统哲学一脉相承的精神气质，使这一类型的作品同样带有强烈的中国文化意识，是中国传统深层次美学和精神内涵的设计体现。运用这种方法的设计就是方式设计，如图 3，半木的“你我同舟”烛台。不仅如此，为了增强设计的趣味性和文化性，烛台采用中国传统的实木榫卯结构进行拼装，可一分为二，亦可合二为一，拆装之间体会动手的乐趣。这种“中国方式”设计，以中国元素为媒介，将文化理解、消化、重生，并无直接可见的传统文化视觉元素，但整个作品的精神气质与中式审美、哲学内涵一脉相承，带有强烈的中国文化意识。它强调的不是表面形式的“中国化”，而是一种需要引入思考的中国传统文化深层次内涵。通俗地说，“中国方式”在作品中体现的不是表面上的“中国式复古”，而是对中国文化在精神和内涵上的追求，这是本土化设计相当高级的层级，即意义的层级。

从图案设计，到样式设计，再到方式设计，通过对传统的回望进行再发现，

第二层次

清宫小人厨房用品 /Alessi

外国设计师选取典型的中国传统事物为素材，再以重构、拼贴、幽默的各种方法进行现代设计，通过对其符号化的处理来完成对传统文化的转换。在选材内容上多倾向于闻名于世或日常熟悉的事物，这类事物多能在一定程度上代表中国传统文化，或能直观地作为一种视觉符号引发他人对传统文化的感知。

（图 2）

第三层次

你我同舟烛台 / 半木

中国古语云：百年修得同船渡，半木从古语中得到灵感，以“舟”为元素设计烛台，取名“你我同舟”。

（图 3）

中国传统文化在现代设计中的运用的层次理论

最低层级

图案
Pattern

花西子雕花口红

图案纹样简单堆砌

（不纳入讨论范围）

形式层级

样式
Style

VS

阿莱西“清宫系列”

一系列中国元素的
有序组合搭配

意义层级

方式
Method

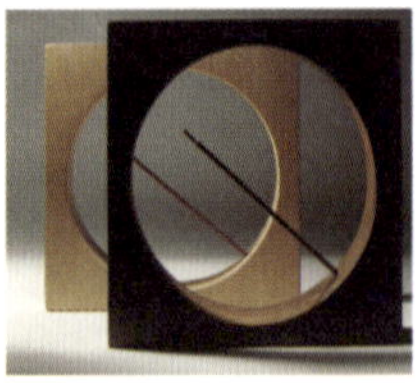

半木“提月”插香座

中国传统文化
深层次内涵的体现

四、东西方本土文化的全球解读

这是一个重新思考，不断前进的过程。

中国传统文化符号构成复杂，内容繁多，因为中国传统文化形成历时千年，传承历经万代，在历史上的每一个阶段都有各种新兴的文化形式产出，并融入了当时的时代背景，有的甚至成为当时的主流文化，其构成相当复杂，当中不乏精品，但也有不少糟粕，而这些精品与糟粕时常又是相生共存的，混在一起，令人难以分辨。不得不说，这也是我们对中国传统文化难以评定的重要原因。虽然困难重重，但我们必须得找到可以正确评判的方法，正确认识本土文化，尤其是在当今国际设计潮流背景下的中国本土文化。文化本土化，不难理解，各个民族在漫长历史的发展过程中，根源于自身历史的传统、习惯、生活方式、信仰、价值观等一系列认知体系重新得到尊崇。文化本土化通常有两个方面的表现，一是表现为对本地域文化的重视和推崇，二是表现为对异域文化的怀疑和敌视。需要注意的是，我们在看待文化本土化的过程中，一定要站在客观的立场上，防止自己过多的主观感受干扰理解判断。设计和文化的其他形式一样，都是特定文化的产物。这句话再翻译一下，即设计的现状发展到的高度和程度，都源于文化的因素给人们提供的一种基于本土特征的方式和方法，这种特定的方式和方法将人和文化本质紧密地联系在一起。德国哲学家卡西尔的研究表明，人类活动区别于动物活动的代表性特征之一就是，符号化的行为和思维方法，动物是不具有这种能力的。而设计，是传达符号强有力的方式之一，通过符号整合形式传达文化信息，人们的审美情趣、伦理等级、风俗习惯、社会活动、生产使用、宗教信仰中无不蕴含着丰富的情感属性，设计就是在这其中寻找载体，转译为符号语言进行设计表达。所以我们在进行产品设计活动中能意识到，我们真正需要传达的并不是产品这个事物本身，而是在这产品之下蕴含的文化、习惯、情感等感性因素，往往是这些因素，具有打动人心的力量。哲学上认为，矛盾具有普遍性和特殊性，存在于一切事物发展的始终。对于设计来说，我们都不否认，设计活动之所以千差万别，就是在于其中蕴含的个体特殊性和差异性。正是这些特殊性，释放于设计当中，强烈而深刻地反映出设计活动的文化本性，即“本土化”的倾向。

20世纪80年代后期开始，全球化在全世界范围内大行其道，没有哪个国家能置身这一浪潮之外，仿佛是这个时代的总指挥。全球化是一个多元概念，首当其中的是经济。其实除了经济之外，各国家、民族、地域之间的政治、文化、军事、科技、意识形态、生活方式等多种属性都在不断地联系、影响、碰撞、交融，这些属性包含在全球化的概念之下。当然，我们重点要谈的是设计，设计属于文化的范畴，即文化全球化的概念。文化全球化的范围是世界上的一切文化，在“交融”和“互斥”的双重作用下，在全球范围内流动，这是一个不断需要保持平衡的过程。在流动的过程中，思想相近的文化经过交融后形成的文化共同体我们称之为“全球化文化”（Globalized Cultures），对这些全球化文化的特性认识和分析过程就是对文化全球化的把握过程。设计的本质是文化活动的产物。后现代主义建筑设计先驱罗伯特·文丘里[1]曾在描述后现代设计时说：“我们喜欢混血的元素而不是纯种的，模棱两可的而不是关联清晰的，兼容并蓄的而不是排外的。”的确，当设计实践与艺术研究逐步达到更高层面时，设计文化的全球交流、融合已不可避免。没有哪个国家哪个设计师能完全死守本国文化，设计者必须具有开放意识，站在一定高度，从整体上把握设计文化系统的性质、特征、结构、范式及变迁，从而掌握设计文化发展的一般规律，这种一般规律即我们前面所说的“矛盾的普遍性”。只有掌握了一般规律，才能更好地理解不同历史时期不同地域下的多种文化特征，从而为本土设计积累更好的资源和基础。法国著名文艺理论家和史学家丹纳[2]在他的《艺术哲学》中谈到：研究艺术史论首要的任务，是在熟悉一般文化产品规律的前提下，去找寻某件艺术作品所处的那个时代的特有的文化、思想、精神和社会环境。也就是说，设计作为艺术的一部分设计，设计作品的产生不是源于个人的力量和内心情感，而是从根本上来自于“时代的精神和社会的风俗”，这些都是本土的文化的要素。因此，我们在做文化解读、设计探究的前提条件，是跨越地域、国籍、历史、美学等界限，将我们的研究对象放到广阔的开放的客观的文化系统中，避免因为地域、国家、历史等一些局限性的要素阻碍我们解读的广度、宽度和高度，在跨文化的视野中透视设计造物活动的历史嬗变。就产品设计的跨文化解读而言，它是通过地域的文化内涵延伸到产品的外在形象上的。一个国家的产品产出形象，往往跟这个国家深入骨髓的的民族文化有莫大的关联。德国工业设计的社会责任感告诉我们，设计是可以影响、改善社会的事业，德国设计在功能主义和情感化之间找到了一个很好的平衡点，博朗、博

1　罗伯特·文丘里（Robert Venturi），世界著名建筑师。罗伯特·文丘里的作品与著作与 20 世纪美国建筑设计的功能主义主流分庭抗礼，成为建筑界中非正统分子的机智而又明晰的代言人。代表作品 1995 哈佛大学纪念堂，1996 美国加利福尼亚州圣地亚哥拉霍亚。

2　伊波利特·阿道尔夫·丹纳（Hippolyte Adolphe Taine）（1828 年 4 月 21 日 – 1893 年 3 月 5 日），简称丹纳（Taine），H.A. 丹纳（H.A.Taine），法国著名的文艺理论家和史学家，历史文化学派的奠基者和领袖人物，被称为“批评家心目中的拿破仑”。他的艺术哲学对 19 世纪的文艺研究产生了深远的影响。

世西门子、Rimowa等产品品牌深入人心。产品的制造技术、产品性能，以及严格的质量管理体系，是我们解读德国产品文化的关键词。北欧作为资源小国，在全球化背景下，选择用工业化大生产手段延续民族传统，IKEA、汉斯魏格纳、艾洛·阿尼奥等品牌和设计大师耳熟能详，结合了大工业社会简约实用的需求和传统的温和的人情味道。麦当劳、可口可乐、自由女神像、芭比娃娃，美国商业文化的代表，热情直爽、商业开放，是我们站在东方文化立场上对美式文化进行解读的关键词。无论是德国的精准考究，北欧的民主简洁，美国的商业开放，产品的文化特性及精神理念，将具体可视的内在特质与其文化背景融汇成一体，以传达出自身强烈的文化信息，这些国家的设计在被其他文化解读都是明确带有本国特征的不会被混淆，是西方文化全球解读的成功案例。再到东方，东方文化的全球解读性如何？为何经常会出现西方人区分不清中国文化和日本书化的现象？中国文化在当代设计中的运用该走怎样的路？我们的设计文化应该是一种解放和超越，一种延绵千年的民族情感的重构，这是本人2009年以来对具有中国文化特征的中国方式设计进行研究的初步实践成果，在本书中将要重点讨论的。

“本土语言”才是我们真正意义上的母语，整个设计界在经历二十世纪千篇一律的国际主义风格之后，看到个性化在设计发展中的重要性，开始强调本土传统和本民族的文化运用，再次出现多元趋势。本土文化全球解读，是全球化背景下本土文化得以延续、重生的必经之路。就像可口可乐的包装，在世界范围内广泛采用的红白颜色，到了阿拉伯却改为绿色，因为在那里绿色代表着生命和吉祥。这种变通，是典型因跨文化解读而做出的设计上的具有切实意义的改变。在现代环境中，只有准确掌握本土化设计要素的人文特征，理解传统设计要素延续的内涵，正确选择设计文化发展的参照系统以供“全球化”解读，在满足公众文化精神需求的同时，以新型设计文化的理论体系，构建现代设计的价值和思维方式，才能适应并促进当代中国政治、经济、文化诸方面的进步与发展。

学生作品：《诗意的栖居——拂翼》
作者：陆文浩 金祥

五、本书在寻求设计理论和实践研究上的突破与创新的几个方面

1. 传统意义上的中国方式研究采用纵向的垂直研究方法，单从造物思想、图像学、考古学等单方面对中国文化进行分析探索，但本书从多维的视角看待造物的问题，涉及社会学、心理学、生活方式研究、产品功能取向等诸多方面，重新审视大家关注的问题。在实现传统方式现代转译的形式上，提出让中国方式从典籍理论走向设计实践，从形而上走向形而下，从学术研究走向大众生活，推行文化的生活化。

2. 当下的社会生产生活实践永远是传统文化现代转换的根本出发点和落脚点。一个国家不能光输出产品，要成为设计大国而不是制造大国，靠的是输出文化方式和生活理念。笔者试图从这个角度探索，除了从文献整理中认识到传统造物智慧和设计思想的辉煌，更着眼于将文化精髓和历史传承运用到新的现代生活中去，用文化意识从文化角度做出具有传统文化精髓和民族精神的现代设计作品，为中华民族的复兴实现文化设计上的飞跃。

3. "形而下"的理论论述方法。本书提出的可全球解读的具有中国文化特征的现代产品设计的五大方法——审美与抒情、伦理与等级、材料与构件、生产与使用、社会活动方式属于理论创新，本书不需对这五大理论进行过多"用理论证明理论"的论证，即"形而上"，而应该着眼于自己和周边的实践，用广泛的实例全方位地举例、剖析、总结这五大方式理论。笔者经过多年来对中国传统文化的深入挖掘，专注于中国方式在现代产品设计中的应用研究实践，由实践经验总结提炼中国方式的现代应用方法论，在这一理论总结分析的过程中又进一步增强自己的实践能力，这是一个相辅相成、不断促进的过程，是前人没有做到的，也是本书的重难点所在。

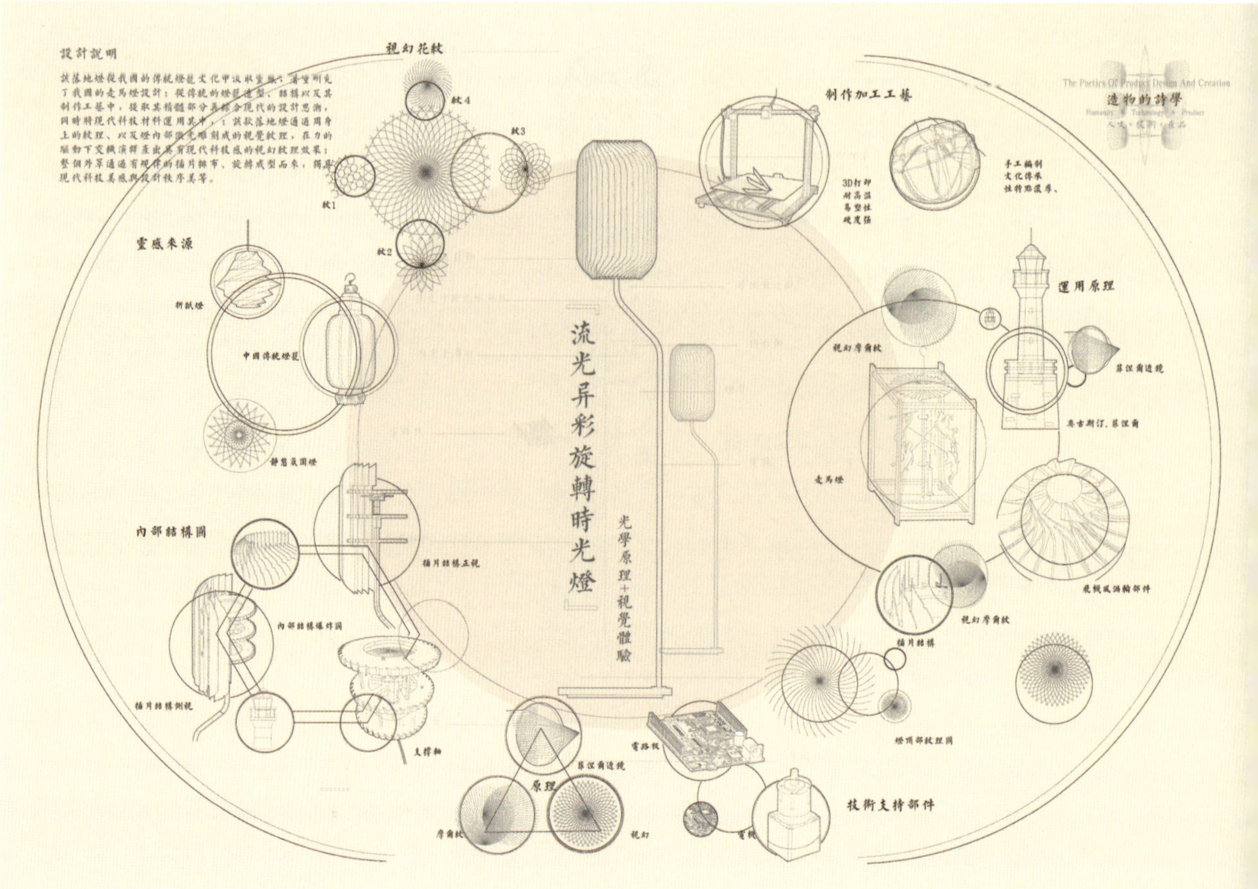

学生作品：《流光异彩旋转时光灯》
作者：陈娟
得奖信息：首届长三角创意设计联

1 “中国方式”的定义及相关文化概念

一、关于“中国样式”的相关概念界定

任何实在的物都有形的存在，形是视觉可见的，触觉可触的……任何有意识的去创造形象都可以称之为造型。

——李砚祖

1. 什么是样式

样式，Style，即式样，形式，是指人造的物体呈现出来的样子和形状。样式，完全是由设计者人为创造的，属于在设计中着意追求的外观形式和结构，它是直观感受中最显著的因素。样式的变化，可以引起设计对象的更新换代。样式中包含了造型、装饰、色彩等方面条件，以造型的作用最为重要。在服装设计中称为款式，在日用器具中多称为样式或式样。按照现代产品设计关于形态的观点，产品形态组成的最基本要素是点、线、面、体，这四大基本要素的组成与改变决定了产品的形态特征，我们所做的产品“造型”，即在产品的点、线、面、体这四大基本要素上下功夫。“人们通过这些单位或要素的集聚、删减、分割、变化或扩大、缩小、形变等手段，便能产生出千变万化的形态。”[1] 从原始社会（图 1–1）开始，手工工具和手工器皿就广泛存在于人们的生产生活之中，人们在对这些手工器皿不断生产、使用、修改、再生产的过程中，离不开对其形态的研究与掌控。天长日久，造型的概念深深地映在人们的思想活动中，人们的造型观念不断形成，造型能力不断提升。随之而来的，人们对待“美”的看法，即原始的美学观念不断形成，在美学观念的指导下，人们生产的产品样式得到了极大的丰富和完善。关于影响样式的要素，世界著名佛教学、蒙古学、中苏关系学、亚洲共产主义学方面的专家长广敏雄教授认为，我们在美术学、考古学的领域内对样式进行研究，所有的样式来源大约只能追溯到四个方面——地域或国度、时代、流派、个人[2]。某个国家或地区，在不同的历史条件下，受到特定的艺术流派的影响，带有不同的艺术风格的艺术家或设计师或工匠，基于不同的审美情趣、文化传统、生活方式等等一系列因素，造就了不同样式的产生。

2. 什么是中国样式

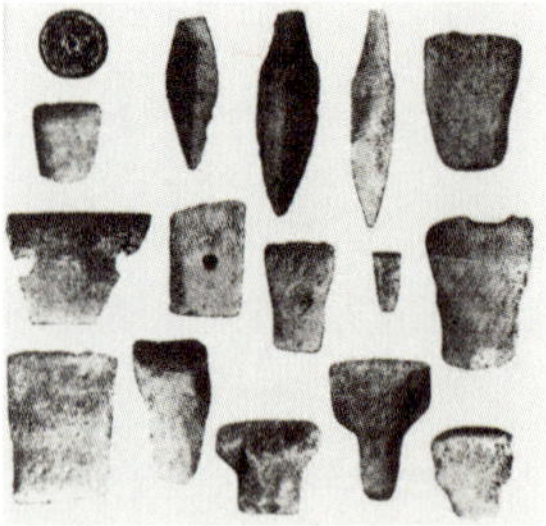

图 1–1：手工工具和手工器皿

中国样式，是立足于中国传统而言，具有公认的中华文化基因、能够代表中国的符号性元素。翻阅中国古典文献，并没有关于“样式”的记载，有且仅有的一些是关于“样”或者“式”分开的阐述，且以“样”的解释居多。不过翻阅下来我们发现，古籍中对于“样”的含义的阐释基本上等同于“样式”所包含的词义。对“式”的解释为：“规格、榜样。”[3] 一些古籍中对于“样”的解释可以据此推断古代器皿的造型，如《历代名画记》有“器物样”、“陵阳公样”“史小静起样”“生铜作并蜡样”“毛婆罗样”“张阿干蜡样”等等，

1　李砚祖 . 造物之美 [M]. 北京：中国人民大学出版社 , 2000：18.
2　长广敏雄 , 邓惠伯 . 什么是美术样式 [J]. 美术研究 , 1980(4):61–63.
3　《辞源》（合订本）. 北京：商务印书馆 , 1997:561.

关于“样”的模范和指导作用，如《隋书·何稠传》：“凡有所为，何稠先令亘、衮立样，当时工人皆称其善，莫能有所损益。”[1]李肇《唐国史补》有“襄州人善为漆器，天下取法，谓之‘襄样’”[2]。

《辞源》对“样”的解释为：“凡制造器物的模型，绘图的稿本等都称‘样’。”
——《辞源》

现代产品设计观念认为，决定产品外在形式特征的主要是两大因素：造型和装饰。与产品表面装饰的丰富性和多样性相比，造型作为人们长久经验积累的产物，具有强烈的稳定性。正如雷德侯在《万物》一书中对中国古代青铜器（图 1–2）设计的分析：“能够发现青铜器设计者发挥创造性的余地是有限的。在他进入角色之前，器物的整体结构——形状、比例和大小——都已经决定了。只有在特殊场合，才要求工匠变更传统类型。一般情况下，他们只能在严密的框架中工作。”[3]这里所说的“框架”，可以理解为我们本书中的“样式”概念，在中国古代造物史上，不管是造型还是装饰，都必须符合一定的规范，整体呈现出具有稳定特征的形式形状。徐飚曾对此有论述：“器物的制式大体上是现成的，因而制造过程往往超越了‘造型设计’阶段，直接进入制作阶段……这也反映了一般成器活动对已有规范有着很强的依赖性”。[4]扬之水在《奢华之色——宋元明金银器研究》一书中也曾对“中国古代的样式”提出自己的观点：“而中国古代关于设计一事，我以为，所包括的主要内容有两项，即一为法式，一为样式。”[5]这里的“样式”，就是我们本节所说的式样、形状；这里的“法式”，可以理解为我们下文要谈到的方式方法。且扬之水认为，对于中国传统造物来讲，法式是样式的基础。从狭义的设计角度说，中国样式是凝结着中国传统精神的视觉形象、符号或图像习惯，比如祥云、嘉禾、瑞兽、珍禽，以及汉字、如意、石狮、长城等等。作为“中国样式”，它首先是指直接与中国相对应的特有的视觉形象，比如中国建筑、历史人文景观、手工艺品、传统服饰等等。通过这些样式，人们能够很容易地将之与“中国文化”概念相联系。其次，“中国样式”在一定程度上代表着中国的传统文化，因为每个民族在发展过程中都会形成某种固定下来的视觉习惯，也正因此，在中国才会出现像如意、龙凤、印章、脸谱这样独有的艺术形象。由此，真正优秀的设计更应注重更深层次的文化内涵。在传统文化的基础上对“中国样式”进行创新性应用，才可能既避免视觉符号的简单化倾向，又彰显真正的“中国”精神。就目前的中国设计而言，“中国

图 1–2：在中国古代造物史上，不管是造型还是装饰，都必须符合一定的规范，整体呈现出具有稳定特征的形式形状

1　魏征 . 隋书 [M]. 中华书局 , 2000:1599.
2　李肇 . 唐国史补 [M]. 上海：上海古籍出版社 , 1979.
3　雷德侯 . 万物 [M]. 生活 · 读书 · 新知三联出版社 , 2012：54.
4　徐飚 . 成器之道：先秦工艺造物思想研究 [J]. 南京：江苏美术出版社 , 2008:131.
5　扬之水 . 奢华之色——宋元明金银器研究 [M]. 北京：中华书局 , 2011：238.

· 如意

· 鹿

· 鹤

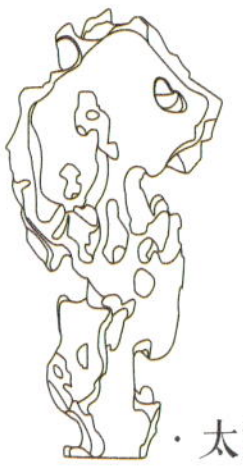

· 太湖石

样式”的直白应用早已呈现泛滥的趋势，甚至是在当前很多艺术高校的教学中，也开始引导学生围绕“中国样式”的思路进行训练，这多少让正处在需要吸收各种设计理念的年轻学子的思维受到某种模式的束缚。

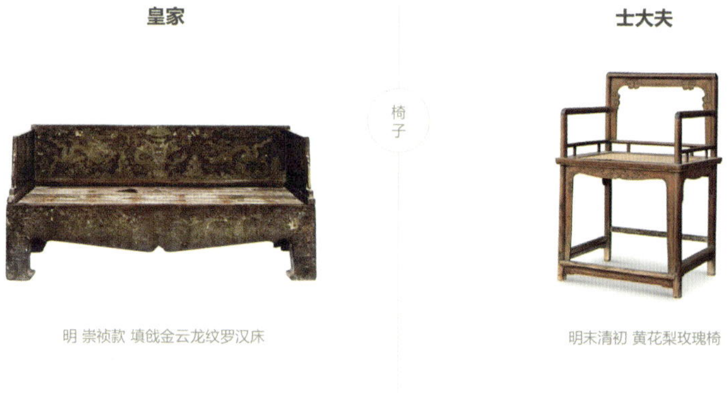

图 1-3：某种具有特定特点的“样式”

综上所述，“样式”在我们当今看来是设计学中的一个重要研究领域，在中国古代造物史上也是广泛存在且不容回避的一个问题。在中国古代，经过人们长时间的经验积累和制造尝试，某种具有特定特点的“样式”（图 1-3）被确立之后，往往会进行大范围的传播以及作为标准化规范使用，甚至可以上升为官方标准。中国样式的确立，是中国传统造物可以一段时期内保持稳定特征的重要条件，对中国传统器具一直保持较高的艺术水平也起到了不可估量的作用。

二、关于“中国方式”的相关概念界定

1. 方式与中国方式

作为设计学的研究，我们将“中国方式”的研究范围圈定在艺术学这一大的学科类目下。中国方式，最早作为艺术学中的理论话语提出，是在 20 世纪 90 年代，栗宪庭的《艺术杂谈》。首次作为理论概念，是在 2004 年肖丰的论文《中国方式：中国当代艺术中一个重要的文化现象》中。该文指出，“所谓‘中国方式’是指艺术家把中国传统文化的资源加以有效地转换，成为其作品语言符号或创作母题。”[1] 这不仅是对传统文化的回溯，更敦促我们关注当下的现实生活。与 2004 年的论文比较我们可以看出，作者密切关注了中国方式近年来的发展，紧跟时代脉搏，在原有的“传统文化资源”的基础上加入了后两种形式，这些新的关注超越了对传统资源的简单挪用，转而冷静思考中国历史发展以及当代艺术现象，这也是我们当今在设计学领域希望看到的。从 20 世纪 90 年代至今二十多年来，“中国方式”首先在艺术学领域发酵，随着时代发展，艺术界对其的讨论呈现出越来越丰富的趋势。吴味、徐冰提出“中国牌”，栗宪庭提出“春卷”“外销瓷”，高名潞等提出“中国符号”“中国现象”，王南溟研究“中国地摊文化”“唐人街文化”等，这些概念提出或扬或抑，但无不渗透着强烈的中国文化方式的诉求。设计是艺术中很重要的一大分支，我们有理由也有必要将“中国方式”的概念引入产品设计领域。通俗地说，日常生活中，“中国方式” 就是那些中国人特有的说话做事的方法与形式，生活习俗以及思想观念。

任建军的《“中国方式”：从文化策略到文化自觉的当代艺术实践》一文中，作者在前文的基础上对“中国方式”的含义总体归纳为三种形式：

一是借用和转换传统文化资源，包括中国文字、书法的借用，中国古代神话、传统典故的借用，中国古代建筑、园林、古典家具的转换借用，民间艺术、瓷器的转换借用，中国传统绘画及材料的转换。

二是表达中国身份，其中概括为四点：对“停滞”的中国社会的传统想象，对野蛮、愚昧或暴虐的中国人种的想象，对于原发的、怪力乱神的中国传统文化想象，意识形态化中国社会的想象；

三是显示中国印象和中国经验，主要包括三点：对中国发展“问题”的关注，对中国城市化发展的关注，对“原生态”中国人性及情感体验的关注。

1 肖丰，任建军．中国方式：中国当代艺术一个现实的文化策略 [J]. 华中师范大学学报：人文社会科学版，2006(4):79—84.

2. 传统文化与中国方式

设计作为一门艺术，属于文化的领域，它是“作为精神的存在，以一定的理念为指导原理的精神、价值创造的一种形式。”德国19世纪唯心论哲学的代表人物黑格尔认为，中国的历史、宗教、哲学等文明形态，代表人类精神发展的最原始、最不发达的阶段，他曾做过如此论述：中国传统文化中关于天、道、仁、义、信的观念，都没有具象的主体规定和内在的概念界定，一切都体现在各人的感性理解之下，属于极抽象的观念文化。“仅停留在最浅薄的思想层面……没有具体概念化……我们在这些观念里看不出任何对于我们精神发展有实质意义的认识。”我们从黑格尔的论述看出，没有具体行为方式作为外在能看到的表现形式，任何文化终究是抽象、空虚、无意义的，只有确确实实以某种方式表现出来，才能为我们研究所用。黑格尔的观念直接指向了文化与方式的直接关联意义。

生活方式是生活的直接见证，关系到人在历史中如何存在。生活方式，即在一定的历史条件下，由一定的社会生活交往关系中的生活主体，以一定的时间和一定的空间形式，对一定的物质生活资料和精神生活资料的利用方式。这个概念中包含了主体（生活主体）、条件（一定的时间和空间）、对象（一定的物质生活资料和精神生活资料）三个关键因素。所以我们可以看出，一定的物质生活资料和精神生活资料，是生活方式存在的基础。物质生活资料是用于维持人类生命活动的资料，象征着人类文明进步的程度，更反映了人类社会生活活动的特征和方式。精神生活资料是人们为了生存和发展，进行的精神生产和精神享受的活动中的心理因素，包括信仰、文化、情趣、审美、伦理等级、生产方式、活动方式等等，精神生活资料的丰富与人类社会的进步息息相关。

英国当代文化人类学家泰勒在《原始文化》（Primitive Culture）一书对“文化”做如下阐释：“文化是一种复合整体，包括知识、信仰、艺术、道德、法律、风俗以及人类在社会所得到的一切能力与习惯。”

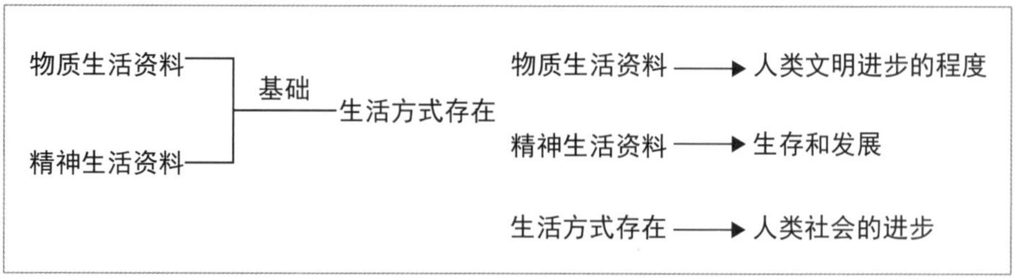

物质生活资料和精神生活资料相辅相成，缺一不可。人类有了合适的物质生活资料，就会以意识、思想的方式来判断、取舍（即精神生活资料的层面），该以什么样的方式生活。拿中国古代典型的文化方式进行举例，中国传统文化中对于国家体制的看法是“家天下”，帝王把国家当做自己的私人财物，世代

相袭，所以中国历来对于血亲、血缘关系看的极重，代际关系远远大于夫妻关系，喜欢以大家族的形式进行群居，老北京四合院就是很好的思想观念反映在物质资料生产方式中的案例。再者，中国古代儒道体系哲学中讲求“天人合一”，人的生产生活要顺应天意，不要做有违天意的事，不要破坏环境，人与自然和谐有序发展。所以中国人历来在造物方面注意对环境的保护，具有强烈的生态、环保、节约能源意识，西汉铜牛灯（图 1–4)、宋代摩羯省油灯等案例都体现了传统造物的生态观、节能观。可见，人们的思想文化传统深深地影响着物质资料的生产生活方式，人的信仰、习惯、习俗等根植于世世代代的思想传统更是直接表现在他们自己“具有意识的，经过思虑或凭激情行动的，追求某种目的的”活动中，这些活动就是人类传统文化思想在中国方式中的体现。随着社会的发展和人类文明程度的不断提高，人的文化、思想因素对生活方式起到的作用也越来越大，人们在实践中形成的传统的世界观、人生观、价值观、道德观、审美观等等，对人们的生活方式起着直接的决定作用，它决定着人们对生活方式、生活习俗的选择取舍，看待问题的方式方法，即中国方式。所以中国文化是根基，影响着由它催生出的中国方式，传统文化的转变同时带来了中国方式的转变。而中国方式始终带着中国文化的烙印，是中国文化的外在化、具象化体现。

3. 产品设计与中国方式

谈到中国历史传统中的产品设计与中国方式，我们仍然用日常生活中的器皿来举例。日常生活中的器皿，常见易得，家家户户都不缺，涉及人们生活的方方面面。更重要的是，在天长日久的使用过程中，这些器皿早已浸透了日常生活的形态与模样，用器皿来举例再合适不过。器皿 (图 1–5) 最初的产生，是由于生存的需要，人们生活中的基本生存需求推动了汲水、吃饭等一系列器皿的产生。

图 1–4：西汉铜牛灯

图 1–5：生活方式的需求变化推动了器皿制造的提升

如图 1–6：陕西西安半坡遗址尖底瓶（无纹样）、马家窑彩陶漩涡纹尖底瓶

这些器皿出现之后，人们争相使用，很快就会发现其中存在的问题或者某些没有得到满足的需求，接下来人们自发地对器皿进行改进，或解决问题，或增加功能，或增添装饰以上升到精神需求的高度，生活方式的需求变化推动了器皿制造的提升。同样反过来，器皿的生产制造达到一定的程度后，形制不断变化，纹饰不断丰富，引发社会风气变革，影响着人们的思想信仰、审美情趣、伦理等级、社会习俗、社会活动方式等多个方面，逐渐淘汰旧的生活方式，风靡新的生活方式。（如图 1–6）“物质文化、仪式和日常生活之间存在着难以理解的复杂关系。这些关系构成了其内部意义和信仰的语境……我们有必要弄懂物质文化、仪式和日常生活是怎样交织起来构成文化语境的，而后者即呈现于我们研究的古器物、现象、遗址和景观之中。”[1] 所以从器皿这一简单的案例我们可以看到，器皿与生活方式之间，是一种密切联系、相辅相成、你中有我我中有你、相互推动的关系。

日常使用的器皿，是产品设计和艺术层次下极小的一个代表物。艺术向来与人们的生活密不可分，它是人们看待世界、把握生活的一种形式，产品设计作为其下的分支之一，与生活方式的联系更加直接和具体。任何时代的设计都是与文化紧密联系在一起的。产品设计作为民族文化形象的一个重要组成部分，也在构建和推动着文化大发展。两者之间有着不可分割的必然联系。首先，中国方式是产品设计的直接见证，产品设计是中国方式在具体形成物上的反映。随着人们生活水平的提高，人们的审美需求不断增强，设计艺术学就是为了更好地满足人们精神层次的需求而不断壮大。中国方式的产品设计，帮助人们正视自己历史发展进程中核心文化方式，并以大众都能接受、解读的形式表现出来。其次，产品设计源于中国方式又高于中国方式。产品设计不是也不可能是中国传统文化的复制品，如果是复制品，那根本谈不上设计的层面。产品设计将中国传统文化的资源加以有效的转换，是将中国方式进行再创造的过程。对于中国文化的现代应用来说，再创造这才是设计的终极意义。生活的积累过程，中国方式的发展过程，都是设计的不断超越过程。

“不是意识决定生活，而是生活决定意识”，“艺术源于生活，又高于生活”。

体现中国文化并不只是一个中国结、一套文房四宝或者一个石狮子的视觉形象那么简单，设计过程中需要积淀深刻的文化内涵以及中国方式的融入才能转变为真正的“文化符号”。其次，设计中体现中国文化并不仅限于已知的这

1　艾米·加金－施瓦兹，周惠英. 考古学与民俗学中的物质文化、仪式和日常生活 [J]. 民间文化论坛，2006(1).

些视觉符号，它更应当表达出一种与时俱进的时代精神、国际审美，将本土文化融入国际潮流。因此，创造性地运用“中国样式”才可能在设计这个追求“新”意的行业中特立独行。目前来看，应用“中国样式”在中国设计界已基本形成一种思维定势，不论是视觉传达还是时装、产品、室内，很多人将“中国样式”等同于“中国设计”。但是可以想见，在一段时间的热衷推崇之后，这种流于表面的“中国风”势必很快会在喜新厌旧的设计界成为过去式。问题正是在于很少有人想到用更加深入的设计眼光去揭示和拓展中国文化的表现形式。其实，中国样式只是用来表现当代设计与传统文化相联系的一个方面，它需要设计师寻找到真正独具匠心的“借用点”，它甚至可以与传统的中国视觉元素毫无关系，却能从另一个侧面展现出中国设计的开放性和对当代设计的深刻理解。反过来说，一个具有中国文化精神的设计形象，很可能并没有与所谓的“中国样式”产生直接的视觉对应，它们与绘画一样，恰恰可以借用一些完全现代的表现形式。国际著名汽车设计大师乔治・亚罗表达对设计的看法时说，“设计的内涵就是文化”。综合以上我们分析传统文化与中国方式的关系，产品设计与中国方式的关系，可以看出，三者之间密切联系，不可分割。传统文化到产品设计，可以是直接的嫁接运用，但这种运用方式肯定是浅显的表面式的，没有触及到中国文化的深刻内涵。只有通过中国方式作为桥梁架构在传统文化与产品设计之间，提炼中国人特有的审美方式、说话方式、伦理方式、居住方式、饮食方式等深层内涵，才有可能转译到当代产品设计的设计形式，使其具有的中国文化特征能被全球解读。（如图 1–7）

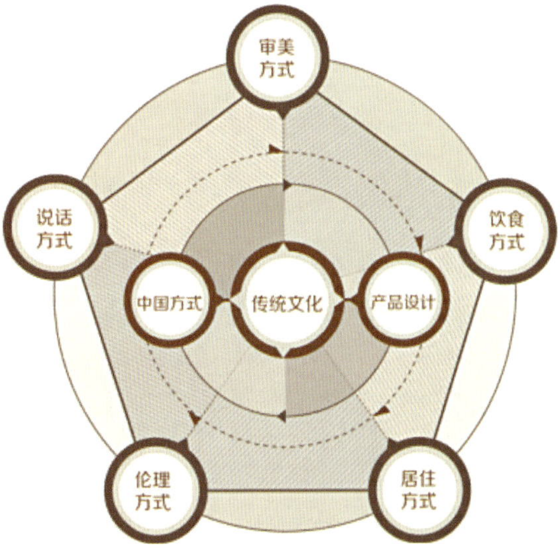

图 1–7：传统文化、中国方式与产品设计的关系

4.“中国方式”在本书中讨论的范畴与内涵

在本书中，我们对“中国方式”的讨论限定在设计学领域。经过我们上文的分析，目前已有的关于“中国方式”阶段性理论研究都停留在艺术学的层面，虽然设计学同属于艺术学大类之下，但两者的研究方向和重点还是具有显性的不同。艺术学属于大类的层面，主要定位于理性基础的定性研究和中国方式艺术品的现代呈现；而设计学类别较窄，本书定义的中国方式就是在设计学之下，关于中国方式在现代产品设计中的应用方法研究。因为认识的不到位，多年来甚至目前的很大部分设计，仍然是“中国样式”的设计套路，我们致力于结合自己多年的实践探索，总结出从“中国样式”到“中国方式”的转译通道和方法，以飨读者。本书中我们主要分析以下五个方法：

第一，审美与抒情方式。中式美学是一个长久以来一直受艺术学领域关注的问题，我们由中式美学出发看到中国人深层次上的审美属性，关注中国人的情感认知和中国人特有的吉祥文化，以及在文学艺术等领域特有的抒情方式；

第二，伦理与等级方式。分析中国社会从古至今社会等级的形成和演变，以至于到今天，伦理等级、长幼尊卑的观念一直存在于中国人的日常生活中，推演到中国人的礼乐文化在建筑、位次等对象中的体现；

第三，材料与构件方式。因为材料和构件的呈现都是具象的实物的，所以材料和构件是当下的设计取材比较多的方向，我们从中国传统建筑、家具、器物入手，展现不一样的现代设计应用之道；

第四，生产与使用方式。中国传统造物之下系统化模件化、多用途、人性化等生产与使用方式值得我们当代设计认真学习推敲，我们以传统器具分析 + 方法论概述 + 当下实践案例证明的三段论论述方式，找寻传统造物中的生产和使用方式对于现代设计创新的智慧启迪，这是先人们在长久的造物实践过程中留给我们的宝贵财富；

第五，社会活动方式。我们从中国文化的深层社会结构出发，毕竟这是影响接下来千百年来中国人的家庭组成形式、居住形式、饮食方式的根本原因。基于中国人的代际关系、夫妻关系、家庭组成方式、饮食方式特殊性，展现关于中国人社会活动的中国方式设计，这是西方人的生活中必然没有的。

三、“中国方式”定义的提出与发展

1. 中国方式产生的文化资源和本土文脉

冯天瑜[1]在《中华文化史》一书中提出文化结构包含四个层次:“物态文化层、制度文化层、行为文化层、心态文化层。”其中，心态文化层“是由人类在社会实践和意识活动中长期蕴育而生的价值观念、审美情趣、思维方式等构成的”。根据这一定义，我们可以将当下的设计艺术归于心态文化的层面，不同的价值观、审美情趣、思维方式一定会衍生出不同的设计形式。研究中国方式产生的文化资源和本土文脉，中国传统文化一定是我们正在找寻的非常重要的一条路径。中华文明浩浩汤汤，已走过五千年的历史，这其中就伴随着传统文化的积淀与传承。不过中国传统文化的历史并没有五千年，从一些历史论著来看，大家比较公认的可以称得上传统文化的时间范畴应该是奴隶社会和封建社会这两个时期，即从公元前 21 世纪左右夏朝建立开始（奴隶社会的建立），到 1840 年鸦片战争的爆发，中国彻底被西方列强打开国门，清政府名存实亡。近四千年的中国传统文化发展，与我们脚下的这片土地的经济、政治、人文、地貌相互交融，慢慢积淀，在无形之中我们已被她深深同化并就此认定——这就是我们的传统文化。即使从整个人类的发展史来看，中国传统文化近四千年的发展史也是非常久远的，几乎占据了人类史的大半。我们上文说过，不同于世界上其他地域的古文化，中国传统文化一直以平稳的姿态，持续、稳定、绵延不断地慢慢发展壮大，并至此深刻影响着我们当今的经济建设、政治建设、文化建设，当然，本书所讨论的是设计学的范畴。究其原因，中国文化之所以源远流长生生不息，与其本身所具有的包容性、相对稳定性是分不开的，在相对稳定的前提下具体内涵又能够因时而变因时而新，深刻影响着中国文化进程中的细枝末节，长盛不衰。

传统文化、中国方式和现代产品设计三者之间的关系密不可分，中国方式是嫁接在传统文化和产品设计之间的桥梁，使传统文化在当下的设计艺术上仍然保有强大的生命力与创造力。但有“古”就必然有“新”，要论对当下艺术的发展产生最直接的影响力的，不是古代传统文化，而是 1840 年以来的近现代文化，这是中国方式产生的“精神财富”。

前文已然分析，传统文化的范畴是从夏朝建立到 1840 年鸦片战争，据此，接下来中国近现代文化的时间范畴就应该是从 1840 年鸦片战争至

1 冯天瑜 . 中华文化史 [M]. 上海：上海人民出版社 , 2010.

今。按照传统文化的脉络发展来看，中国的近现代文化理应延续传统文化的脉络，一脉相承，呈阶梯式逐层往上发展。就像中国古代文学的发展史，从汉赋，到唐诗，到宋词，再到元曲，最后在明清小说上达到顶峰，这是一个不断传承不断上升发展的延续过程，中国文化的传承本也应如此才符合历史发展的规律。但是，遗憾的是，在 1840 年之后的一个多世纪里，中国的近代史上，传统文化至此断层了。

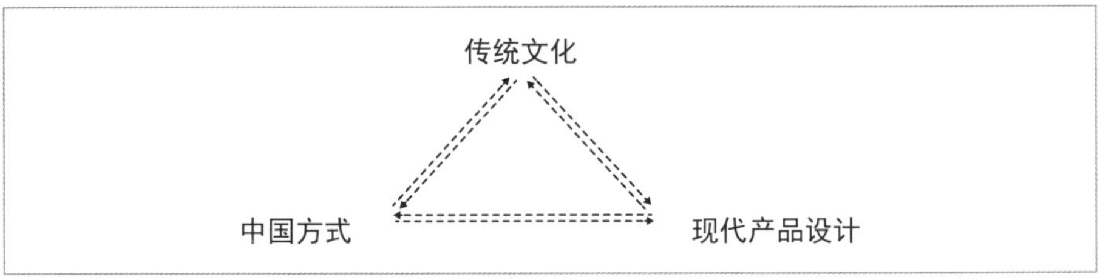

在这一个多世纪里，中国饱受列强的侵略，不断遭受战争的摧残。一方面，列强在打开中国国门的同时，也将自己国家的文化强势输入，颠覆和腐蚀中国传统文化，不允许中国人继续沿袭本国的传统文化，声称那是落后的低级的；另一方面，由于国民经济水平低下，人民生活困苦不堪，致使一部分中国人都看不到本国文化的希望，转而投奔西方文化，传统文化至此发生断裂。当时一部分有识之士已然认识到，一味死守自己本国的传统文化是看不到希望的，一个封闭的池子终究会变成一潭死水，只有怀着开放的态度，引进来走出去，兼收并蓄，传统文化才能焕发出新的生命。在这样历史形态下的中国艺术，也不例外，近代史上的战争战乱给这个时期艺术的发展造成了不可逆转的影响，但同时也正是由于近代史上的打开国门，中国的艺术家们开始放眼世界。起初，绝不部分艺术家和艺术作品一味模仿西方艺术，力求走进西方语境，完全丢弃了本国的历史和文化传统。随着中国国家实力的发展和日益强盛，艺术家们也开始回望，大家回过头来重新找寻独立于西方艺术的“中国方式”，将传统的“中国方式”从国际视野的角度不断改良，不断创新，至此“中国方式”的艺术研究已成为中国当代艺术乃至国际艺术领域的主流。

2. 中国方式定义的阶段性变迁

（1）全球化语境催生“中国方式”

中国历史上的封建社会是一个封闭的社会状态。这也是传统文化所处的历史时期，一旦文人或有识之士的理想得不到朝廷（官方）的认可，他们只能寄情山野，所以中国古代出现大量的文人隐士，吟诗作赋，寄情山水，抒发自己怀才不遇、社会不公、郁郁不得志的情绪。因为这是一个封闭的社会体系，除了官方的认可，没有别的路可走。20 世纪 90 年代，随着全球化浪潮的兴起，中国能够，更多是不得不、身不由已地开始参与到国际化对话中。跟传统社会相比，全球化对于文化艺术领域带来的最大改变是“开放”。大家不再只有一条路可走，迎来了更多的选择性和更大的发展空间。在这一重要的背景下，“中国方式”的艺术产生了。所以，与其说“中国方式”的当代艺术选择了 90 年代，不如说 90 年代这个时间点催生了“中国方式”艺术的产生。促使 90 年代世界“选择”“中国方式”的一个重要原因是西方社会后现代理论大行其道。后现代理论的源头至今说法不一，20 世纪 30 年代开始西方学界将其作为讨论的热点[1]。在这一背景下，世界的中心权威被打破，人们开始倡导多元文化观。虽然第一世界国家和第三世界国家在经济上没有可比性，在在多元文化观下，第一世界国家和第三世界国家开始坐到一起，进行文化上的交流和对话。并且，对于第三世界国家来说，本来对本国经济、文化都信心不足，但在这一趋势下，人们开始正视自己本国的历史文化。后现代理论无疑在客观上引导了第三世界人民对本国“边缘”文化的认知、尊重和发展。中国作为世界上最大的发展中国家，同属于第三世界的范畴，后现代理论给中国带来的现实是：物质资料的不断积累和日益融入国际市场的趋势。从这个意义上来说，后现代主义其实作为了中国发展进入“全球化”的连接点。正是由于这个“连接点”的存在，中国的当代艺术才有可能走向国际市场。西方国家虽占据文化话语权，但仍然以一种宽大的态度看待并接受差异性的异域文化，在他们看来，泱泱大国五千年的文明积淀，具有一种耐人寻味的异域情调。这个时期的中国艺术家们，也借此机会，重新正视本国文化，“中国方式”的研究大行其道。在这个阶段，西方仍然占据文化话语权，虽接受异域文化，但“中国方式”的艺术要想进入西方社会，还是不可避免地需要迎合西方人的审美观念和思维方法，但无论如何，它为“中国方式”在国家上的立足打下了良好的基础，是不可或缺的一个环节。

“后现代主义”（Postmodernism）被西方神学家和社会学家开始使用，其核心表现为否认整体性、同一性，反对中心，寻找差异性和不确定性。

1 王岳川 . 后现代主义文化研究 [M]. 北京：北京大学出版社 , 1992:7.
王岳川在其《后现代主义文化研究》中认为：《走向后现代》(Approaching Postmodernism) 一书中的分期最为合理，后现代这个概念经历了四个衍化阶段：“① 1934—1964 年，后现代这个术语开始为人应用，歧义迭出；② 60 年代中后期后现代与现代割裂，表现出反文化和反智性的气质；③ 1972—1976 年，出现存在主义的后现代主义思潮；④ 70 年代末至 80 年代中期，后现代主义概念日趋综合和更具有包容性。”

（2）策略性的“中国方式”推动中国艺术走向国际的先锋角色

用中立模糊的态度保护自己的身份，是殖民与被殖民双方合作的传统方式。利用这一方式，中国当代的艺术家们带领“中国方式”走向国际社会。这批早期定居海外的中国艺术家们，利用西方传统观念中的中国符号和政治形象，作为中国文化走向国际社会的有效途径，不得不说，这是“中国方式”走向国际的一个非常有效的策略。二十世纪八十年代至九十年代初，国内的艺术家群体掀起了一股出国热，当时最活跃的艺术家和艺术批评家都移居海外，分布于纽约、巴黎、东京各地。这批人如今基本上都已是艺术领域的大家，他们的定居海外对中国方式在国际上的传播起到了良好的推动作用。根据费大为《内心的旅行——谈海外中国艺术》一文整理，1986 年陈箴移居法国，1987 年谷文达、蔡国强移居北美和日本，1989 年黄永砯和杨诘苍移居法国，1990 年沈远移居法国，1991 年徐冰、王度和吴山专分别移居美国、法国和德国。[1] 回望他们当年的艺术作品，很明显带有西方可以解读的中国符号的烙印，不可否认，这种策略将“中国方式”带入国际市场并获得了巨大的成功，无数西方人从此看到了中国，对中国这个东方古老的国度产生了强烈的兴趣。但另一方面，我们也要看到，这种策略性的进入不可避免也带来了一些弊端。

一方面，对于艺术家们主观上来说，他们在进行这种策略性文化传播的同时，自身文化艺术身份被轻视和冒犯。评论家王林指出，十几亿人口的超级大国，却完全没有像样的国际性展览。艺术家们及其作品要进入国际视野，不得不想尽办法挤上国际性展览的“列车”，他们没有选择的权利和自由，只能等待“被选择”，这样才能使自己与国际“接轨”。王林这样形容这个“被选择”和“接轨”的过程：“自己既无轨又无车怎么接？只能搭车，人家的列车路过中国，下面人头攒动，列车长伸手一指，点到谁就是谁，激动、兴奋，受宠若惊，几天几夜睡不着。”[2] 这样的描述一针见血地指出了中国当代艺术进入国际市场是身份的被动与处境的无奈。另一方面，从客观来上，片面迎合西方审美和思维的“中国方式”艺术作品加深了世界对中国的误读。以策略方式进入西方世界体系的“中国方式”作品，不可避免要站在西方人的立场上，以西方人的视角，做中国文化解读，这样的艺术作品，才容易被西方世界所接受。但站在西方的立场上看待中国文化本身就是一件非常局限的行为，直到今天，西方的“主流”文化尚

1　以上资料整理自费大为文章《内心的旅行——谈海外中国艺术》，该文 2002 年发表于法国艺术杂志《ART PRESS》

2　朱青生，王林，王南溟．中国当代艺术的国际处境 [J]. 读书，1998(11).

且不能全面客观看待中国，这样解读出的中国文化、产生的中国方式艺术令人堪忧。不仅难以真正挖掘中国文化的深层内在，将文化解读变成简单的挪用拼贴，甚至会出现故意丑化中国文化迎合西方心理的现象。这些都是策略式“中国方式”走向国际社会的弊端。

（3）策略之后——文化自信扩展新的“中国方式”

不过值得庆幸的是，随着中国在国际上地位的不断提升，“中国方式”的艺术不断发展，其内容到形式也在不断丰富，其定义在横向和纵向上不断扩展，不再像策略时期简单的传统符号贴面，大家在符号背后的深层次上找寻中国方式的深层含义。

一是在文化身份上，中国的艺术家们真正站在国人文化的立场上，不再为了进入西方社会，一味迎合西方文化，从西方的视野看中国。

二是在文化目的上，“中国方式”的艺术进入国际视野不再是为了证明自己的身份和地位，更多的，我们力求东西方文化平等交流，积极开展文化合作实践。

三是在文化形式上，很多早期站在西方立场上，带有明显丑化中国经济、政治形象的夸张、扭曲作品已不见，取而代之的是东方文化的审美情趣和艺术气质。

四是在意识形态上，中国的当代艺术家们不再对立看待东西方文化二元论，转变为对西方文化的分析汲取，取其精华去其糟粕，对传统文化的抽象提炼，和对中国当代文化关注与运用。

五是在文化接受上，由于以上文化身份、文化目的、文化形式、意识形态的变革，所以在文化接受上，呈现出东西方平等交流对话的和谐局面。策略之后的这一阶段，艺术家们所带有的文化自信，自然而然地呈现于他们的作品中。文化自信带来对本土文化内涵的深层次挖掘，避免浅表性中国样式的贴面，给作品带来前所未有的新的“中国方式”风貌。

四、中国方式与设计思维

“多元共存文化观”认为，文明多样性的根源在于文明的差异性。虽然随着全球化的到来，各个国家各个地域，从经济，政治，到文化都不可避免卷入这一趋势中，特别是文化的层面，各个文明都增添了一些全球化共性的成分。但这不能，也不可能消除各个文明之间的差异性，文化的多样性并不会因为经济全球化的交融而丧失。人类发展的社会史、文学史、艺术史、建筑史等等文化领域的因素都证明，所有文化的地位都是平等的，各个文明都为整个人类的推动发展进步做出了自己的贡献。虽然文化与文化之间发展的程度有差异，但绝不因此表明，发展缓慢、小众的文化就应该被强势文化所兼并，大家都以平等的身份成为人类文明的共同组成部分，我们理性地看到，多元共存，才是当下全球文化发展应该共同尊崇的观念。在西方霸权主义和强权政治主导文化话语权的的几十年里，中国的艺术家们通过“策略性”的方式进入西方世界。现在中国已经以崭新的面貌、自信的姿态屹立于世界文化大国之林，我们仍然坚信，发展世界文化应该坚持文化的多样性，而对待文化多样性的根本出发点，是促进各种文明的相互理解、相互尊重、相互学习、相互吸收，做到共同发展，共同繁荣。文化在交流的过程中传播，在继承的基础上发展，都包含着文化创新的意义。文化发展的实质，就在于文化创新。中国传统文化必须走这样一条综合创新，设计创新的路，才能保持其传统精神一脉相承与时俱进。张岱年先生曾提出过“综合创新”的概念，即通过复杂的综合工作而走向创新，我们认为这比较符合传统文化的当代发展之路。张岱年先生说：“创造的综合即对旧事物加以‘拔夺’而生成的新事物。一面否定了旧事物，一面又保持旧事物中之好的东西，且不惟保持之，而且提高之，举扬之；同时更有所新创，以新的姿态出现。凡创造的综合，都不只综合，而是否定了旧事物后而出现的新整体。”[1]张岱年先生在其思想过程中，一直持续不断地为这一概念做出阐释。在思想早期：“我所以于创造之外又言综合，因为创造不能凭空，必有所根据，我们可以根据东西两方文化的贡献，作为发展之基础。所谓创造的综合，即不止于合二者之长而已，却更要根据两方之长加以新的发展，完全成一个新的事物。”[2]在思想的晚期，他仍强调：“我们主张综合中西文化之长以创新文化，并不是说对于中西文化可以东取一点、西取一点，勉强拼凑起来。综合的过程也即是批判、改造的过程，也就是创建新的文化体系的过程。”[3]

1　张岱年 . 张岱年全集第一卷 [M]. 石家庄：河北人民出版社，1996:257.
2　张岱年 . 张岱年全集第一卷 [M]. 石家庄：河北人民出版社，1996:244.
3　张岱年 . 张岱年全集第七卷 [M]. 石家庄：河北人民出版社，1996:63.

教学案例：

《安晚组柜》和《浮寄组柜》

以中国传统文化中的非对称美学现象作为切入点，探索非对称结构在造物中的运用，并以建筑流派高技派作为技术支撑，来进行家居产品的设计，并以“立柜”与“悬柜”这两种结构形式的柜体作为成果展示。这两组柜体在造型上极力求险，又在极险的基础上保持稳定，构成了“险中代稳”的极富趣味性与艺术性的局面。除造型外，柜体系统均以柜子、梭形支撑杆、钢索、底板与多个节点等部分组成（图 1–8）。

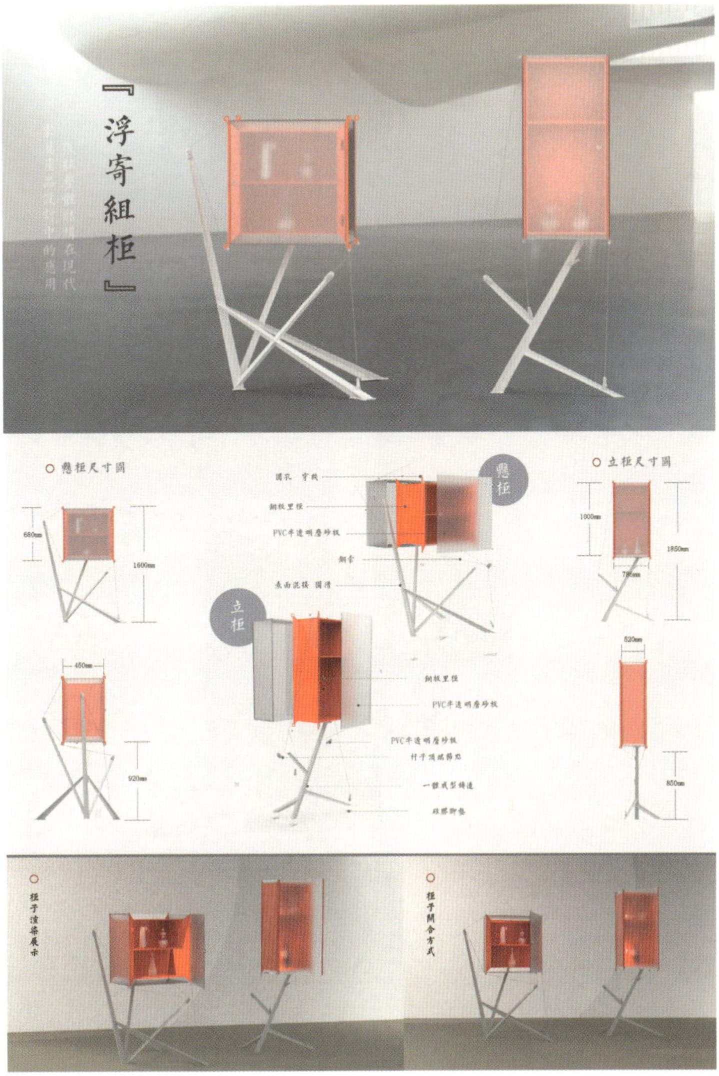

学生作品：《浮寄组柜》
作者：胡艳

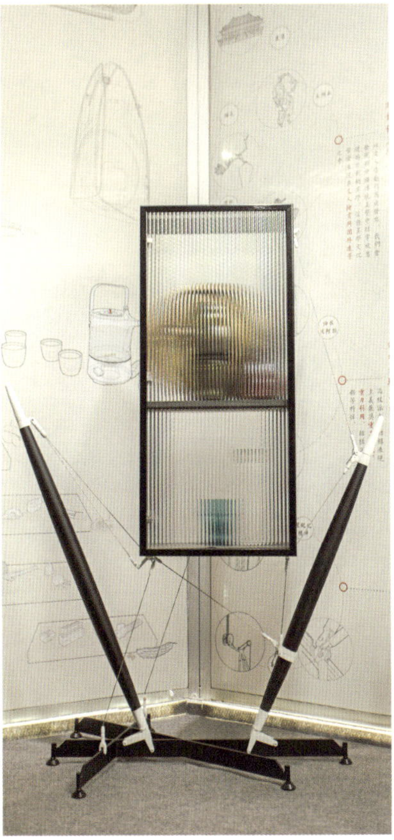

学生作品：《安晚组柜》
作者：卢慧杰

获奖信息

- “设计 + 未来”2020 长三角高校学生设计作品联展——《浮寄组柜》
- 2020 年（第五届）全国大学生工业设计大赛——《安晚组柜》

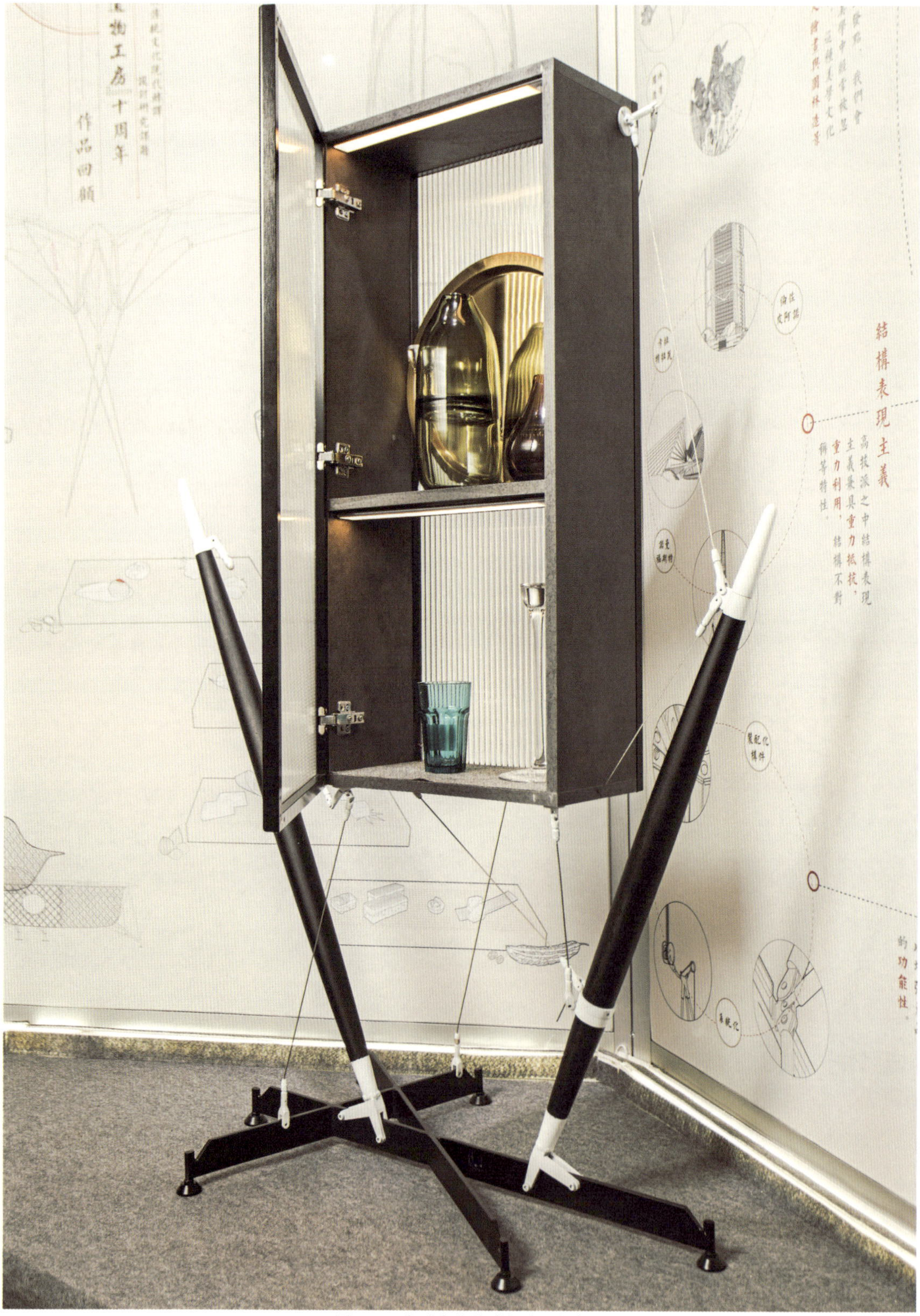

图 1-8：非对称美学《安晚组柜》

本章小结

今天，在设计学的层面，我们推进传统文化设计创新的过程，正符合张岱年先生的“综合创新”的理念。传统文化设计创新，不是传统文化和新文化的叠加，也不是传统文化的现代贴面，而是真正以中国的方式，以传统文化为基础，创新新的设计体系的过程。

文化的全球化和地域化是相伴而生，相辅相成的，但有人一直将这两者放在对立的位置上，认为一方面文化全球化会使文化之间趋于“大同”，文化与文化之间的界限逐渐消失，另一方面，文化的地域化又会阻碍全球化的进程，所以全球化和地域化一直处于竞争的状态。显然，这种观念是十分错误的，割裂了全球与地域之间的内在联系，对这两者的涵义认识不清。设计属于文化的范畴，只有正确把握文化全球化和地域化的关系，我们才能看到设计全球化与设计本土化之间的辩证属性。

第一，设计的全球化是以本土文化的多样性为基础的。随着全球化的进一步深入，现代主义设计后期的国际主义风格渐渐淡出人们的视野，文化趋同设计趋同，看不出个性差异，很快遭到了人们的抛弃，转而投向后现代，注重本土文化的多元、共存、交流、融合，才是设计全球化发展之道。

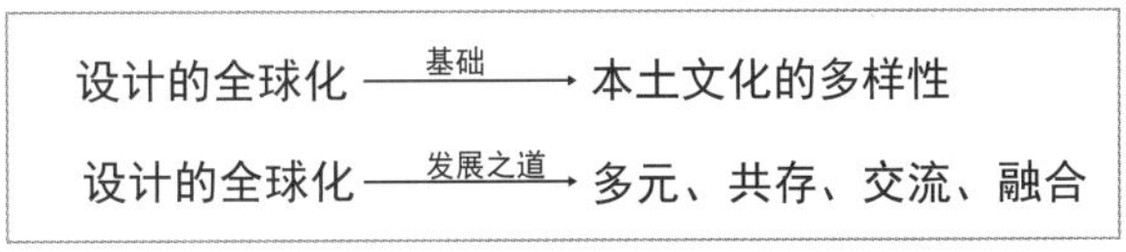

第二，设计的本土化是对设计全球化的回应，是一项新的挑战。这种挑战体现在全球化进程中本土化必然受到冲击，即使发达国家，固有的文化优势也大幅锐减，为了使自己的本土文化能实现综合创新转化，本土文化设计复兴是很好的一条路。

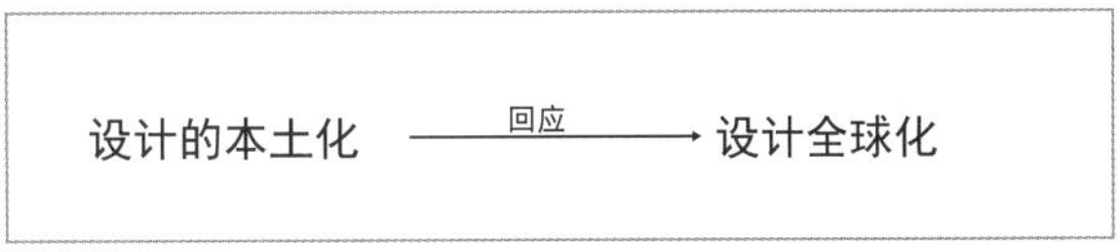

所以总的来说，设计全球化和本土化是辩证统一的关系。全球化不排斥本土化的个性发展，本土化也不影响全球化的交流融合。过于强调地域特征或过于强调全球趋势大同，都忽视了这两股力量之间的辩证关系。

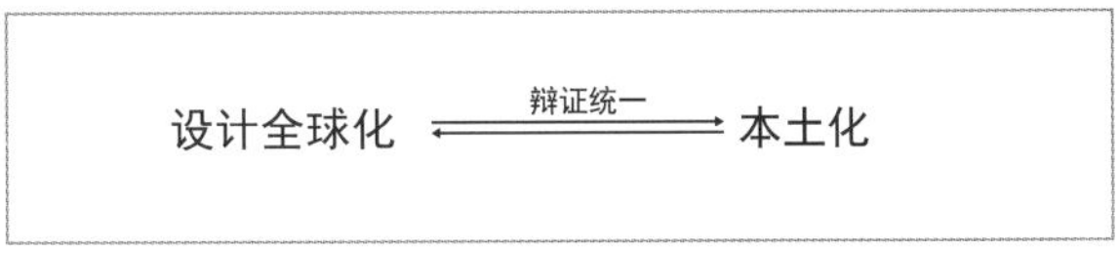

学生作品：《凭枫——动态屏风设计
作者：杨达威

2 从自然观到造物观
——东西方造物方式的“源”与“元”

一、自然条件与思维方式的形成

1. 西方

历史和地理学上公认，西方文明的源头在于古希腊。如果再深究一点，古希腊的文明极大地受到古埃及和古巴比伦[1]的影响，他们都是地中海海岸线上的国家。通过地图我们可以发现，古希腊是由许多各自独立、形态各异的小岛屿组成，包括希腊半岛、爱琴海诸岛、爱奥尼亚群岛和小亚细亚半岛等等，属于“小而多”的海滨型环境。这些岛屿之间可以通过船只互通交通，但鉴于交通尚不发达且从基本形态上来说，这些小岛各自独立，所以整个古希腊难以融为一体。置身于古希腊的任何一个地方，天空和海洋无穷无境，感受到人和岛屿的渺小。古希腊作为西方文明的源头不是没有原因的，其得天独厚的地理条件给古希腊文明的蕴育提供了良好的土壤和环境。希腊除了北部接壤欧洲大陆，其他三面环海，有着世界上最曲折的海岸线和优良海港。晴天出海，轻而易举可以到达希腊诸岛，再远沿着地中海海岸线，可到古埃及、意大利、波斯帝国。但由于是岛国，陆地被分割成一块块狭小的区域，没有广阔的平原，只有山岭、河谷、坡地，土地贫瘠，所以农业条件恶劣，难以耕种。从以古希腊为代表的地理环境因素分析我们可以看出，西方文明的发源地多高山，少平原，冬季寒冷，夏季少雨，土地贫瘠，这种自然环境是难以发展农耕经济的。所以人们自然而然地转向了狩猎和畜牧。人们必须与自然做斗争，才能从自然手里获得生命得以维系的生存物资。狩猎和与自然搏斗的生存方式自然而然地影响到人们的社会意识和社会关系。狩猎的过程意味着与动物搏斗的过程，难度大风险高，只有集体通力合作，才有可能捕到猎物生存下去。这无疑当中增强了人们的集体合作意识，淡化了血缘关系。最终，西方文明在长久的与自然搏斗的生存压力下，形成了以人为本，对抗自然，注重人的力量，弱化血缘姻亲关系的社会意识。

在西方神话中，无论是宙斯、阿波罗还是耶稣基督（图 2–1），都是人们虚构出的“天神”。其特点是法力无边，与人类本身没有任何关系，完全凌驾于

图 2–1：西方神话宙斯、阿波罗、耶稣基督

1 古巴比伦（约前 30 世纪—前 729 年）位于美索不达米亚平原，大致在当今的伊拉克共和国版图内。

人类之上，自上而下创造人类保护人类。人类为了显示对“天神”的无限崇拜和至高无上，修建了神庙、教堂等一系列建筑物作为纪念场所。与东方建筑大开间的特点不同，西方的宗教建筑完全在纵向维度上发展，所有的宗教建筑高大巍峨，顶天立地。至今完整保存的唯一一座罗马帝国时期建筑万神殿高43.5米，中世纪的圣索菲亚大教堂（图2–2）中央大厅穹窿顶高60米，文艺复兴建筑中最辉煌的作品圣彼得大教堂高137米，由于“天神”是西方人民共同膜拜的“神明”，使得西方的这些高大的宗教建筑免于数次战争的摧残。因为神是受人尊敬的，与神有关的建筑体系同样如此。正因为如此，西方的宗教建筑至今基本都保存完好，为人们研究历史提供了宝贵的实证资料，而信奉“人神”的东方国家几乎没有存世的宗庙建筑。以狩猎和畜牧为生的西方人，深深地知道祈求上天是毫无用处的，必须与自然进行搏斗并获得胜利，才能获得物资生存下去。在长久的与自然斗争的过程中，他们渐渐形成了对立征服的自然观。自文艺复兴开始，思想家们更加强调“以人为本”，宣扬人的价值和尊严，肯定人的主体地位，其他一切包括自然只能是为人所用的客体。西方人的自然观可以做如下总结：

图2–2：圣索菲亚大教堂

第一，主体和客体具有明确的界限，人与自然是根本不同的两个领域；

第二，人类能力至上论，人在改造自然征服自然的过程中，运用一定的科学和理论方法，一定可以达成目的。即使当下不能成功，以后也一定会成功。

2. 东方

古代中国大陆位于欧亚大陆东部、太平洋西岸，地域广博，平原、盆地、山川、丘陵等地形要素丰富，土壤肥沃，水系丰富。黄河、长江、淮河、珠江等主要水系自西向东，蜿蜒入海。与古希腊海洋文明的绝对开放性不同，中国内陆的水系同时具有开放性和封闭性的特征。一方面在流域沿岸聚集更多的人口，繁衍生息，抵抗外敌，另一方面，流域与流域之间的文明相互融合，创造更高的文明。在对外交通方面，与三面环海的古希腊不同，中国是一个由自然地理因素完全封闭的大陆。东部和南部有黄海、东海、南海等大洋阻隔，西南部有喜马拉雅山脉，西北是浩瀚的沙漠和极地高原。这些，都构成了中国内陆对外交通的天然屏障。总的看来，古代中国是一个“大而以”的内陆，地大物博物产丰富，几大水系将周围的居民连接在一起，周边的天然屏障将人们的生活限制在这一区域内。置身在这片区域内，广阔的地域和根本看不到外面的世界会让人们产生错觉，以为这就是“天下”。古代中国天然的地理和气候优势使得这片土地上的人们逐渐学会了农耕，经济活动和缓，春种秋收，顺应自然和节气变化。不仅无需与自然做过多的激烈争夺，反正要顺应自然，“靠天吃饭”。人们习惯于群居，大家族的居住形式是中国古代居住史上最主要的居住形式。在这样的生活状态下，群体、血缘、宗族的的思想是农耕经济下的主要思想，人们习惯于安土重迁，突出家族性和群体性。一个家族就是一个群体，对内开放对外封闭。当国家的概念出现后，宗法思想和血缘关系更是上升为国家意志，演变为国家权力的重要支撑。在中国的封建社会，帝王把国家政权当做自己的私有财产，世代相袭，以血缘关系为纽带的“国”和“家”融为一体。宗法思想和血缘关系保证了农耕经济下国家和社会结构的稳定性。

①

②

如图 2-3：①西方高大的宗教建筑，②中国的宗教建筑。

就中国人的信仰意识而言，与西方自上而下的“天神”不同，中国人信仰的皆是“祖先神”，即“人神”。这些“祖先神”包括统治者的祖先、家族的祖先、古代历史上的圣贤或英雄等等，他们并不是虚构的具有至高无上权力的神明，他们确确实实来自“人间”。所以也正是由于这个原因，每家每户供奉的“人神”是不一样的，这受到宗族和血缘意识的影响。“左祖右社，前朝后市”，皇城的左边是太庙，即帝王们祭祀祖先之处；皇城的右边是社稷坛，即帝王们祭祀土地和五谷之神的地方，表明对帝王之家来说，供奉神明的宗教建筑往往与现实居住的建筑联系在一起，以血缘姻亲彰显其政权的合法性、稳定性。

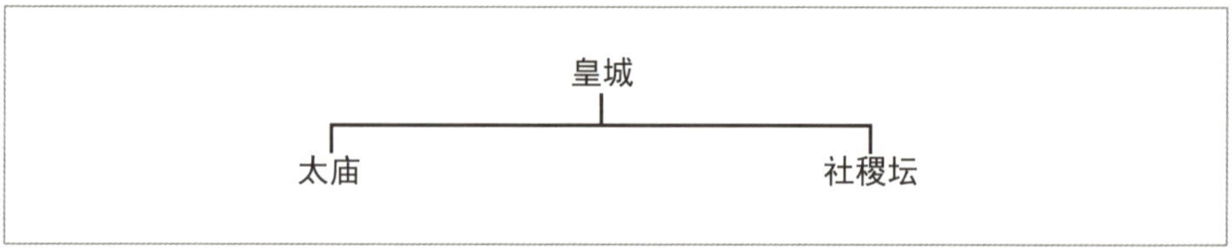

同时，与西方高大的宗教建筑形成鲜明的对比，中国的宗教建筑的高度往往与周围的建筑没有太大差别。（图 2-3）因为在中国人看来，过分高大的建筑太突兀且不“宜居”。“高台多阳，广室多阴，远天地之和也，故圣人弗为，

适中而已矣”[1]中国人往往不通过高度，而是通过建筑群的聚集，凸显宗教建筑的气势和尊严，比如故宫太和殿。

古代中国，人们大多居住在长江、黄河水系及支流沿岸，地理条件优越，气候舒适，适合农业耕种，久而久之，人们形成了农耕经济下的民族性格。具体表现为，人们只要按照一定的方法，顺应节气变换，按时播种，注意灌溉、防虫、施肥等操作，自然会获得不太差的收获。在这样安逸的生活方式下，人们必须顺应自然才能获得好收成，人们逐渐形成了崇拜自然、臣服自然的自然观念。同时，由于传统文化古代儒道两家关于“道生一，一生二，二生三，三生万物，万物归于道”，“天人合一”等论断的盛行，受此教化的人民，更加坚定了需要与自然和谐相处的思想。顺应自然天意，不要破坏自然环境，不要与自然抢夺，安安稳稳地在自然的庇护下男耕女织，自给自足。不过从另一方面看，儒道的教化和天人合一的自然观无形中也造成了中国人内敛保守的民族特性。

3. 东西方传统的错位与融合

近现代的文化研究中诸多学者将中国文化划入“大陆型”文化体系中。因为自古以来人们便在相对封闭的环境中过着以农耕为主的生活，顺应天时地利便得五谷丰登之人和，因而讲求天、地、人自然关系和谐统一，长久以来便形成顺天造物，顺应自然的文化特质。而西方文化被纳入“海洋型”文化体系中，因为在相对开放的自然环境中人们以征伐和扩张来求得生活平稳，处处表现为人与自然相对，对自然对抗和征服，长久以来形成人定胜天改造自然的文化基因，种种差异性浸透到人们造物活动的方方面面。当然在面对不同情况下东西方的思维也不是绝对不变的，比如西方有个故事叫诺亚方舟（（图 2-4），是《希伯来圣经・创世纪》中的故事，一艘根据上帝的指示而建造的大船。创造世界万物的上帝耶和华见到地上充满败坏、强暴和不法的邪恶行为，于是计划用洪水消灭恶人。同时他也发现，人类之中有一位叫做诺亚的好人。耶和华神指示诺亚建造一艘方舟，并带着他的妻子、儿子与媳妇，同时神也指示诺亚将牲畜与鸟类等动物带上方舟，且必须包括雌性与雄性，以躲避大洪水灾难。记载中诺亚方舟花了 120 年才建成，最终诺亚听信并付诸行动，拯救了世界。而中国传统故事大禹治水的描述是这样的：禹是黄帝的后代，三皇五帝时期，黄河泛滥，鲧、禹父子二人受命于尧、舜二帝，任崇伯和夏伯，负责治水。大禹率领民众，与自然灾害中的洪水斗争，最终获得了胜利。面对滔滔洪水，大禹从鲧治水的

①

②

图 2-4：诺亚方舟①，大禹治水②

1　苏舆 . 春秋繁露义证 [M]. 北京：中华书局 , 1992:449.

在对立征服自然的西方人之下，他们也会适时顺应自然保全自身，在天人合一的东方人之下，他们也会适时与恶劣的自然环境做抗争并取得胜利，这就是东西方在传统自然观的某种错位与融合。

失败中汲取教训，改变了“堵”的办法，对洪水进行疏导，体现出他具有带领人民战胜困难的聪明才智；大禹为了治理洪水，长年在外与民众一起奋战，置个人利益于不顾，“三过家门而不入”。大禹治水十三年，耗尽心血与体力，终于完成了治水的大业。从这两个故事看出，面对洪水东西方人民的不同做法。西方人祈求神灵保佑、接受神的指示、建造诺亚方舟逃避灾难。东方人团结起来统一行动抗洪抢险，治理灾害。大禹治水的结果就是将部落联盟，直接推向了国家时代，中国历史上第一个国家夏朝就是这样诞生的。所以，东西方的自然观与自然意识并不是绝对的。

二、东西方思维方式影响的生活方式

1. 西方

早在两千多年前，古希腊自然法的基本观点就是“人生而平等”。到了近代，基督教首次将“人生而平等”的观点以宗教的形式表现出来：“无论何时何地，你希望别人怎么对你，你就应该怎么对别人”。资产阶级革命时期，卢梭正式提出：“人生而平等自由。”这是西方资产阶级革命中一句振奋人心的口号。西方的社会体系建立是以民主为基础的，崇尚人生而平等，人生来会有差异，但没有贵贱之分。公民有权通过公开的方式竞争，崇尚以理服人，没有“世袭”，没有“绝对权威”。千百年来，平等观一直是西方社会在任何情况下都推崇的一种观点。职位有高低，但工作无尊卑；家庭有贫富，但人生无贵贱。纵然在当今的社会现实下确实会有不平等的情况发生，但人人都有追求自由、幸福的平等权利。

古希腊自然法的基本观点就是“人生而平等”。

卢梭正式提出：“人生而平等自由。”

西方人偏好科学与理性的思维方式，不管是在自然科学领域还是人文艺术领域。在自然科学研究中，古代哲人始终将自然宇宙作为人类的研究对象，文艺复兴之后，科学家们开始对自然学科进行分类研究，天文、物理、化学、生物等学科相继独立出来，形成专门的学科门类，有利于这个领域的专业人士对事物进行深入彻底的研究。在艺术学上，对于客观自然的模仿一直是西方艺术家们研究的重点所在。古希腊时期，两位画家比试画技的标准就是——看谁的画作更“像”，更能让观众信以为真[1]；直到古典主义时期，艺术家们仍然关注于画作光影的变化，人物的逼真，景深的前后关系——说到底，西方艺术家们千百年

1 布瑞森（Bryson）《视觉与绘画——凝视的逻辑》（耶鲁，1983），以宙克西斯与帕拉塞斯之间的竞争，作为他对模仿为西方艺术的核心宣言之分析的出发点。

来一直关注并纠结于逼真与模仿的现实主义问题，并将其上升到美术学研究的高度。

逻辑（logic）对于中国人来说是一个完全意义上的外来词。最早由严复传入，但由于整个中国词汇里都没有能与词义对应的中国词，所以采取音译的方法。由此可见，逻辑的思维来源于西方，中国人的认识远不如西方发达。在西方，逻辑学最早形成于古希腊和古印度，并且在这两个国家得到了很好的发展。亚里士多德认为，逻辑和语言是有密切联系的。比如古希腊，古希腊的逻辑学体系就是对其语言的反思和直觉发展而来的。另一方面，西方普遍采用合逻辑的思维方式与他们的生活模式也是分不开的。我们知道，西方几乎没有农耕经济，无论是航海时代还是后来，都是商业经济主导下的经济模式，这无形当中促进了个人主义和以个人为中心的价值观。在个人主义价值观的指导下，西方人思考问题往往从个体出发，从小到大，形成了对外部事物判断靠逻辑思辨的思维模式。在人类社会的发展进程中，数学发挥了不可替代的作用。古希腊哲学家、数学家毕达哥拉斯（图 2–5），第一个注重“数”的人，研究数的和谐关系并运用于宇宙论的研究。亚里士多德，世界古代史上伟大的哲学家、科学家，用数学和逻辑学的研究奠定西方的理性主义，对西方文明的进程带来决定性的影响。在建筑学领域，我们能真真切切看到西方建筑大师们利用“数”的和谐关系，而不是感性的意向审美，构件现实存在的审美。古希腊巴特农神庙（图 2–6），堪称完美建筑，高和宽的比是 0.618，即黄金比例；罗马万神庙穹顶到地面，恰好可以嵌进一个 43.3 米球体；提取米兰大教堂的基准线，是一套颇有秩序的图形……西方的审美，经过了精确的数学计算，用数学的方式保证其和谐有序，与中国建筑体系之下“虽由人作，宛自天开”的模仿自然情调，形成鲜明的对照。[1]“实用”是西方现代设计物用观的准则，是人们在装饰与功能的关系中几经挣扎总结出来的用来衡量一个产品是否真实的重要标准，而与现代科技同步发展的人文精神的回归，打破了现代设计中这种真实性的局限，开始用人文精神和民族文化丰富并深化物用观的内涵。设计以人为本，是现代设计人际观的哲学基础和思想原则。当人成为衡量万物之标准，强调设计为人服务时，西方传统主客二元的思维模式被打破，一切径渭分明的对立概念被消解出相对性。由此可见，西方现代设计的自然观、物用观、人际观经历了一个多世纪的发展，

图 2–5：古希腊哲学家、数学家毕达哥拉斯

图 2–6：古希腊巴特农神庙

1　李茜莎，李鹏．不同历史天空下的建筑艺术——浅析中西方传统建筑审美特征的区别 [J]. 西昌学院学报：自然科学版，2009, 23(2):29–31.

随着设计风格、设计思潮、流派的变化而变化并牵动各种设计思潮此起彼伏，透过这万千百象我们依然可以从宏观上抽离概括出贯穿西方现代设计理念中的三条主流观念：古典浪漫主义、理性主义和以人为本。基本上所有的设计风格、设计思潮、流派都在此基础上在嬗变中更迭，不仅促进了设计语言和形式的多元化而且带来了设计观念的多元化发展方向。

2. 东方

中国的传统社会的发展历史是一部等级历史。奴隶社会的夏朝，等级制度开始出现，社会等级开始形成；封建社会的春秋时期，社会上的平民开始被分为四大阶层——士、农、工、商，按照排序可以看出，读书人排在首位，其次是务农，他们有自己的物质生产资料——土地，再次是手工业者，他们有自己的技术、手艺，排在最末的是商人，这与我们今天普遍观念上的排序大不相同。

平民
- 士 → 读书人
- 农 → 务农
- 工 → 手工业者
- 商 → 商人

统治阶级为了对被统治阶级进行管理、压榨，建立了一整套包含立法、司法、行政等权利的国家机器，使国家政权得以稳定持久，专制主义中央集权的封建官僚体系应运而生。可以非常明显地看出，等级之下，人和人生而不平等，不论后天如何努力，固有的等级必须遵守所在等级的礼法与约束，封建等级意识，长久贯穿于中国人的行为中，直至当下。中国古代特有的农耕文明与天人合一的自然观，一定意义上造就了中国人思维的艺术性和灵感性。在文学方面，从汉赋，到唐诗，到宋词，元曲，再到明清小说，从诗仙，诗圣，到三苏，再到唐宋八大家，建安七子，每个时代都有热衷于文学的文人骚客寄情山水，抒发胸臆，这都是灵感思维的呈现。再到艺术领域，中国传统的书法和绘画向来是世界的文化瑰宝，行书，狂草，写意，向来不以写实的“相像”为艺术追求，与西方的的理性绘画形成鲜明的对比。当然，由于建筑是一项严谨、需要数理逻辑支持的造物活动，不是单靠主观感觉就能完成的，千百年来，中国的传统建筑一直变化不大，发展较慢。

中国传统思想发展史上，一直不太注重逻辑分析。我们前面在分析西方人讲求逻辑思维的实证性时也看到，“逻辑”对中国人来说是一个外来词。中国人甚少对事件进行“合逻辑”的分析，在中国人看来，他们最关注的是是都“合理”，这是中国人惯用直觉经验的思维思考的结果。我们不能说直觉思维是不理性的，事实上，直觉思维是可以和理性思维相互作用，相辅相成的。但从思维的精确度上来说，直觉思维是一种模糊思维，这一点在中国人的日常生活中体现得较明显。中国人的很多概念命题，歧义丛生，可以这样说也可以那样说；中国人看待宇宙看待自然，没有能力通过分析演算获得，只能靠直觉顿悟；中国人的说话做事习惯，往往习惯模糊描述，过两天再说、放少许盐、油适量等等，这些都是直觉思维的必然结果。

与西方的几何美学和数学逻辑完全相反，东方的审美从古至今一直是意向性的，“只可意会不可言传”的意向性审美，充当了中国古典美学的主干。意向的审美情趣，其实是中国人艺术感性的思维和直觉思维在美学观上的体现。书法作品草书（图 2-7），结构俭省，笔画连绵，由隶书发展变化而来，难以辨认，其作为文字文化的传播功能十分有限，但我们主要欣赏其审美价值；写意画作品（图 2-8），不管是风景，花鸟亦或人们，寥寥几笔，大气勾勒，神韵毕现，虽没有逼真地再现现实世界，但作者的情怀跃然纸上；中国传统园林建筑（图 2-9），集色、香、韵于一身，善于寓意造景，但很少传承具体的建筑数据和上升到理论体系，而是“建筑之术，师徒传授，不重书籍”[1]。

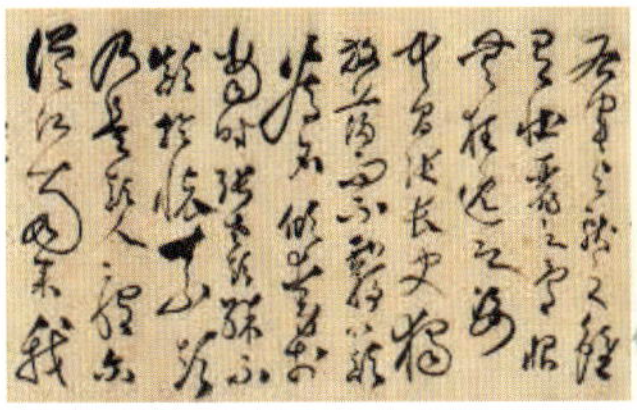
图 2-7：书法作品草书

图 2-8：写意画作品

图 2-9：中国传统园林建筑

中国艺术所追求的是在艺术作品中彰现“道”。当中国的艺术家选定了道家或儒家作为自身的人生目标的时候，对于他们来讲，艺术只是表述这种道的方式和工具，因此，对道的追求就构成了中国艺术的原动力。而西方的艺术一开始就将自身定为工匠，认为艺术和技术相类似。这种在目的层次上的不同，必然使得在艺术创作过程中具有不同的思维模式。

1　梁思成 . 图像中国建筑史 [M]. 北京：生活・读书・新知三联书店 , 2011:10.

概而言之，中国艺术的创作思维体现在对“象外”追求之中，反之，西方艺术则全力追求“象内”，从而表现了中国艺术思维在具体的创作过程中的巨大差异。由此可见，中西艺术精神结构，从它们各自的艺术风格，比如油画和国画，比如西歌剧和京剧等方面，大致可以看出各自的区别。

3. 东西方思维的并存与互通

中国古代哲学思想从宏观的发展演变看可大致分为三个阶段：第一阶段是从殷夏商周到春秋战国，第二阶段是秦汉到魏晋到隋唐到宋元明，第三阶段是清朝；历经第一阶段的巫祀文化到诸子百家争鸣，第二阶段的儒学经术到儒释道分化融合再到思辨儒学、理学，第三阶段的古今文经学。从原始宗教到理性主义觉醒到以儒教为主的神学形态再到对儒家经典的批判与启蒙，历经上下数

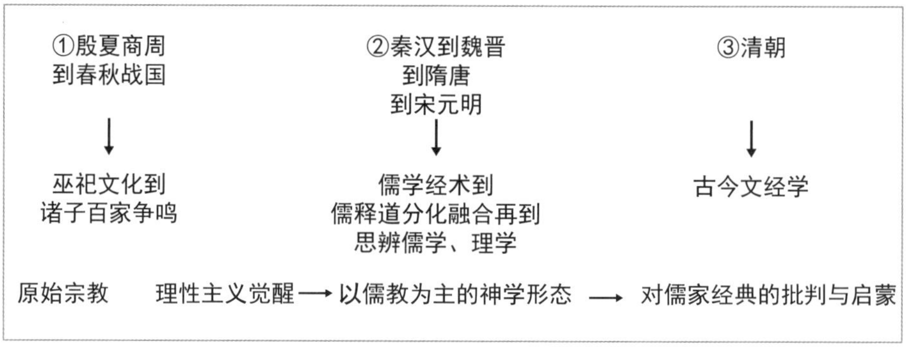

千年，“天人合一”的精神始终随之，遍涉儒释道三家并贯穿于整个中国古代思想文化，成为文化发展的基础缘由与深层根源并形成中国文化绵延千年而一脉相承的特质。诸子百家文人学者都立足于自己的学说解释天人合一观，按时间和社会发展的宏观逻辑看，展现了他们对宇宙万物、人生百态多视角的思索，虽各家众说纷云但都是围绕天人合一的基本原则，其宗旨是天、地、人和谐统一，强调人顺应自然，与自然一体，人与自然之间息息相通、密不可分。北京大学乐黛云教授说：“西方常用镜子来强调文学作品的逼真和完全，中国常用镜子来强调作者心灵的虚静、澄明。”这便是西方文化强调主客观的分离，对世界的认识是对主体的外在对象进行综合分析，因此相对于中国文化“天人合一”的二元统一说，西方文化中讲求“主客二分”的二元对立说，由古至今历经了古代理性萌芽阶段到近代二元对立到现代二元调和统一到当代二元互动贯穿于整个西方文化，遍涉各学术流派，成为西方文化演变的基因和根由。

演化主线：

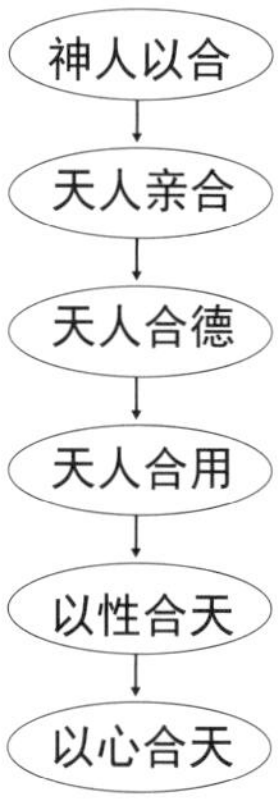

自古以来中国擅长整体、辩证、以综合为基础，这是一种系统的、模糊的、

感性的思维方式，具有直觉和顿悟的特征，包括整体论和系统论。具有循环往复的圆形运动规律，显著特征是首尾相衔、周而复始、循环往复的结构状态和运动变化形图。和谐发展，是以心和、人和、天和为特征和指向的演进模式。

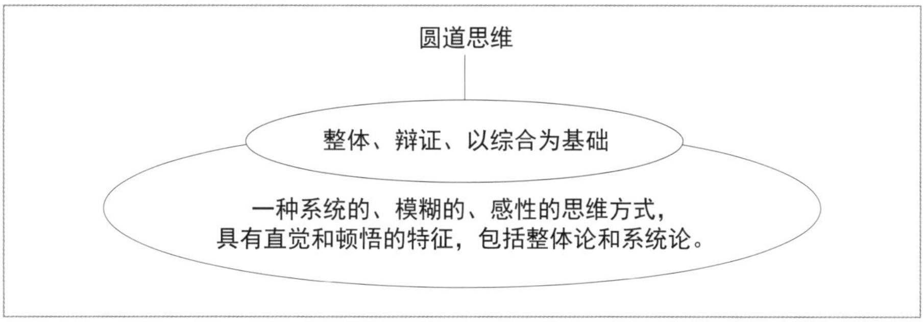

不论是直观思维还是复杂思维都是讲究整体性、连续性，把一切置于无始无终、万物归一、周而复始的动态平衡中，强调事物的普遍联系和互动关系，打破“主客二分”并消解物我对立，主张二元融通以及矛盾的和谐统一。投射在自然观上便是强调物我不分，天人合一，即与阴阳合道、与天地合德、与日月合明、与四时合序、与鬼神合吉凶、与圆道合意。在中国传统阴阳观念中，人们常以“阴”与“阳”来解释万事万物中的矛盾是如何既对立又统一地存在，并以其变化的原理来说明物质世界是如何运动变化的。此二者相互依存又相互对立，对立即世间一切事物或现象都存在相互对立的阴阳两个方面，比如冷热、昼夜、寒暑……

而对立的阴阳双方又是互相依存的，任何一方都不能脱离另一方而单独存在，比如黑白、上下，动静……矛盾的双方此消彼长，周而复始地循环于圆道之中。比如《易传》中记载：“一阴一阳之谓道。”《太极图说》中记载：“二气交感，化生万物。”《道德经》中记载：“万物负阴而抱阳。”而西方则更倾向于个体、逻辑以分析为基础的线性思维，不论简单还是复杂都是从一个点到另一个点演化并以后者否定前者为主要特征。相较于中国古代思维方式它是一种发散的、明确的、理性的思维方式，它注重分析、演绎和理性的逻辑与判断，强调无机的理性分析、排列与组合。反映在自然观上便是物我相对、主客二分即个体独立、主客分离、化整为零、局部加和、整体拆分。随着科学技术的进步，现代世界发展至今，形成了西方现代系统观与中国古代整体观并存，同时呈现诸多同一性特征。

在西方美术史上有一个派别——印象派。19世纪的时候，法国巴黎是欧洲油画的中心。这个时候的风格是以学院派的新古典主义为主导的，他们每年都要举办官方的展览，叫做“沙龙”，多数人都出自于皇家美术学院，他们有着深厚的素描基础，并且精通人体解剖，画风严谨、细腻。19 世纪 60—90 年代，反古典学院派的印象画派兴起，他们不依据可靠的知识，以瞬间的印象作画。粗放的笔法，作品缺乏修饰，采取在户外阳光下直接描绘景物，追求以思维来揣摩光与色的变化，并将瞬间的光感依据自己脑海中的处理附之于画布之上，这种对光线和色彩的揣摩也是达到了色彩和光感美的极致。西方的美学应该是极致理性的，就像新古典主义的严谨细腻画风一样。但不写形只写意的印象派在 19 世纪七八十年代达到了它的鼎盛时期，其影响遍及欧洲，并逐渐传播到世界各地。19 世纪后半叶到 20 世纪初，法国涌现出一大批印象派艺术大师，他们创作出大量至今仍令人耳熟能详的经典巨制，例如，马奈的《草地上的午餐》（图 2–10）、莫奈的《日出・印象》（图 2–11）。可见，东西方的思维与审美并不是完全对立的，他们之间可以并存，可以互通，可以碰撞融合出新的风尚与情趣。

图 2–10：马奈《草地上的午餐》

图 2–11：莫奈《日出・印象》

中国人对待建筑、园林、艺术品，一向是采用感性的直觉的思维，唯独一点——中国都城的建造。院落在城市中有序的组合，最佳的范例是都城的中心区，其中最著名的是隋唐长安城（图 2–12），即现在的西安。长安作为大唐帝国极具魅力的都城达三个世纪之久，是当时世界上最大的城市。网格状的街道将城市平面分成了 110 个坊，每一坊都有各自的围墙、寓意吉祥的坊名。矩形的坊像建筑中的开间那样按行排列，也和建筑一样，由这些行列共同组成了矩形的平面。因此，坊的作用一如模件，其中少许不同的类型以尺寸加以区分。中国都城绝对理性的平面，与古罗马城在七座山头上延展的平面形成强烈的对比。长安城的平面成为其后历代都城的范本，并且被高丽和日本所效仿。即使在今天，来到北京的游客无论身处城中何地，总能辨明方位、分清南北，因而不难领会都城规划者的意图，哪边是使生活显得稳定有序。

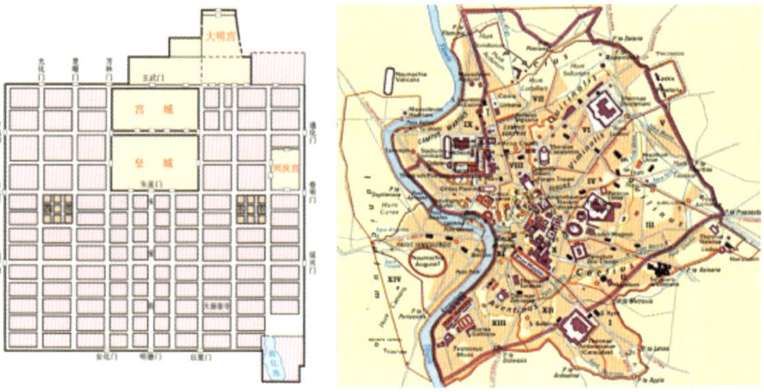

图 2–12：中国唐朝长安城平面图（左）与古罗马城的平面图（右）

三、东西方生活方式指导的设计方法

1. 东西方近现代设计文化的接触

17、18世纪，是东西方文化交流的重要时间点。在17、18世纪以前，东西方文化的交流是模糊不清的，对于西方人来说，他们认识中国的途径主要是靠旅行家的游记。这在一定程度上确实将中国的见闻、风俗、宗教等文化带入到了西方视野。但很明显的，旅行家不是学者，他们大多关注于所见所闻，但对中国文化的深层次内涵绝少分析。且凭一人之力，他们的论著大多是不完整不完善的，甚至缺少很多重要信息。比如《马可·波罗游记》，向16世纪的欧洲人提供了当时来说最详实的中国资料，使西方人对世界的解读扩大了至少一倍。但遗憾的是，游记中没有提到文字、印刷术等最能代表中国文明进程的东西。17、18世纪，东西方文化开始了真正意义上的接触和交流，这段交流，不管是规模、范围还是影响力，都堪称史上之最。这段交流，要感谢西方的传教士们。与17、18世纪以前的旅行家传播见闻不同，传教士多为饱学之士，具有较高的文化修养。当时来中国的著名传教士有利玛窦、南怀仁、郎世宁等等，他们将西方的先进思想论著翻译成中文带入中国，又将中国的思想翻译成本国语言传入西方，在东西方文化的传播中搭建起桥梁，使东西方都能深入了解对方的文化基因内在，在灵魂层面实现对话。这种平和平等对话的姿态，在历史上都是不多见的。张西平先生对17、18世纪中西方文化的交流做了分析。他说：“无论是在国内学术界还是在西方学术界，16—18世纪中西文化交流史都成为研究者关注的一个热点。随着中国经济与社会的快速发展和在社会转型中中国文化的重建，以及全球化的迅速发展所造成的西方文化与中国文化的碰撞与互动，都使得人们必须重新思考十九世纪以来所留给我们的东方与西方、现代与传统的二元对峙的文化解释模式，必须重新思考今天的世界文化体系理论。这样，人们的眼光自然转向明末清初，必然关注大航海以后世界格局的变化与中西文化的交流，因为这里才是世界近代的起点，这里蕴藏着全球化所带来的文化冲突与互动的全部秘密。”[1] 著名法国汉学家谢和耐也对明末清初的中西文化交流极为重视，认为这个时间段的中西文化交流“是发生在1600年前后的一件极为有趣的事，因为这实际上是两个完全独立发展的伟大文明第一次真正的接触”。[2]17、18世纪是东西方相互交流、平等对话的时代，如同张西平先生指出的，“那是一个会通的时代，尽管有着虚幻，有着矫情，但双方是平等的，心

---

1 张西平 . 中国与欧洲早期宗教和哲学交流史 [M]. 北京：东方出版社 , 2001:3.
2 [法] 谢和耐著，于硕等译 . 中国文化与基督教的冲撞 [M]. 沈阳：辽宁人民出版社 , 1989:2.

态是平稳的”[1]。

中国古代物质文化在当时西方世界倍受推崇，使得中国与欧洲之间的贸易发展趋向稳定。我国古代，人们能够制造出精美的物品，如漆器、丝绸和瓷器等，欧洲人绞尽脑汁地想要掌握它们的生产技术，但在很长一段时间之内，这始终是一道无解之题。因此，中式风格的作品在西方的地位日益凸显，成为当时欧洲最优秀的设计师们的设计灵感来源之一，他们的作品也由此受到欧洲贵族的狂热追捧。这一趋势在 1750 年到 1765 年之间达到了顶峰，当时受中国设计影响的洛可可风格（图 2–13）成为欧洲宫廷的主导风格，一直倍受上流社会的追捧，但始终被认为是西方社会环境中的异国情调元素。大约在 18 世纪中后期，中国对西方设计的影响达到顶峰，到了 19 世纪和 20 世纪，在欧洲一直被认为是“典型中式”的产品，曾受到高度赞扬——高价出售——作为精致高档的奢侈品进入到了底层市场，并且因此失去了与其起源的关联。几个世纪以来，中国饰品和中国形象装饰的瓷器（图 2–14），原本只有高收入的人群可以负担得起，现在中产阶级家庭也可以负担，并且越来越多地选用纯粹的欧洲主题图案进行装饰。精致的中国明代瓷器转化为低价的风车或木雕的微型模型，今天成为了荷兰纪念品行业最受欢迎的商品。在欧洲贵族的宫殿和豪宅里，中国艺术品的存在降低到了洛可可时期之前的水平。在慢慢下沉到西方设计的底层过程中，中国设计的影响逐渐失去了他们的文化传承。总体来看，直到 20 世纪中国对西方设计的影响在显著衰落。

图 2–13：洛可可风格

图 2–14：中国饰品和中国形象装饰的瓷器

然而从 20 世纪 90 年代开始，中国传统艺术元素被西方现代创意借鉴的频率越来越高，显然“中国风”又成为了西方设计师艺术创意的灵感来源。从 COCO 的限量款，到维多利亚的秘密再到 Prada 的盘口印花，无不具有浓浓的中国味道，浓浓的“中国风”。中国元素在现代创意中的运用无所不在，从中国

1　张西平 . 中国与欧洲早期宗教和哲学交流史 [M]. 北京：东方出版社 , 2001:6.

风电影到中国风时装，从中国风广告到中国风建筑，“中国风”成为了时尚的代名词。西方的艺术家尤其是设计师在艺术创作的过程中也很喜欢借鉴中国传统的艺术元素。而在这一借鉴过程中，中国艺术元素开启了西方设计师的创意思维，在东方艺术与西方艺术的碰撞中“中国风”再此兴起。可是，在设计的创作手法上，西方设计师虽然喜欢借用“中国风”的设计元素，但是他们往往表达的都是一些比较浅层的认识，缺少对中国元素背后更深层内涵的理解。我们可以看到很多西方设计与中国元素结合的产品，商业上取得了很大的成功，但当我们深入其中就会发现，其表现的往往是表层含义，有时甚至还有理解的偏差。这一劣势在中西艺术结合的过程中产生了一些问题，如有的设计牛头不对马嘴，有的过于艳俗，而有的不知其所云，有的在颜色上利用大红大紫、大红大绿、大红大黄，这些产品看起来非常媚俗，中国风的设计产品与真正的中国元素内涵出现了一种错位和剥离。加之浮躁的创作形态与缺乏美感的产品设计商业利润驱使的本身造成了其创作过程的浮躁和急功近利。在这一状态下创作的作品往往在很短的时间内就会消失，很难成为经典。如有的设计师急于走“中国风”，把中国的灯笼、剪纸以及生肖不加编排地设计杂糅在一起，真的很难从中看出美感。

2. 近现代的西方设计文化思潮

（1）斯堪的纳维亚文化与北欧简约朴素的功能主义设计

北欧设计（图 2-15），关注人们的日常生活，追求民主，功能朴素，不浮华不喧嚣，是功能主义设计的典范。这与斯堪的纳维亚地区独特的自然观、人本观、经济观是分不开的。北欧是政治地理名词，特指北欧理事会的五个主权国家：丹麦、瑞典、挪威、芬兰、冰岛。这里自然景色优美，森林资源丰富，远离欧洲大陆喧嚣，使北欧的传统手工业得到了很好的保护。北欧的设计采用

有机功能主义——有机形态
有机功能主义——传统材料

图 2-15：北欧设计

有机形态和传统材料，被称为“有机功能主义”。

非常注重天然材料在其设计中的运用，家具设计以天然环保材料——木材为主。北欧人有着特殊的造型天赋，既保留了传统的手工艺传统，又不断吸收现代设计及加工工艺，其设计是理性与人性的完美结合，瑞典、丹麦、芬兰、挪威的设计各具特色。但总体来说，斯堪的纳维亚国家的设计风格有着强烈的共性，它体现了斯堪的纳维亚国家多样化的文化、政治、语言、传统的融合，以及对于形式和装饰的克制，对于传统的尊重，在形式与功能上的一致，对于自然材料的欣赏等。在家居设计上，设计师青睐木材、棉、麻等天然材料。（图2-16）

天然材料的使用无毒无害，给使用者带来了很好的亲近自然的体验，传达着自然意味和传统积淀。北欧不是世界上最强大的国家，但他们的福利制度令全世界羡慕，总统和工人的收入比是 2：1。民主的社会制度反映在设计上就是设计的以人为本，关注普通人的日常需求，使产品设计带有深深的人情味，不再是冷冰冰的金属工业风格。阿尔瓦·阿尔托、艾洛·阿尼奥、汉斯·魏格纳、保罗·汉宁森等一系列北欧设计大师的作品更是使北欧设计享誉全球。何人可教授在《工业设计史》一书中强调：“斯堪的纳维亚风格是一种现代风格，它将现代主义设计思想与传统的设计文化相结合，既注意产品的实用功能，又强调设计中的人文因素，避免过于刻板和严酷的几何形式，从而产生了一种富于‘人情味’的现代美学。”王受之教授在《白夜北欧——行走斯堪的纳维亚设计》一书中指出，斯堪的纳维亚是世界上福利最完善的地方，社会民主思潮自然会反映在设计上。由此产生了北欧设计小众化、平民化、全民设计的特点。因为福利完善，收入差距小，北欧人不事张扬，心态平和，所以北欧设计不虚无不浮华，简约朴实，格调高雅。独特的设计风格都是社会文化所决定的。

图 2-16：木材、棉、麻等天然材料

（2）德国理性严谨的民族特质与产品设计

德国是世界工业设计的发源地，设计一直受到功能主义思想的影响，设计中注重理性原则、人机工程学原则和功能原则。德国的现代设计在世界市场上占据重要位置，其产品以理性、高质量、可靠的性能而著称。

德国因此成为世界上先进的工业国家之一，并形成了一种强调技术表现的理性主义的工业设计风格。德国人的理性和严谨世界闻名，衣服穿过洗过无数次，已旧的看不出原来的样子，但扣子依旧在；餐厅里德国人吃过饭的桌子甚至可以不换桌布，因为滴油不沾；德国的公交站台不仅有早班车和末班车的时间，并且将区域时段内每一班车的时间都表示得清清楚楚，精确到分钟，并且德国从来没有“晚点”这个词，不管是火车还是公交；垃圾分类回收，全国所有地方统一标示黄、黑、绿、蓝四个颜色的垃圾桶，垃圾分类从小普及，任何情况下都不会搞错。这些事例只是德国人日常生活中的极少一瞥，德国人严谨理性的民族特质在他们的产品设计中也得到了很好的反映。德国的产品，历来就是坚固耐用好用的代名词。重质量，重功能，重技术，从来不以产品外表的装饰为核心，形成德国人独特的功能技术审美体系，在理性主义的设计道路上独占鳌头。

大到厨房家电，西门子、博世等德系品牌甚少有绚丽的外表，朴实的不锈钢之下是力求可靠质量的品牌影响力；小到日常用品，RIMOWA，德国为数不多的旅行箱生产商之一，所有产品坚固轻巧耐用，德国制造的另一传奇；LAMY，年轻的德系钢笔，兼顾严谨工艺的长久书写体验和优雅设计的视觉效果，低调不张扬，是被“大众”熟知的“小众”钢笔；就连珠宝首饰的设计，在德国人的手上，也做到了极尽理性，德国珠宝品牌 Niessing，运用数学、几何学和结构学原理，以高科技手法打造首饰设计，

结合高品质的金、铂金、不锈钢材料，呈现出比钻　石更高端的个性品质。(图 2–17)

图 2–17：德国设计

丹麦著名文艺史家勃兰兑斯在他的巨著《十九世纪文学主潮》中这样说道："德国人的性格是如此内向和深沉。"徐善伟指出，德国的设计哲学是"清除我们生活中的无序和混乱"[1]。德国设计品质精良，将所有的要素统一于德国人的秩序观念内，但也有人指出，由于过于注重机械感和技术美学，德国制造缺失了一份温情的感觉。与美国不同，德国绝不会屈服于商业的压力而去改变自己的设计风格。德国的设计是冷静的、高度理性的，可靠的、冷漠的外观和色彩（多采用黑色和灰色调），看起来甚至有些不尽人情。

（3）风格即生活——意大利设计的浪漫主义

丰富多彩的文化特色，重视创造性和趣味性，浪漫优雅是意大利设计的特征。但是意大利这种浪漫气质的设计风格并不是与生俱来的，一定程度上，它得益于第二次世界大战后意大利的重建。第二次世界大战，意大利与德国、日本组成法西斯同盟，号称"轴心国"，意大利饱受战争之苦。第二次世界大战结束，意大利人不得不在一片废墟上重建家园。由于战争侵袭，国内一穷二白，民不聊生，所以在 20 世纪 40 年代末，意大利产品的生产制造还主要是为了满足人们的基本生活需要，但到了 50 年代初，爱好浪漫的意大利人就开始了"实用加美观"的产品设计原则。1951 年，米兰三年展开幕，向世界传达意大利本

1　徐善伟 . 东学西渐与西方文化的复兴 [M]. 上海：上海人民出版社 , 2002.

意大利的设计在强调自己的传统的同时，又十分强调创新，其设计是传统与现代的结合、艺术与功能的结合。意大利人乐于应用新技术、新材料，追求新潮流，可以说意大利的前卫设计引导着世界设计。

土设计风格，“艺术化生产”（The Production of Art）成为意大利设计师的新口号。阿莱西（Alessi）,20 世纪后后半叶世界闻名的意大利家居产品设计公司，被冠以“设计工厂”之名。阿莱西公司从根本意义上改变了我们对家居产品关注实用性的看法，在保证实用品质的同时，阿莱西将榨汁器、开瓶器、刀具、水壶、茶壶等这些普普通通的家居用品，融入多彩的、巧妙的、浪漫的设计元素，给普通平实的日常生活带来一个个惊喜的小瞬间。同时，阿莱西公司在对于产品设计文化要素的关注所具有的前瞻性也令我们叹为观止，文化特色在产品设计中的应用，正是我们当今重点关注的一个问题。意大利著名作家和艺术评论家乌贝托·艾科（Umberto Eco）在谈到意大利设计时颇为自豪：“如果说别的国家有一种设计理论，意大利则有一套设计哲学，或许是一套设计思想体系。”意大利的设计（图 2-18）同美国的设计、德国的设计、北欧的设计大不相同。

图 2-18：意大利设计

（4）移民造就的多元文化与实用折衷的美国设计

与欧洲一些具有悠久历史文明和文化积淀的国家不同，美国是一个纯粹的年轻移民国家。美国的原住民是印第安人，直到哥伦布发现新大陆以后的 100 年后，大批欧洲人开始移民美洲，这批人中以英国居多，怀抱美国梦，希望由此改善生活。19 世纪初，随着资本主义的发展，美国开始向外扩张。第二次世界大战后，美国实力大增，走上稳步发展之路。移民文化、殖民文化、民族的大融合，文化的多元性直接影响了美国商业设计的发展。美国的工业设计一开始遵循英国和欧洲的模式，在结合本国国情时逐步形成以实用、合理、自由设计、强调设计的高度功能化和简单化、注重个性的特征和高科技在其设计中的体现。

美国设计主流是现代主义，其核心是功能主义，这是在包豪斯理论基础上发展起来的。1907 年，美国芝加哥建筑派的领导人物之一路易斯 · 沙利文提出过“形式追随功能”（Form Follows Function）的设计原则，这无异于设计学上的重大理论指导。但事实上，虽然美国人提出了这一口号，美国式的设计真正遵循的却是“形式追随市场”。 美国著名的设计师雷蒙德 · 罗维曾说过一句话：“对我来说，最美的曲线是销售上升的曲线。”由此可以看出美国设计的商业性和市场化特征，是商业主义与实用主义的结合。在美国竞争激烈的市场上，商人们为了成为市场竞争中的赢家，不会考虑设计中是否具有文化意味，是否对整个社会的发展起到正态的循环作用，衡量产品成功与否的标准只会是商业销售。在这一现实下，美国设计为了在市场竞争中取得成功，出现了大量的“过度设计”“眼球设计”。就产品和品牌方面，美国的商业社会所打造的一系列消费品牌站在国际上来看都是成功的范例。

路易斯 · 沙利文提出过“形式追随功能”（Form Follows Function）的设计原则

美国著名的设计师雷蒙德 · 罗维曾说过一句话：“对我来说，最美的曲线是销售上升的曲线。”

宝洁（Procter & Gamble），世界最大的日用消费品公司之一，世界上市值第 6 大公司，世界利润排名第 14，旗下大量品牌深入人心；

快速食品方面，肯德基、麦当劳、可口可乐、百事可乐，遍布全球，汉堡、炸鸡、薯条、可乐的美国文化也被带入全球；

电子通讯方面，全球市值最大的苹果公司。（图 2-19）

图 2-19: 美国设计

在个人电脑、消费电子等产业方面带给全球美国商业式的产品理念，充满了实用主义的商业气息[1]。在美国的设计中红色是经常被采用的，这与中国采用

1 [美]勒纳等著，王觉非等译. 西方文明史 [M]. 北京：中国青年出版社，2003.

红色代表喜庆有截然不同的原因，美国人采用红色是因为红色是视觉冲击力最强的色彩，采用红色所做的设计最容易被消费者发现和关注。以可口可乐、肯德基、沙宣的标志设计为例。

（5）和风禅意在日本现代设计中的延伸与流动

图 2-20: 日本的设计“蝴蝶凳”

日本的设计（图 2-20）与本国国情息息相关，日本是个岛国，自然资源相对匮乏，所以日本的现代设计是以简易设计为主，少而精的简约风格，小型化、标准化、多功能是其普遍特征，产品简单大方、能耗小，非常符合本国国情。日本的企业和政府非常重视设计，日本企业更直接地提出“设计治厂”的新企业发展战略，日本政府也制订了“设计立国”的新经济发展战略，以及创造市场、引导消费，更新销售模式等发展目标，同时日本设计是东西方完美结合的成果，在引入西方设计的同时不忘自己的传统文化。以柳宗理设计的“蝴蝶凳”为例。此设计是东西方的优雅结合。该设计以一种完美独特的方式，运用胶合板成型技术，融合东方的形态制作而成。逐渐弯曲的外部轮廓就好像蝴蝶的翅膀，两片翅膀交汇在一起便形成了坐垫，1957 年此设计在米兰三年展上获得著名的“金罗盘”奖，使日本工业产品设计最早在国际设计界崭露头角。

1192 年，禅宗佛教从印度经中国传到日本，深刻影响了日本后来的佛教史、思想文化史，强调隐忍自制的武士道、遵循繁琐规程的茶道以及侘寂的审美习惯无一不是“禅”的外显。禅，是日本人生活中不可分割的一部分。日本在将中国传去的禅宗哲学内化后，形成了自成一派的禅宗体系——不拘泥于打坐、清修等参禅形式，更多的将禅宗融入到文学、艺术、设计、建筑、茶道等社会生活的方方面面，得到新的发展。不管你是什么职业，不管你信教与否，只要身处日本这个大的社会环境下，禅宗对你的影响是潜移默化的。日本的禅深沉忧伤宁静，受其影响，小巧、简约、多功能、静谧、平实的工艺设计风格长期在日本占据主导地位。

同样，设计的禅意一直是日本设计师们毕生追求的。日本中生代国际级平面设计大师原研哉横跨多领域设计活动，以“白”为设计理念，不仅是视觉的，更关于“静”与“空”的感知体验；深泽直人，日本产品设计大师，家用电器和日用杂物设计品牌“±0”的创始人。深度关注日常生活中的设计哲学，提出“Super Normal”的设计理念；佐藤大，日本新生代设计师，设计工作室 nendo 创始人，带领日本的产品设计走出“冷漠”“性冷淡”的感官评价，在轻松有趣的氛围中展现和风禅意的现代流动。

图 2-20: 日本的设计

（6）顺天谋事的中国人与中国式造物

“中国传统造物”，而不是“中国传统设计”。

在本书中可以发现，我们一直说的是“中国传统造物”，而不是“中国传统设计”，因为据文字考证，中国古代是没有“设计”一词的，“设”与“计”分开使用。古代文字学著作《说文解字》分别对其进行了解释：设，施陈也，即我们今天所说的摆设，陈设；计，会算也，也就是我们今天所说的计算。如果要描述我们现代具有实际用途的设计物，古人用“器”，泛指各种器具、用具，《考工记》中有云：“审曲面势，以饬五材，以辨民器，谓之百工。”[1] 如果要描述我们现代没有实际用途，只是用于观赏陈列的陈设物，古人用“玩”，文玩，供赏玩之物，《国语·楚语下》中有云：“若夫白布，先王之玩也。”无论是“器”还是“玩”，在我们当今看来都算是设计的范畴。

1　戴吾三 . 考工记图说 [M]. 济南：山东画报出版社 , 2003:18.

纵观中国古代几千年的造物史，最早可以追溯到原始设计第一件石器工具的制造。由于朝代更迭，历史悠久，传统造物是一个极其复杂的体系，所以我们难以用某几个或几个关键词概括中国传统造物的风格。

夏商周时期，青铜器的风貌传达出庄重的威严；

春秋战国时期，器物装饰清新华丽，表达人间情趣；

秦汉时期，中国人已能在造物中表达出丰富的科技原理；

南北朝时期的清雅飘逸，唐代的富丽堂皇，宋代的简约俭省，元代与异域文化的交流融合，明代家具的经世致用，清代的繁复堆砌，不同时代的造物呈现出风格迥异的姿态与面貌。

如果非要给中国人的造物历程下一个关键词定义，那结合我们之前对于中国传统自然条件和思维方式的分析，中国人一直以“顺天谋事”的方式来造物和制器。文质彬彬，师法自然，器以载道，材美工巧等一系列中国传统造物思想的基本精神，顺应天道人伦，是中国传统文化的典型组成部分，也是我们研究的重点。

教学案例：

《凭枫》和《随影》

以风为动态的触发点，屏风的动态部件会随风旋转、开合，通过视觉吸引实现屏风的视觉遮挡、分隔空间等功能，用动态美学诠释中国方式下的产品设计与转译。

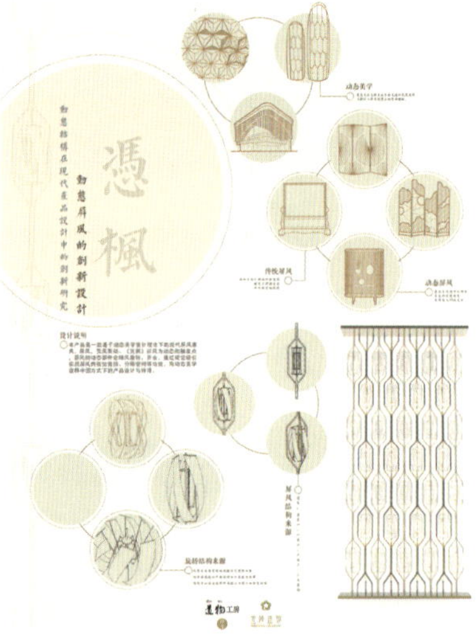

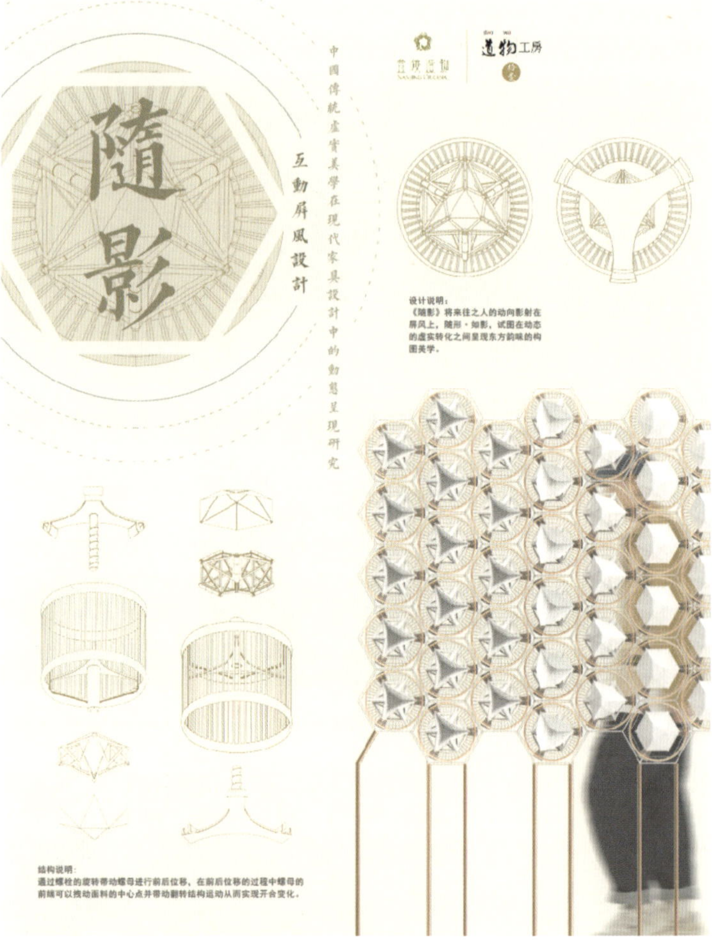

学生作品：《凭枫——动态屏风设计》
作者：杨达威

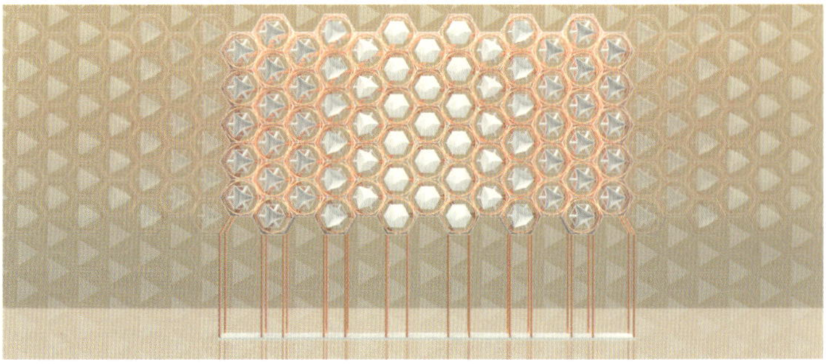

学生作品：《随影》
作者：单宗阳

本章小结

柳冠中先生在《事理学论纲》一书中认为，我们认识事物理解事物遵循的是两条路径，一是“源”，这是历史的路径；二是“元”，这是人类思维抽象的轨迹。认识具象的现实能看到的历史的轨迹，可以帮助我们把握事物的发展过程，以及历史上的经验总结。“源”不是一条路走下来的，随着历史的发展，“源”会分支为很多不同的“流”，但殊途同归。人类思维抽象的轨迹是指导我们当下设计实践最重要的来源，这是我们对于设计本质形而上的思考。

文化差别的最初根源在于自然环境。要比较东西方不同的造物观，就要比较东西方不同的自然环境。西方以“海滨型”为主，采用渔猎和狩猎经济；东方以“内陆型”为主，采用农耕经济。不同的自然环境形成了东西方截然不同的思维方式，西方信奉“天神”，对立征服的自然观，民族精神也是积极进取的；东方信奉“人神”，天人合一的自然观，民族精神是内敛保守讲和气的。但思维方式还不直接指导设计造物方法，他们之间以生活方式作为跨接的桥梁。西方人民主，以科学和理性思维来思考问题，做事“合逻辑”；中国人伦理等级意识强烈，以艺术和灵感思维来思考问题，做事“合理”即可，讲究变通。在这样西方人共同的思维方式下，斯堪的纳维亚地区、德国、意大利、美国等西方国家以自己民族独特的生活方式为依托，形成了风靡全球的本民族的设计文化——北欧简约朴素的功能主义，德国的理性严谨，意大利的浪漫主义，美国的多元文化与实用折衷。当然，东方国家的造物方法同样来自于生活方式的指导。日本现代设计所延续的和风禅意，中国人与中国传统造物的顺天谋事。为什么在本章中未讨论到中国的现代产品设计，就是因为中国的现代设计并没能像其他几个设计大国一样，保有自己本民族的文化和生活方式特征，所以只能暂且利用中国传统造物探讨其与思维方法和生活方式的关系。

所以这就是本章所运用的三段论逻辑——自然条件作用于思维方式的形成，思维方式影响生活方式，生活方式指导设计方法。当然我们在看待东西方文化的问题上也不是绝对的二元区分论，上文也有实例表明，西方人也会祈求神灵保佑、接受神的指示，东方人也会团结起来统一行动抗洪抢险，治理灾害，不迷信上天；西方人的印象派也会不写形只写意，东方人也会用模数的理性数理思想建造都城，这就是东西方传统的错位与融合，思维的并存与互通。

学生作品：《盼熹梳妆台》
作者：陈馨蕊
获奖信息：甲古文创意奖学金

3 中国方式特征与造物延续的路径之一——审美与抒情方式

一、原始造物与美学思想的萌发

"昔者先王，未有宫室，冬者居营窟，夏者居增巢（寒者累土，暑者聚薪材居其上），未有火化，食草木之实、鸟兽之肉，饮其血，茹其毛，未有麻丝，衣其羽皮。"

人们为了生存，创造出石器、木器、骨器等一系列原始工具。"一切人造物即意味着设计。"

"往古之人，据禽兽之间，动作以避寒，阴居以避暑。"[1]"昔者先王，未有宫室，冬者居营窟，夏者居增巢（寒者累土，暑者聚薪材居其上），未有火化，食草木之实、鸟兽之肉，饮其血，茹其毛，未有麻丝，衣其羽皮。"[2]原始社会是一个艰辛的社会，生活环境的周围随时会有禽兽虫蛇，人们没有太多造物的能力，只能通过行动来避寒，到阴凉的地方避暑。这样的环境下，如何生存成了人们思考的第一要义，人们所有造物活动也全都指向为了生存——即我们今天所说的生存设计，着重考虑事物的功能属性，几乎不考虑审美要素。毕竟，在这样恶劣的生存状态下，好看不是重点，功能实用才是。正所谓"民童蒙不知东西，貌不羡乎情而言不溢乎行，其衣至暖而无文，其兵戈株而无刃，其歌乐而无转，其哭哀而无声。凿井而饮，耕田而食，无所施其美，亦求不得。"[3]人为了能在自然界存活下来，用自己的智慧与自然搏斗，器物的使用功能在原始造物活动中萌发。人类在制造第一件石器的同时就意味着人们开始了设计的探索。原始造物包含了最朴素的造物思想的萌芽，包括功能性和精神性两个方面。从功能性上看，原始造物一切指向实用主义原则，虽然石器简陋粗糙，但每一件石器的制造都是为了满足人们某种需求的成果；从精神性上看，原始社会的人们在制造工具的过程中虽然还未具备审美意识，但一定体会了生产制造过程和使用的愉悦性。应该说，这种愉悦性是设计美学的原始体现。比较旧石器时代（图3-1）前后不同的造物成果，我们可以看到设计观念的进步。距今100万年到65万年的陕西蓝田人，属于旧石器时代早期人类，出土的石器器形有尖状器、球状器、刮削器、砍砸器，形态虽粗糙，但也有某种形态认知蕴含其中。距今60万年到20万年的北京人，已会使用火和保存火种，出土的石器已经能形成系列，不再是独立制造，器形也更加多样，从设计的角度看，这是石器制造在功能和形式上的进步。除了石器，骨器也是原始社会的重要工具，用于农具、手工工具、乐器的制造。据考证，新石器石器、骨器的数量为出土工具之最。[4]从石器、骨器等器具的广泛应用和发展变化可以看出，器具产生的最初以使用功能最主要目的，形式的产生来源于对使用功能的需求，这是形式追随功能思想的萌芽。

在原始社会，不光有石器、骨器等工具制造体现了形式追随功能的萌芽，人们对于美的追求与探索体现于原始陶器的制造，这是先民们结合实用与审美

1 佚名（战国）撰．黄帝内经素问 [M]. 卷四，二十二子．北京：中医古籍出版社，1997: 890. 北京：
2 阮元．十三经注疏 [M]. 中华书局，1980: 1416. 北京：
3 刘文典．淮南鸿烈集解 [M]. 中华书局，1989.
4 彭钟麟．中国通史 [M]. 北京：光明日报出版社，2002: 28.

图 3–1：旧石器时代的石器（左）新石器时代的石器（右）
体现了石器形式的变化和人类审美意识的发展变化

造物的开端。陶器是原始设计造物的一个重要领域。首先，原始社会的造物一定先保证其实用性，陶器也不例外，整体器形、局部形状与人们使用的需求息息相关。如仰韶文化半坡出土的尖底瓶汲水器，其器形为尖底，小瓶口，有双耳。尖底是为了汲水时方便瓶体下沉，小瓶口是为了防止灌满水时溢出瓶口，双耳是为了便于系绳子并且在汲水时能保持瓶身平衡不歪斜，其所有造型都是为了使用需求。其次，与石器、骨器等工具不同，原始陶器除了作为器具使用，其本身还有一定的装饰性，换言之，原始陶器可作为装饰品陈设，这就对陶器的装饰纹样审美提出了要求。半坡出土的人面鱼纹彩陶盆，内壁两组对称黑色人面鱼纹。人们呈倒 T 状，鱼头与人嘴外轮廓重合，整个画面构成奇特的人鱼合体，图案简洁，充满奇幻色彩。原始陶器的装饰图样，具有图腾崇拜的神圣含义，沉淀了社会生活的自然情感，是实用与审美的结合。（图 3–2）

图 3–2：半坡彩陶尖底瓶（左）、半坡人面鱼纹彩陶盆（右）

二、中国古代美学特征

沈春泽为《长物志》所作的序言中有云：“几榻有度，器具有式，位置有定，贵其精而便、简而裁、巧而自然也。”

图 3–3: 宋代和明代的器具

图 3–4: 明式家具

1. 精而便，简而裁

房中的家具设计要有尺度意识，器具陈设要遵循一定的范式，什么位置该摆放什么也是有既定规则的。最重要的是，精致而又便于使用，在简约的气质下又能有别出心裁的闪光点，整体让人感觉灵巧自然不做作，这是中国人传统造物的审美标准。“云林清秘，高梧古石中，仅一几一榻，令人想见其风致，真令神骨俱冷。”这种“简”到极致的风韵是文人士大夫特有的审美和文化精神上的追求，不过凡事精简过渡难免让人不能亲近，顿时也觉得失了几分可爱和意趣。“精而便，简而裁”的审美原则在宋代和明代的器具上反映的最为充分（图 3–3），这个时期是中国传统文化的稳定发展期，唐代过于富丽，清代过于繁复，文化的稳定带来了器物审美的内敛与成熟。明朝家具受文人趣味的影响，一味朴素，有如在艺术上使用了减法，将多余部分尽量减去。明朝家具在美学上即无甚可减，仅仅剩下最终之结构。其高妙之处就在于用来支撑、连接的榫卯结构恰好吻合了审美原则。

德国人古斯塔夫·艾克从中国人的日常生活用具里，看到一种凝结传统美学力量之蕴含，既能够欣赏又可领会其美学意境，并以科学分析和艺术审美使之升华。他在《中国花梨家具图考》中说：“明式家具具有准确无误的比例感；对形式的观念（严格或微妙）永远符合于功能，同结构含义不可分离。”（图 3–4）

2. 气韵生动

“气韵生动”出自南朝·齐画家谢赫在其所著的《古画品录》，他首先提出绘画“六法”，作为人物绘画创作和品评的准则。在《古画品录》中将“气韵生动”作为第一条款和最高标准，可见其分量的重要。“气韵生动”是指绘画的内在神气和韵味，达到一种鲜活的生命之洋溢的状态，可以说“气韵生动”是“六法”的灵魂。“气韵生动”就是指画中万物的神态，要能够达到活生而灵动的程度。比如南宋梁楷的《秋柳双鸦图》，此图绘一枝垂柳随风摇曳，二只乌鸦绕树飞鸣，一轮圆月淡淡无光。全幅构图清疏，意境幽邃，寥寥数笔便将秋季黄昏刻画得淋漓尽致，笔简意赅。此图表现出作者细致的观察能力、高度的概括能力以及精深的笔墨表现能力。再比如八大山人的大写意，画笔墨简朴豪放、苍劲率意、淋漓酣畅，构图疏简、奇险，风格雄奇朴茂。作品往往以象征手法抒写心意，笔墨特点以放任恣纵见长，苍劲圆秀，清逸横生，不论大幅或小品，都有浑朴酣畅又明朗秀健的风神。章法结构不落俗套，在不完整中求完整。

图 3-5:“白描”

李泽厚在《美的历程》“线的艺术”一节中指出：“净化了的线条——比彩陶纹饰的抽象几何纹还要更为自由更为多样的线的曲直运动和空间构造，表现出和表达出种种形体姿态、情感意兴和气势力量，终于形成了中国特有的线的艺术：书法。”

在中国人看来，“气韵生动”的本质是一种线条美。中国人是习惯于用线条来描绘和表达美感的民族，写意画、书法、器物的形制推敲，都是线条在传统美学中的运用，许多专家对此有自己独到的解释。宗白华先生在《美学散步》中说：“中国的‘形’字旁就是三根毛，以三根毛代表形体上的线条。这也说明中国艺术的形象的组织是线纹。”[1] 易中天先生在《中国艺术精神的美学构成》中阐述：最能体现理性精神的审美形式是纯净的、线条化的艺术语言。与色彩相比，线条确实要更理性一些。对色彩的把握往往只需要感觉，对线条的把握却多半需要理解。中国不但有纯粹的线条艺术——书法，而且中国几乎所有的艺术，都接近于书法，有着书法的神韵。所以，四六骄文终于不再行时，金碧山水也逐渐让位于水墨山水，小说多以“白描”（图 3-5）手法刻画人物，戏曲也把布景道具减到不能再减。……它们都可以广义地看作是一种“线条艺术”。或者说，以“线条趣味”来造型的艺术。[2] 他又说：“汉字书法的美也确乎建立在象形基础上演化出来的线条章法和形体结构之上，即在它们的曲直适宜，纵横合度，结体自如，布局完满。甲骨文开始了这个美的历程。”“书法由接近于绘画雕刻变而为可等同于音乐和舞蹈。”“运笔的轻重、疾涩、虚实、强弱、转折顿挫、节奏韵律，净化了的线条如同音乐旋律一般，它们竟成了中国各类造型艺术和表现艺术的魂灵。”这就更加确证了以线 (书法化了) 的表现形式来体现各种艺术意境的传统，诗是线、画是线、舞蹈也是线的表演，艺术家通过线的律动来揭示动与静、虚与实、形与神、情与景、明与暗、正与奇等关系。

3. 意境之美

意境，是中国传统美学思想史中具有非凡意义的一章，最早出现于文学评论领域。意境论的形成，主要是受禅之哲学思维形式的影响。正是这种思维形式才赋予了唐宋诗（词）以无穷的艺术魅力，并由此而化佛学中的“意境”为中国文学理论中的“意境”，从而深刻地影响了唐以后的中国古典诗的总体走向。中国艺术思维由此进入了它的成熟期。同时也必须看到，中国艺术的思维不能没有“意象”的介入，“意”在中国思维里具有举足轻重的地位，中国人的“意象”重在“意”，而“意”的丰富性、超越性要反映到作品中去，又须依赖于才情的演示，或由具备一定才气、情感较丰富细腻的艺术家、欣赏者去领悟和品评个中之味。中国人的这种对“意象”的独特理解，不仅使得“意象”表现

1　宗白华 . 美学散步 [M]. 上海：上海人民出版社 , 2005.
2　易中天 . 中国艺术精神的美学构成 [J]. 厦门大学学报：哲学社会科学版 , 1998(1):68-73.

于艺术时是立体性质的，而且当才情转化为艺术意象时，其自身是流动不息的，这就出现了宗白华先生所一再强调的“灵的世界”。朱光潜先生在《诗论》中说：“中国自然诗和西方自然诗相比，也像爱情诗一样，一个以委婉、微妙简隽胜，一个以直率、深刻铺陈胜。”自然美学观正体现了中国古代美学“天人合一”的追求，也即人即自然，摈弃人的主观好恶，使天地万物皆保持其天性，皆顺从自然的规律而发展，而不以人自身为中心来加以改造，由此而引发意境之说。明代朱承爵（1480—1527）《存馀堂诗话》中有云：“作诗之妙，全在意境融彻，出音声之外，乃得真味。”（作诗的妙处，全在于表现的场景与思想感情的贯彻融合。）清代俞樾（1821—1907）《春在堂随笔》卷二：“云栖修篁夹道，意境殊胜。”（五云山的云栖竹径，修篁绕径，意境极其优美。）李砚祖先生最早将意境说引入器物设计的研究：“设计艺术作为艺术的一种方式，自有自己的“境界”或“意境”。总体而言，其境界可以归入三方面，一是功利的境界，艺术设计或曰设计艺术，其创设总是以用为根本，“用”是为了一定之利；二是审美的境界，艺术设计之所以挂上“艺术”之名，是因其形式之美，准确地说，不仅是形式美，其整个物整个设计皆“美”，这里，“美”是艺术的代名词；三是伦理的境界，造物或设计，首先有为人所用的目的，亦即关涉人本问题，但它又涉及对自然物的加工、利用、改造诸方面，存在着一个环境，乃至可持续的问题，所以，造物、用物乃至惜物，与人的伦理道德相关联。”[1] 从李砚祖先生对器物设计中的意境研究我们得知，产品中的意境美不仅仅是外观形态的，功能境界是产品意境美的最基础的部分，伦理境界是比审美境界更高远的追求。产品设计的目标，绝不仅仅是产品本身，更是将产品、用户、环境紧密的联系在一起的过程。中国传统艺术文化中以书法、园林、戏曲、绘画最能体现意境之美，传统器物中以瓷器、家具最能体现意境之美。到了当代，我们有越来越多的寻找中国式设计的设计师和设计品牌，将中国传统的意境美学运用于文化产品设计。

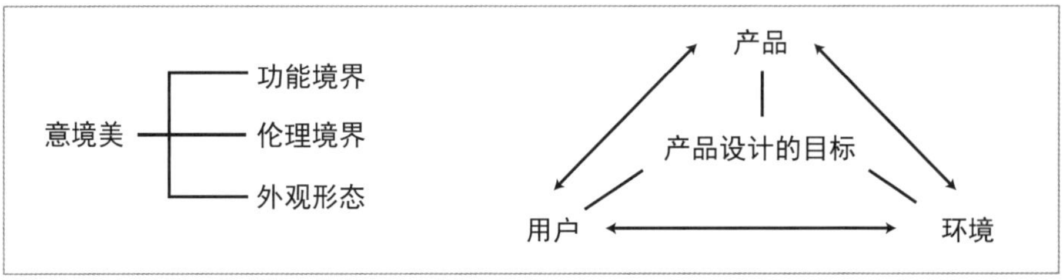

1　李砚祖 . 从功利到伦理——设计艺术的境界与哲学之道 [J]. 文艺研究 , 2005(10):100–109.

半木（BANMOO）

2006年由吕永中创立于上海，致力于当代东方生活方式的高端原创家具与生活品牌。“提月”插香座，是半木在生活美学方面的尝试。说到香具，我们的观念中最熟悉的莫过于香炉、香插、香盘等(图3–6)，半木完全打破了传统香具的造物方式，在一块方正实木中取一圆形空间，熏香斜插，使得圆形更显圆满丰富，安静禅意，符合中国式审美中关于“方”与“圆”的认知（图3–7）。

方木上窄下宽，上部可作提手，便于拿取摆放，下部正可以接住燃烧落下的香灰，同时，香在燃烧的过程中青烟袅袅，木头不断吸纳熏香的味道，久而久之，木头本身成了融入时间和记忆的生命体。方与圆的审美认知，功能与形态的完美融合，当下的使用与长久的变化，这些均构成了“提月”形神统一、虚实有无的意境，体现了中式审美以形写神、寓意深刻的特征和恬淡、含蓄、委婉的东方情调。

图3–6: 传统香具

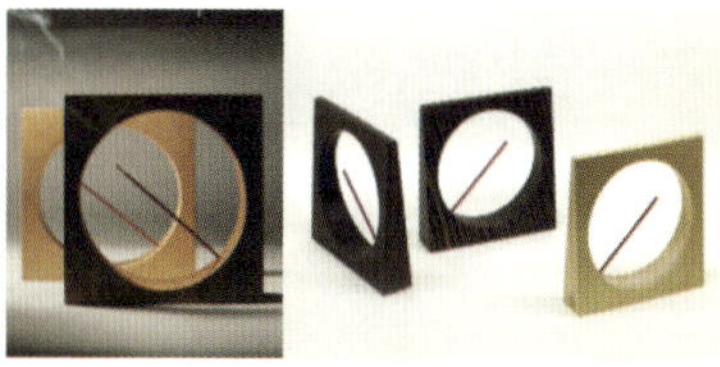

图3–7: “提月”插香座

图3–8: “你我同舟”烛台

“你我同舟”烛台，半木品牌生活美学系列下的又一力作（图3–8）。乍看上去，整个烛台外观呈船型，两个圆形的蜡烛位设计得相当有平面空间感，整个烛台朴素淡雅，原木品质，并无不必要的装饰存在，符合“精而便，简而裁，厚质无文”的中式美学特征。但细看之下，发现并不止于如此，烛台其实由两部分组成，通过中国传统的榫卯结构进行接合，可方便拆分及组装，正是这一结构设计，造成“你中有我，我中有你”“百年修得同船渡”的意境，正符合烛台“你我同舟”的取名。如果说“提月”体现的是禅意修心的审美意境，那么这件烛台意境美则在于，产品超越了形式和实用功能的物质存在，产品不仅仅是烛台的功能，更是通过中国方式的设计方法，传达出和合、包容、合作的深层含义。当这件产品被作为礼物赠与或友人，或合作伙伴，或客户，稍加观察之后，一定会引起他们的惊喜、联想、共鸣，物与人融为一体，这是中式审美在视觉层次之上的更高层级的意境体现。

三、中国人的吉祥文化

1. 吉祥文化

吉祥文化的产生发展，是人类社会中的一个普遍现象。它起源于人类社会的初级阶段，随着人类社会的发展，呈现出丰富多彩与时俱进的表现形式。总的来说，吉祥文化是人们追求幸福、美好、平安的文化。在中国，吉祥文化无处不在，无人不用。我们能看到的，吉祥文化包含了从符号图画到衣食住行的方方面面，我们看不到的，吉祥文化还蕴含在人们的愿望、诉求、夙愿中，它在中国传统文化中独树一帜，极具特色。就内涵来讲，中国人的吉祥文化可以分为四个方面：物体吉祥，行为吉祥，语言吉祥，数字吉祥；就表现形式来讲，主要有谐音法、寓意法、附会法等。吉祥文化不仅自古有之，在今天中国人的生活方式中，更是随处可见。当下我们的产品设计案例中，主要采用语言吉祥，谐音和寓意的方法，使产品取得“讨口彩”的吉祥效果，给消费者带来良好的购买体验。

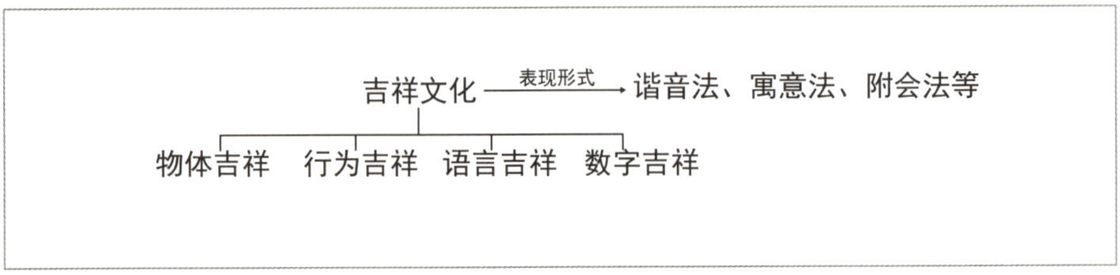

南京“鱼筷”（成人版、儿童版），金陵造物

本人 2013 年的设计作品“南京鱼筷”，入选 2014 南京青奥会官方城市形象宣传礼品。筷子智慧，是中华民族独特的文化。它是“餐具”，亦是千年的传承。鱼筷，“愉快”谐音，将美好祝愿寄于筷子中。筷子的长七寸六分，代表人有七情六欲；方头圆身，取“天圆地方、天长地久”之意。“双鱼”造型是鱼筷的点睛之笔，出自明代玉佩，双鱼是佛教八吉祥之一，也是吉庆的象征，鱼翩翩游动，给家庭带来勃勃生机和年年有余。筷架为变形后的如意，寓意万事顺利，吉祥如意。包装，采用传统的“九鱼图”，自古“九”就有长久之意，九条鱼在水中畅游，不仅寓意万事如意，还有旺运之说。整套设计，从取名，到尺寸，到造型，再到包装形态，无不取自中国传统吉祥寓意，反映着人们追求吉祥喜庆的愿望。

南京缘·一辈子，金陵造物

和“南京鱼筷”一起入选 2014 南京青奥会官方城市形象宣传礼品，同时受邀参加 2013 第四届中国台湾国际文化创意产业博览会暨第四届海峡两岸文化创意产业展，本人 2012 年的作品“南京缘·一辈子”。利用“杯”和“辈”的谐音，一杯茶，一辈子，长久的缘分都不华丽，淡淡如水墨画。杯身寥寥数笔，勾勒出一幅金陵美景图。云水开阔、山峦叠起，南京的山水城林跃然其上。器形底圆口方，取意天圆地方。将中国传统文化“天人合一”的思想汇聚到日用器物中，亦有效法自然、“随缘”之意。泡上一杯香郁的明前雨花茶，品味南京的悠久历史与深厚文化，参悟生活的禅意。青奥会后，为青奥会打造的这批南京文化产品置于南京创意设计中心代售，据创意设计中心透露，“南京鱼筷”和“南京缘·一辈子”的销量都非常好，不少人就是看中“愉快”和“一辈子”的吉祥寓意，是礼送亲人和朋友的好选择。亦有消费者选择将这些产品作为伴手礼带给外地朋友，带着浓浓的南京文化味道和来自南京的美好祝福。

2. 祈福与避凶

中国人从原始社会开始，就形成了图腾崇拜、宗教崇拜的价值观，吉凶祸福至今仍是中国人一生中最关注的话题之一。在中国漫长的历史发展进程中，图腾崇拜慢慢具象化、世俗化，形成了最原始的吉祥物。传统中国人大致把吉祥物分为积极的和消极的两大类。积极的吉祥物反映了中国人追求吉利、祈福的心理（图 3–9），如松柏象征长寿，竹子象征气节，花生大枣象征早生贵子等等；消极的吉祥物反映了中国人避灾避祸的心理（图 3–10），如人们用艾草、桃木剑、大蒜等避邪物阻挡传说中的妖魔鬼怪，使自己百毒不侵。总的来说，积极的吉祥物远远多于消极的吉祥物。

图 3–9: 反映中国人追求吉利、祈福的心理

图 3–10: 反映中国人避灾避祸的心理

图 3–11: “你我同舟”烛台

上文提到体现中式意境美的“你我同舟”烛台（图 3–11），就其寓意来讲，也是很好地体现了积极的祈福文化。以船为造型意向来源的烛台，“你我同舟”的命名，极容易让人联想到“百年修得同船渡”的民间传说；当面对合作伙伴或结交朋友，可拆分可拼合、精巧的榫卯结构设计，给人带来和谐统一、合作共赢、“你中有我，我中有你”的积极感觉。在产品的文化象征层面，“你我同舟”显然走在了诸多以传统文化切入造型设计的产品前列，在审美与抒情上，是中国方式运用在现代产品设计的好例子。

图 3–12: 上上签，洛可可

和半木差不多时间创立起来的，最初同样是致力于东方文化产品设计的品牌——洛可可（LKK），现已成为一个集产品策略与研究、工业设计、结构设计、品牌设计、UI 交互体验设计、服务设计、生产供应链管理等领域的专注于为客户提升产品力的创新设计集团。2008 年，洛可可推出“上上签”（图 3–12），后来成为中国第一个获得红点奖的牙签盒。中式传统的红黑色搭配，造型灵感

来源于中国标志性建筑——天坛，当然仅有这样“中国样式”的外观是不够的，这款牙签盒的“方式”正是在于它别致的名字——上上签。从原始的占卜到摇签卜卦的仪式，中国人几乎一刻也没有与图腾、祈福行为相离。“上上签”这个名字很容易让人联想到中国的求签祈福文化，承载传统中国人对人生凶吉、仕途顺逆于命运轨迹的情感体验，表达了对中国传统祈福文化的心理皈依。产品充满了中国传统的感觉，透露出一层厚重的象征意义。

图 3-13: 南京辟邪花灯，金陵造物

南京辟邪花灯，金陵造物

对于吉祥文化在产品中的运用，普遍以积极的居多，即祈福文化的运用居多，避凶文化的设计运用极少见，我们在 2013 年进行了一次避凶文化的运用尝试——南京辟邪花灯。在众多的南京特产中，最能体现南京六朝古都形象的，是一尊神奇威武的石刻——辟邪（图 3-13）。

四、中国特有的抒情方式

1. 文学艺术

相对于西洋文学的史诗悲剧，中国传统文学一直走的是抒情路线。中国古代诗歌开端，最早的一部诗歌总集《诗经》收集诗三百首，内容丰富，是周代生活的一面镜子。《诗经》将“托物起兴”的抒情手法发展到一个新高度，即为了表达一件事物，先说一件其他的事物渲染感情，用其他事物中的共同点引出自己要说的事物。旅美学人陈世骧指出“兴”为诗之本，是中国文学的根本。“兴”的产生，是由于心中的情绪萌发，“兴”是中国文学的抒情特质。1919 年新文化运动时期，梁启超研究发现了中国历史文学的抒情传统，并予以高度肯定。1971 年，旅美学人陈世骧在美国发表《论中国抒情传统》，宣称“中国文学传统从整体而言就是一个抒情传统”。

现在，我们将中国传统文学中的抒情方式运用于现代文化产品设计。2012 年，本人带领两名助教，指导 15 名本科生、2 名硕士研究生，研究为著名的历史文化名城六朝古都金陵，设计开发文化产品（图 3-14）。我们将地域特色文化通过物质化、视觉化的手段，打造具有现代创新意义的金陵印象文化产品，称之为“金陵造物”。名称是我们南京文化产品设计的突破口——在对南京相关文化史料进行大量研究之后，选取了最具有代表性的八处南京老地名，如：秦淮河、石头城、玄武湖、莫愁湖、紫金山、乌衣巷、雨花台、朝天宫。然后对其进行谐音字的替换，替换后分别为：秦淮“盒”、石头“盛”、玄武“壶”、莫愁“壶”、紫金“扇”、乌衣“香”、雨花“台”、朝天“觥”等八个系列设计，以此作为设计概念的原点进行深化的设计方向。利用汉字同音或近音的条件，用同音或近音字来代替本字，产生辞趣的修辞格，这是中国语言文字中特有的抒情方式。

图 3-14：“金陵造物”南京文化产品设计的名称来源

英文中“瓷器(china)”与“中国（ China ）” 同为一词。

《匋雅》：“梅瓶，小口、宽肩、长身、短项、足微敛而平底。”

2. 造型艺术

一个时代的造物风格，与这个时代的思想思潮有着密切的联系。时代思潮影响造物风格的形成，造物风格的发展又推动着时代思潮的演进和变化。在艺术领域，我们选取中国传统瓷器中的梅瓶，来分析其中蕴含的美学与抒情要素，并在传统梅瓶的基础上做设计创新。中国是瓷器的故乡，瓷器的发明和创造是中国对世界文明进程的伟大贡献。显示了外国人对于这种来自古老东方国度器物的惊叹与赞美。商代中期，中国就出现了早期的瓷器，但早期瓷无论在器形还是釉料还是美感上都不算上品。直到宋代，传统陶瓷艺术发展到高峰期，梅瓶是这个时期内瓷器的经典。《匋雅》：“梅瓶，小口、宽肩、长身、短项、足微敛而平底。”[1] 短短几个词，概述了梅瓶的主要形态特征，表达了梅瓶修长的美学特点。犹如身材姣好的苗条少女，舞姿翩翩，一颦一笑，端庄妩媚。这是宋代文人审美情趣的极致表达。

1 郑廷桂等.《中国陶瓷名著汇编》[G]，北京：中国书店 1991：94.

传统梅瓶（左）与南京文化产品设计花器（右）的对比，金陵造物

2012年，在上文所述的金陵造物——南京文化产品设计的研究中，我们基于传统梅瓶的样式，设计出尊崇传统留白意境、符合中国传统艺术审美倾向的新花器。新的花器设计选取了三种传统梅瓶的经典样式进行再设计，有高有矮，错落有致，白瓷材质不加装饰，现代切片的处理手法使得梅瓶增添了几分层次感。梅瓶之外，我们借用中国画的平面构图方式——留白，设计出画框的意向，插入花枝，画框与梅瓶融为一体，构成无论是形态还是情趣都能看到传统身影的现代新设计，在现代产品中透露出传统的艺术抒情方式。

3. 建筑艺术

中国的园林体系与书法、绘画等艺术形式一样，有着悠久的历史和深厚的文化积淀，其手法深深地受到写意山水画的影响，移步换景，意趣横生，在国际上享有盛誉。中国的园林艺术史主要由两部分构成：以北京圆明园、颐和园、后海、避暑山庄（图 3–15）为代表的皇家园林，地域开阔，气势宏大，和以南京瞻园、苏州留园、拙政园、无锡寄畅园（图 3–16）为代表的江南园林，叠山理水，清新淡雅，两者在立意、布局、空间秩序等方面有明显差别。苏州园林泛指中国苏州地区的园林建筑，以私家园林为主，起始于春秋时期的吴国，到清末苏州已有各式园林一百七十多处。江南园林大多面积不大，苏州园林也不例外，善用借景和空间延伸，以含蓄隐晦的手法将精彩隐藏与幽深之处，移步换景，变化无穷。

图 3–15：北京圆明园、颐和园、后海、避暑山庄

图 3–16：南京瞻园、苏州留园、拙政园、无锡寄畅园

2006 年，由贝聿铭设计（图 3–17）的苏州博物馆新馆正是对外开放，这是一座集现代化馆舍建筑、古建筑与创新山水园林三位一体的综合性博物馆，馆址为太平天国忠王李秀成王府遗址，贝聿铭用“中而新，苏而新”“不高不大不突出”的理念阐述了博物馆古典与现代的交融。苏州博物馆在叠山、理水、植物、建筑四方面，将古典园林与现代景观融为一体，很好地借鉴了传统园林天人合一的生态思想、模山拟水的景观形式、巧于应借的表现手法，在审美与抒情上与中国传统山水、园林、建筑自成一派。同时，苏州博物馆立足本土，保持地域性，用简约、几何的现代主义风格诠释了粉墙黛瓦的独特江南文人园林特色，将两者和谐地统一于一体。

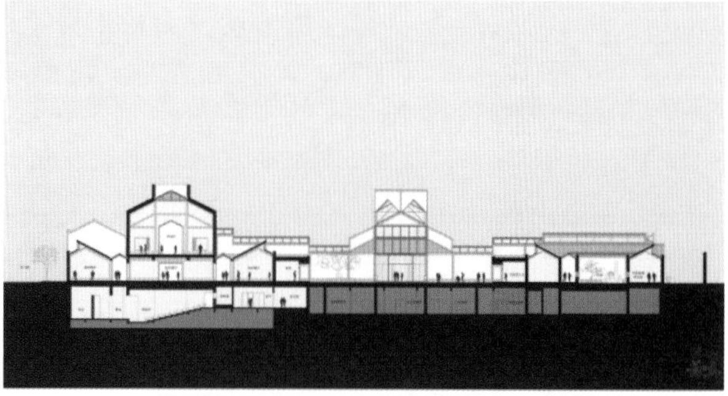

图 3–17: 苏州博物馆

五、现代设计对传统文化精神内涵的传承和转译

1. 对中国传统“意象”的借用——“拟态”

中国的美学传统不重视对事物的模仿，而重在心灵感应，在物我情感畅通的基础上形成内心视象，这内心视象必须是经过心灵加工而升华了的形象。中国画讲妙在似与不似之间， 这似指物象特征的似，不似则是对特征的夸张和加工，也即对物象的美学重构，这种简化和升华给观众留下可供想象的空间，让观众结合自己对生活的体验加以补充，从而得到精神上的审美享受。中国传统绘画构图学的形成，是从意境着眼，从全象来看一点，又从一点回到全局，始终贯穿着气韵的内在核心，提出在构图中分间布白，以虚代实，“虚实相生，无画处皆成妙境”。讲求计白当黑，在一色之墨中领略万色之风韵，如马远、夏圭，人称“马一角”“夏半边”以一角、半边构图无画处画无穷。文学中讲“不着一字尽得风流”这都是为了调动接受主体的审美主动性而积极参与再创作。这方面诗词也有实例，如李贺《将发》：“东床卷席罢，濩落将去行，秋白遥遥空，月满门前路。”诗人只抓住秋白、月满等一两个特征加以描写，省略街景、犬吠、妻子惜别等情节，让人通过这一两点特征想到有关的情景。这种虚实结合的方法，正是中国艺术的高妙之处。石涛《画语录》讲“一画之法，乃自我立”。

“立一画之法者，盖以无法生有法，以有法贯众法也。夫画者，从于心者也。”这一画之法，实质是说务必从自己的独特感受出发，创造出能表达这种独特感受的画法，力求不择手段地创造表达自我感受的画法，这一画之法并不是某种具体画法，正因每次有不同的感受，每次使用不同的表现手法，表达方法不是固定不变，是千变万化，而意象是这种方法运用的关键。

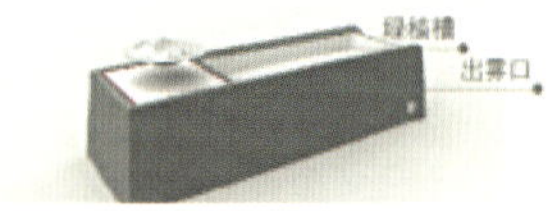

新文人家居产品设计·器具·磁悬浮加湿机，金陵造物

2013年，我们以新时代历史条件下的当代文人为设计目标，为他们打造了一套新文人家居产品设计，下分三个系列——器具、家具、玩具，这也是本篇论文所运用的重点案例之一。在这套新文化家居产品——器具系列的设计中，我们定位的关键词是感性、有文化、有特点。将中国传统意向由二维平面化向可触可摸可感的三维立体化转变，将传统文化与现代材料和现代科技相结合。诗中有画、画中有诗，琴瑟萦绕。对中国水墨山水进行抽象提取，中国传统音律不断追溯回放，新文人器具让中国文化不仅停留在平面，而是让它真正以听觉、视觉、以及触觉的形式立体化，让中国文化的氛围与现代审美和生活更好的融合。这套新文人器具中，“悬山”运用了对中国传统意向中“拟态”的手法，是对中国传统文化精神内涵的传承和现代科技转译。拟态（Mimicry），本是生物学中的概念，指的是一个物种在进化过程中，获得与另一种成功物种相似的特征，以混淆另一方（如掠食者）的认知，进而远离或靠近拟态物种。这种现象在许多动物的行为中很常见，已知从昆虫、鱼类、两栖类到植物甚至是真菌都有记录显示这些生物已懂得使用拟态。拟态设计，不是简单的模仿行为，而是一种体现现代设计多元化的手法。利用拟态方法、策略，从产品形态、结构、意向、氛围出发，模拟自然形式或现象，生成新的产品设计，并创造一种崭新的产品体验。“悬山”，实际上是一个以山脉为意向的磁悬浮加湿机。

“悬山加湿机”将现代的磁悬浮技术用于加湿机设计上，由山脉意向的悬浮体和带有加湿机模块的底座组成。底座的开槽中种满水培绿植，模拟自然界中的植被意向。“悬山”工作时山脉呈现悬浮状态，横看成岭侧成峰，模拟自然界中烟雾缭绕山峦层叠云蒸霞蔚的壮丽景观，是一种与自然融为一体的境界。让中国文化能够真的传承并融入现代人的生活，真正的体现出“天人合一，诗意栖居”的新文人生活环境。

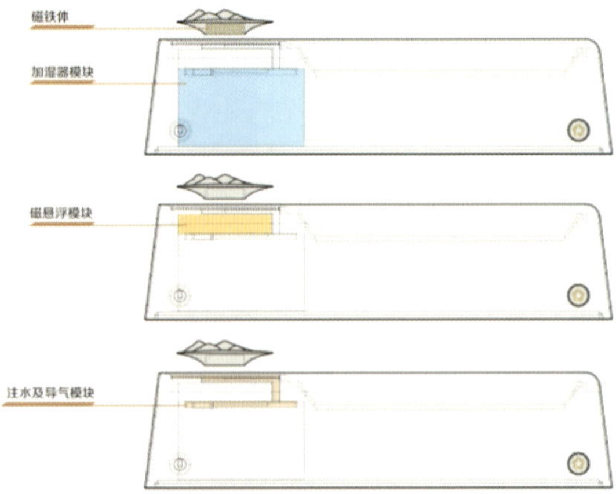

2. 对中国传统“意象”的借用——“透与不透”

2014年，是我们研究“道物工房[1]”的第五年，这一年，我们定位的主题是——诗意的栖居。“人，诗意地栖居”，是哲学家海德格尔借古典诗人荷尔德林的诗句，来诠释他的存在主义，现在，我们用现代设计的多维语言诠释中国文化的美丽精神。人与自然相亲，不必一定要居于宁静的山野，优雅的园林，城市中的人应当如何诗意的栖居是我们思考的重点。栖居不仅指居住，其实它的内涵更是生活。我们通过多维视角的设计让你慢生活，品味生活，发现并表达生活的美，从容坦然。诗意的栖居共分为——觉物、影戏、拂翼、非编四大系列。我们在“觉物”系列中借用传统意向中“透与不透”的关系，融入现代科技，展现中国方式造物的意向特征。

诗意的栖居——觉物，金陵造物

“觉物”即这组交互家具，包括书桌、书柜和玄关柜。“觉”是感觉、知觉，“物”是器物、家具。我们认为未来的家具不是固定一成不变的，而是活的，有知觉的，可以与人产生互动，可以根据使用者的想法来设定状态，这是一种智能化的软交互。家具的造型、结构来源于明式家具的风格与元素，家具的交互体系通过玻璃透与不透的智能控制来实现，在不破坏传统形制的前期下加入现代科技体验，更符合中国人的意向审美情趣。

诗意的栖居——觉物——玄关柜及结构示意图

书桌通过连续敲击边缘两下的震动感应实现交互。平时桌面呈全透明状态，可以看到桌面玻璃下暗格里放置的心爱的小物件，当伏案工作时，只要轻轻敲击两下桌边就可以关闭透明状态，不受任何物件的影响而专心工作。书柜通过红外感应实现交互。柜门不透明时，书柜整体风格统一。

1　道物工房，是本人自2009年开始进行的关于中国传统文化的产品设计研究。

诗意的栖居——觉物——书柜及结构示意图

当有人走近柜子时，红外感应器发生作用，背灯亮起，玻璃变透明，可以清晰看见里面的物品，随着人的移动玻璃的透明度随之产生变化。书柜的交互可以帮助我们隐藏书籍、各类物品，同时还增添了家具的趣味性。这组家具的交互方式所呈现的透与不透，就像通过中国古典园林的漏窗观赏景致，时见时不见，含蓄、朦胧之美正是中国审美的最大特点，是运用中国方式结合先进科技的现代产品设计。

与“透”相似的另一个中国传统文化概念——“隔”，可以说渗透了中国古人克己谦卑的君子人格。《说文解字》注解：“隔，障也。”当空间出现矛盾时，器物是解决矛盾最好的物品，它起到遮蔽视线的效果，集内与外、空旷与充盈、实用与装饰为一体。空旷的空间易使人产生不安全感，而“障蔽”就是一种艺术美的追求，它能使有限的空间变化得小中见大，藏而不露，随机应变，动中取静。“隔”讲究空间的前后秩序，内外有别。例如古代的屏风是古时建筑物内部挡风用的一种家具，所谓“屏其风也”，它将客厅或卧室隔成另一个独立的空间，方便主人活动，但通过中间的纱屏依旧隐约可见室内陈设，起到分隔、美化、挡风、协调等作用。还有着“犹抱琵琶半遮面”的美感，也有“遮遮掩掩”“欲拒还羞”的风情。架子床、幕帘、扇子等器物也有“隔”的韵妙，并通过匠人的巧手，赋予其优美的造型，使它们成为装饰器与古典家具相互辉映，相得益彰，成为家居装饰不可分割的整体，呈现出一种和谐之美、宁静之美。屏风是定义私人与公共空间领域的重要家具，它带来了视觉的平衡并添加了一个建筑细节。“中西合璧，东情西韵”，在“透”与“不透”的关系间尝试新的可能性。有一种朦胧含蓄的美，但并不完全显露出来，让人有种看不透、摸不着的感觉不禁让人产生遐想。设计屏风是极具趣味的，屏风就像是室内空间中一面灵动的墙体，将室内空间划分开。用朦胧模糊而含蓄的方式手法来描述概括另一边的景象，从而达到某种审美享受，这边与那边的关系是微妙的。

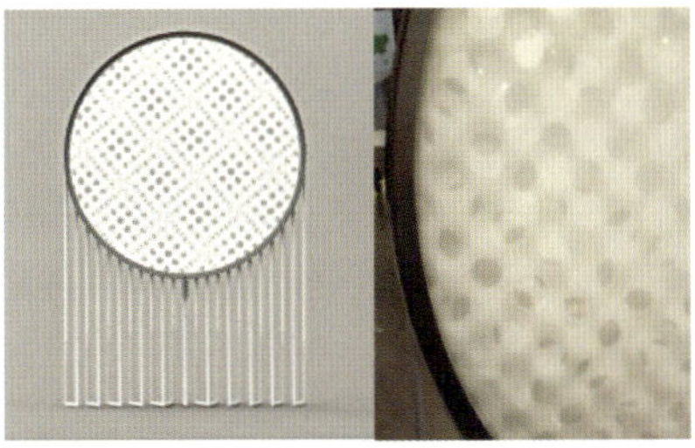

纹样视错圆形屏风

2016 年我们团队一件作品《纹样视错屏风》，就是利用中国传统文化中“隔”的艺术审美特征设计的。

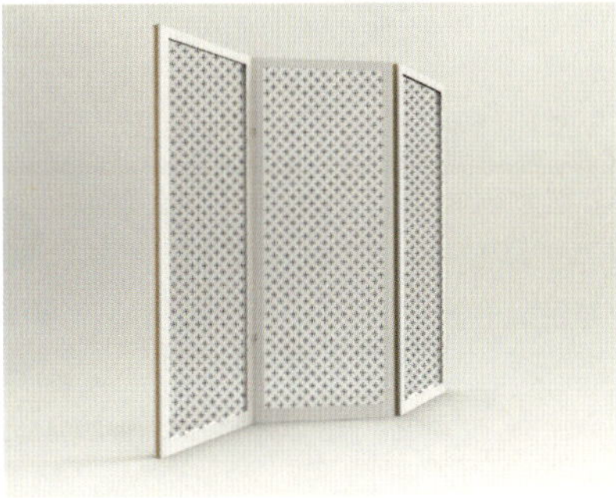

纹样视错三折屏风

这件作品采用了现代的方式，以西方平面构成中点、线、面的构图手法与传统纹样进行融合，研究创新现代纹样与视幻效果，创造新的“隔而不隔，界而未界”间的关系。视幻效果与屏风相结合，重新规划了居住空间内部的组织与限定，将其进行再塑造。

3. 对中国精神气质的表达

中国传统的精神气质体现出来有三个层级，柔美温婉，文人气质与磅礴大气。我们在产品设计的实践中最能体现出来的多数还是前两个——柔美温婉与文人气质。一方面，磅礴大气一般体现于中国传统的大型建筑，比如汉唐宫殿，北京故宫等等，另一方面，中国当下的文化自信还未能达到磅礴大气的高度。

教学案例 1:

1. 柔美温婉

“莫愁湖畔，事事莫愁。”莫愁壶，是2012年南京文化产品系列之一，取自“金陵四十八景之首”的莫愁湖谐音。传说，莫愁女为爱投湖，人们深感于她的执着与爱意，便将此湖改名“莫愁湖”。莫愁湖亦有“江南第一名湖”之称——湖柳如烟、湖云似梦、湖浪浓于酒。在静谧、清朗的湖畔，心灵亦得以洗涤，所谓“自古人生多风流，劝君莫忧愁”。如图 3–18，莫愁壶茶具采用青莲和莲花为设计母题，柔美、温润、典雅、精致，轻盈飘逸。整体造型圆满，无论从前视图看或从顶视图看，均是正圆形态。通过几何化的美学黄金分割，对壶身的比例进行控制，以达到视觉上的平衡美感。抽象的两瓣荷花包裹着整个壶身，运用流线型设计自然的生发出生动的线条连接提手，一气呵成。花瓣的边缘用工业设计的造型方式为壶身拉出了两条腰线，气韵生动，为茶具披上了现代时尚的外衣。柔美温婉的茶具将莫愁湖美景与莫愁仙子的美态揉于简单一方壶中， 取仙子之绰约、湖水之清明意象。品一壶清茗，仿若荡漾湖中，看荷花满池、听水打船桨，万事莫愁。

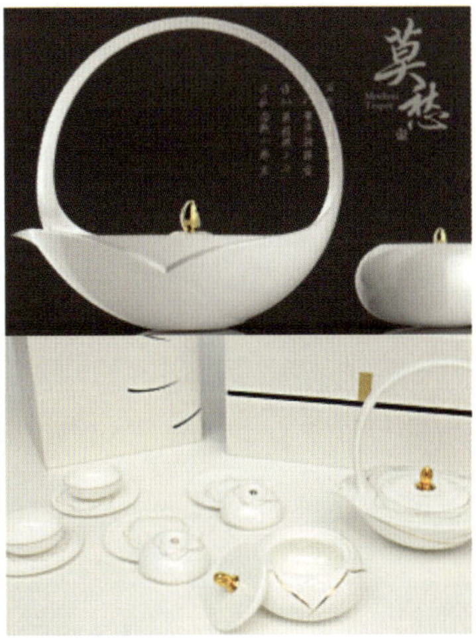

图 3–18：莫愁壶，金陵造物

教学案例 2：

2.文人气质

前文所述的本篇论文的重点案例之一——新文人家居产品设计研究，是中国方式产品设计文人气质的最确切表达。张修林在《谈文人》中对“文人”下的定义：并非写文章的人都算文人。文人是指人文方面的、有着创造性的、富含思想的文章写作者。严肃地从事哲学、文学、艺术以及一些具有人文情怀的社会科学的人，就是文人，或者说，文人是追求独立人格与独立价值，更多地描述、研究社会和人性的人。这样一群25—45岁左右的新文人，拥有一定的事业地位，一定的经济基础，社交广阔、爱好广泛，与时代接轨，注重身心修养、喜欢对外展示自己，他们不再追求过于华美奢侈的家居，每天繁杂的工作、快节奏的生活模式已让他们疲惫不堪，他们希望有一个清静闲适的空间来调节修复身心的疲惫，感性地享受古代文人的诗意生活方式。

这套器具提取中国水墨山水的抽象意境和中国传统音乐的韵律美学，让中国文化以听觉、视觉、触觉的形式立体化，可看可听可感。新文人器具由五小件构成,除了前文所述的“悬山”加湿机，另外四件分别为音律、高山流水、闹钟和残荷。

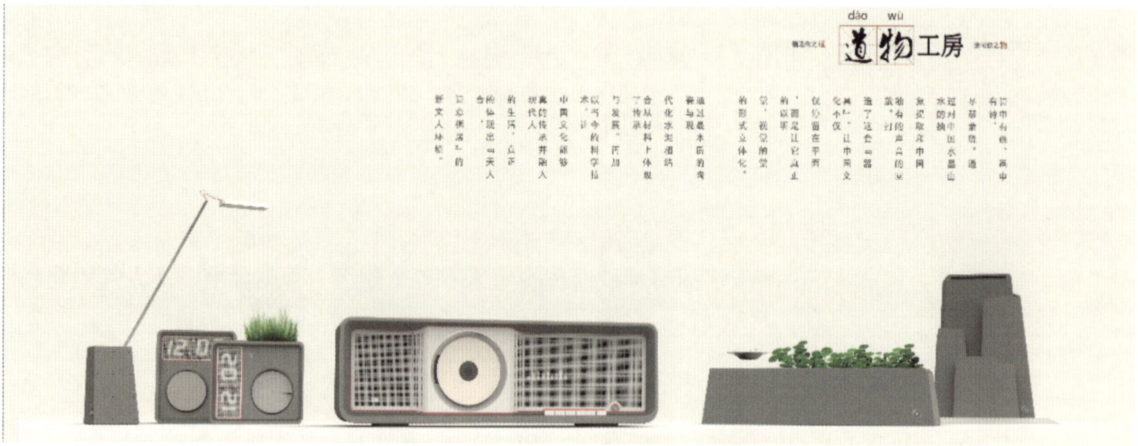

新文人家居产品设计器具系列，金陵造物

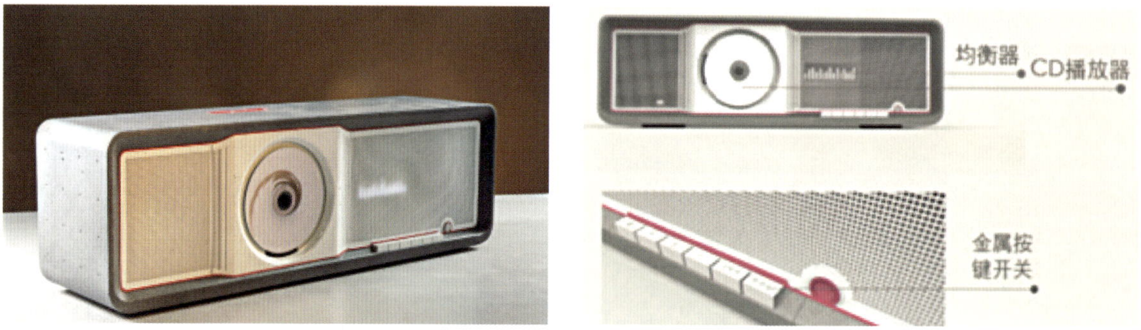

图 3-19：新文人家居产品设计器具系列——音律

音律灵感来源于中国古典音乐，利用蜂窝陶瓷和音箱均衡器的叠加使用，创造出输出音乐视觉化的使用效果 (图 3-19)。

教学案例 3：

高山流水也是加湿机的一种，通过出雾口和烟雾导流槽的不断尝试、调整、设计，最终使出雾效果呈现出古代山水画中高山流水的意境，这也是此款加湿机命名的由来。（图 3–20）

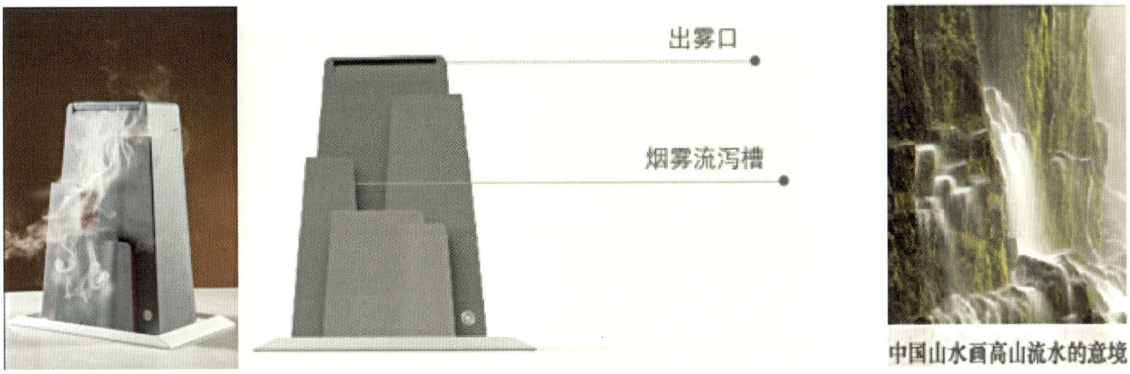

图 3–20：新文人家居产品设计器具系列——高山流水

闹钟，一物两用，可横置可竖置，两用效果下各自呈现不同的视觉效果和美感。闹钟本不是中国造物的产物，但我们将中国传统空腔打击振动出声的方式用于闹钟的设计，整个闹钟内部为一空腔，当闹钟响起，空腔振动共鸣，发声的方式与传统如出一辙。（图 3–21）

图 3–21：新文人家居产品设计器具系列——闹钟

荷，实际上是一台灯，选取中国古代文人雅士对于残荷的独特审美情趣，李商隐有诗云：“秋阴不散霜飞晚，留得枯荷听雨声。”我们取残荷之意态，高情远意，于一种委婉中，寄寓一种深远的意韵。层峦叠嶂、烟雾缭绕的“悬山”加湿机，让我们“看到”中国声音的“音律”，展现高山流水意境的加湿机，中国方式发声的闹钟，神态似残荷意蕴的台灯，从形，到意，从听觉，到触觉，无不体现着现代文人雅士的生活情趣，构建出当代新文人的生活形态（图 3–22）。

图 3–22：新文人家居产品设计器具系列——残荷

教学案例 4：

中国传统节气最能代表中国传统文化与中国气质，“二十四节气”（图 3–23）已列入联合国教科文组织人类非物质文化遗产代表作名录。它是中国人通过观察太阳周年运动，认知一年中时令、气候、物候等方面变化规律所形成的知识体系和社会实践。我们通过研究二十四节气中众多的物候以及它们在中国人文化生活中的意义，再从现代人的视野出发，理性分析现代产品功能，融入现代科技，将之作为中华民族文化认同的重要载体，设计了二十四件生活中、人生中需要用到的日常用品。（图 3–24）

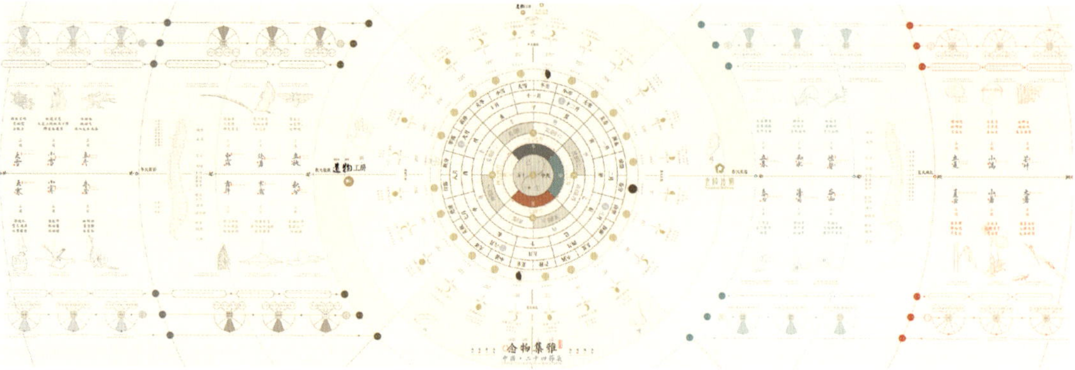

图 3–23: 中国传统二十四节气文化衍生逻辑图

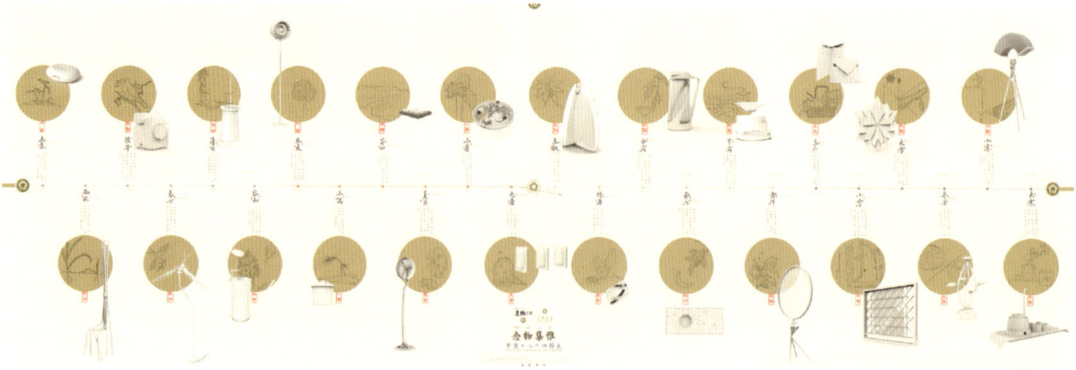

图 3–24: 根据二十四节气设计的二十四件产品

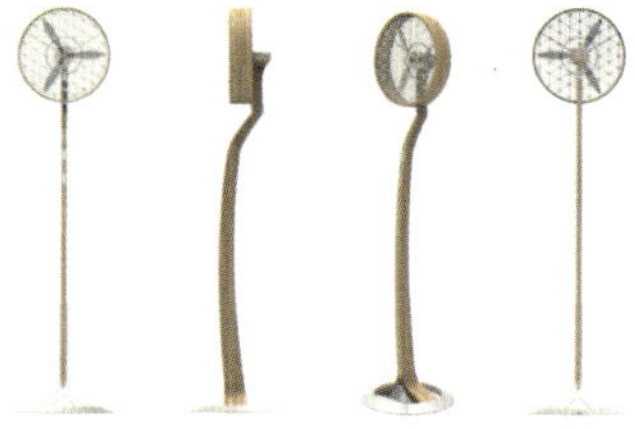

“夏至”风扇

“大暑”囊萤灯

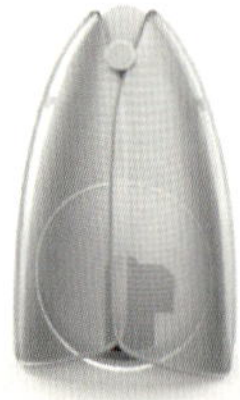

“立秋”CD 机

“惊蛰”计时器

教学案例 5:

《望溯》展示柜和《盼熹》梳妆台

《望溯》展示柜通过机械与电气的介入，完成了在家具中对寄托了无限情感的月相的“移情”呈现。站在人文与科技十字路口，造物的诗学即是在劳碌匆忙的当下学会慢下来，容有灵的家具带给我们片刻静好。

《盼熹》梳妆台探索新式传统家具的展现方式，将苏州园林的花窗元素和江苏大运河沿岸非物质文化遗产中苏派鸟笼制作技艺融入其中，梳妆镜借喻“花窗”，花窗本意在于隐约透景“小轩窗，正梳妆”。

学生作品：《盼熹》
作者：陈馨蕊

学生作品：《望溯》
作者：郭世豪

获奖信息

·2021 年甲古文创意奖学金
——《望溯》《盼熹》

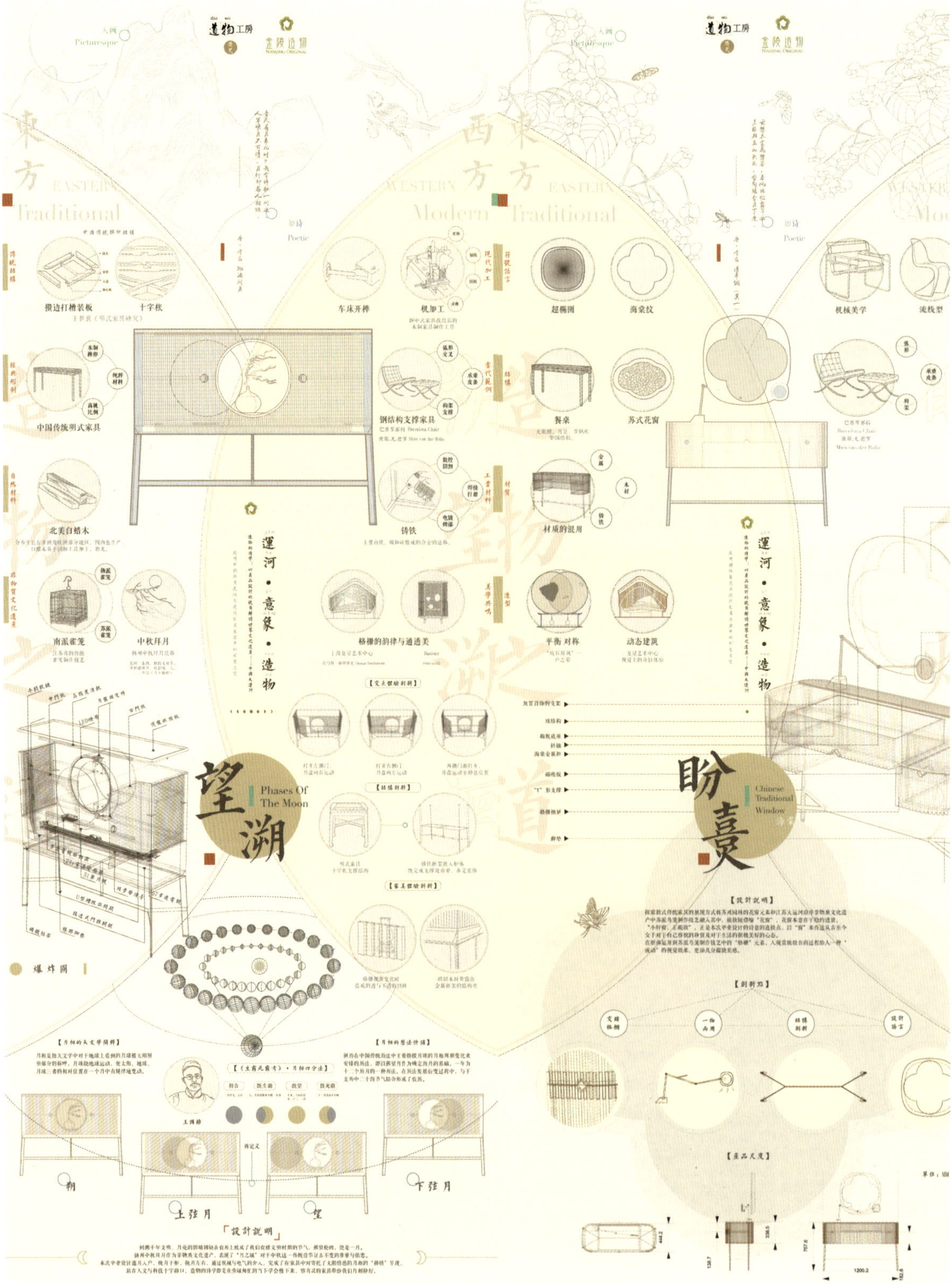

《望溯》展示柜和《盼熹》梳妆台逻辑图

本章小结

审美与抒情方式一章，由原始造物和美学思想的萌发开篇，奠定中式美学的理论基础。原始社会的工具体现形式追随功能的萌芽，原始陶器体现实用与审美的结合，中式美学是一个长久以来一直受艺术学领域关注的问题，古代就有精而便，简而裁；气韵生动；意境之美的论述。我们希望从由中式美学出发，看到当今中国人如何利用这种深层次的审美属性，体现在现代产品设计中。本章选用的案例主要是本人 2009 年以来金陵造物的实践，半木的设计实践，洛可可的设计实践等。首先是意境的方式，我们半木“提月”插香座和“你我同舟”烛台的分析展现，意境不仅是一种视觉美学的呈现，更是一种功能美学的境界，将中式美学与功能相结合，不仅是好看的陈设品，更是好用的现代产品，这是当下文化产品设计的新思路。其次，在中国人的抒情方式之下关注中国人的吉祥文化。中国人对于吉祥、祈福、避祸文化的趋之若鹜是世界上其他国家所不能理解的，南京“鱼筷”，南京缘・一辈子，上上签，南京辟邪花灯这些走吉祥文化路线的产品一旦推出，立马受到消费者热捧，这些产品的智慧就在于将吉祥文化紧密地联系于产品的设计，可以是谐音的，形制的，寓意的。接下来，我们对中国特有的抒情方式做了文学、艺术和建筑的分类，利用文学中谐音文化造就南京地域文化产品，提取传统器物的抒情手法（梅瓶的审美），结合现代产品设计手法（切片化，组合化，多功能），对传统建筑进行新的演绎。最后，我们用几个现代产品设计案例阐释如何对传统文化精神内涵进行传承和转译。精神内涵是极虚的层面，我们分解出“意向”的借用和中国气质的表达。“意向”之下参照古法，在“拟态”和“透与不透”的关系中寻找现代文化产品设计的切入点，并取得成功；气质之下，阐明柔美温婉和文人气质的产品设计方法。总的来说，审美和抒情是中国方式之下比较直白和所用较多的方式。但目前的审美应用多数流于形式和样式，希望本章的论述能给设计领域带来用方式呈现重视美学的新思考。

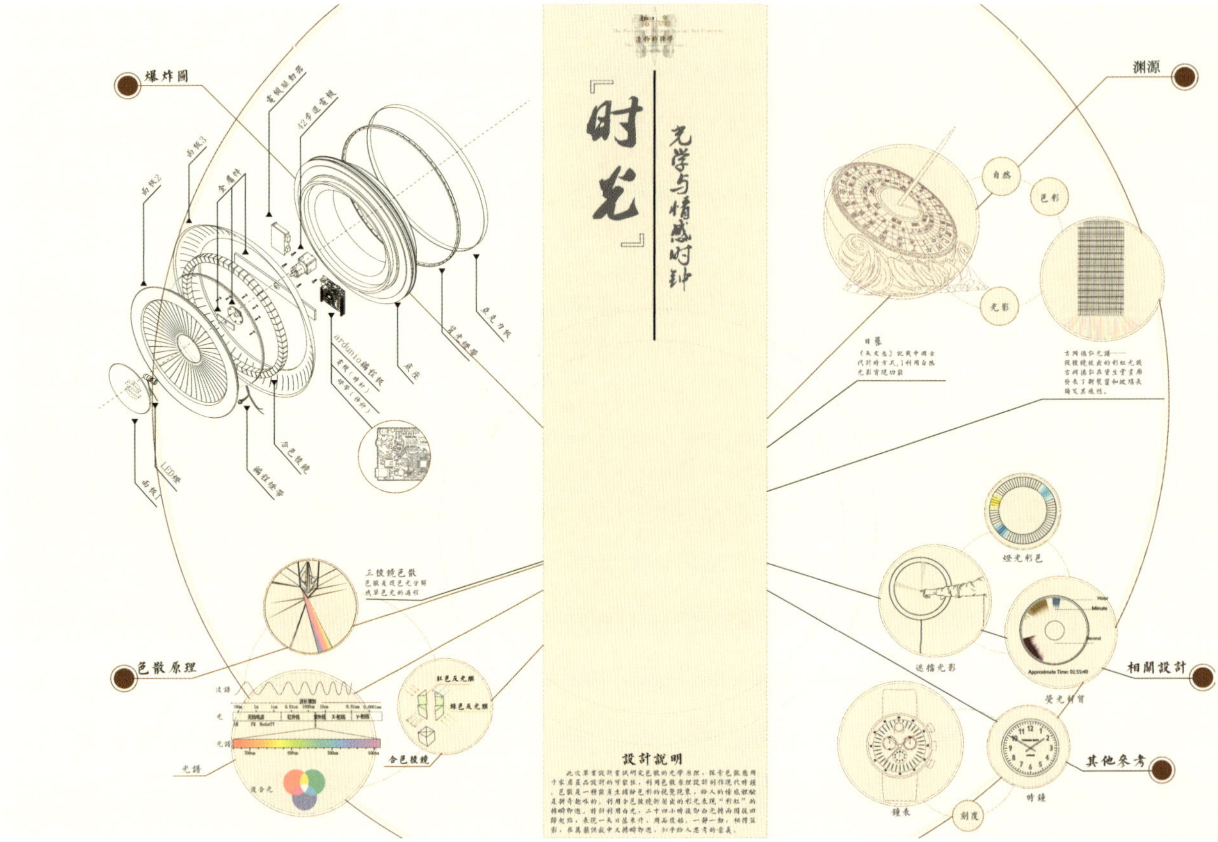

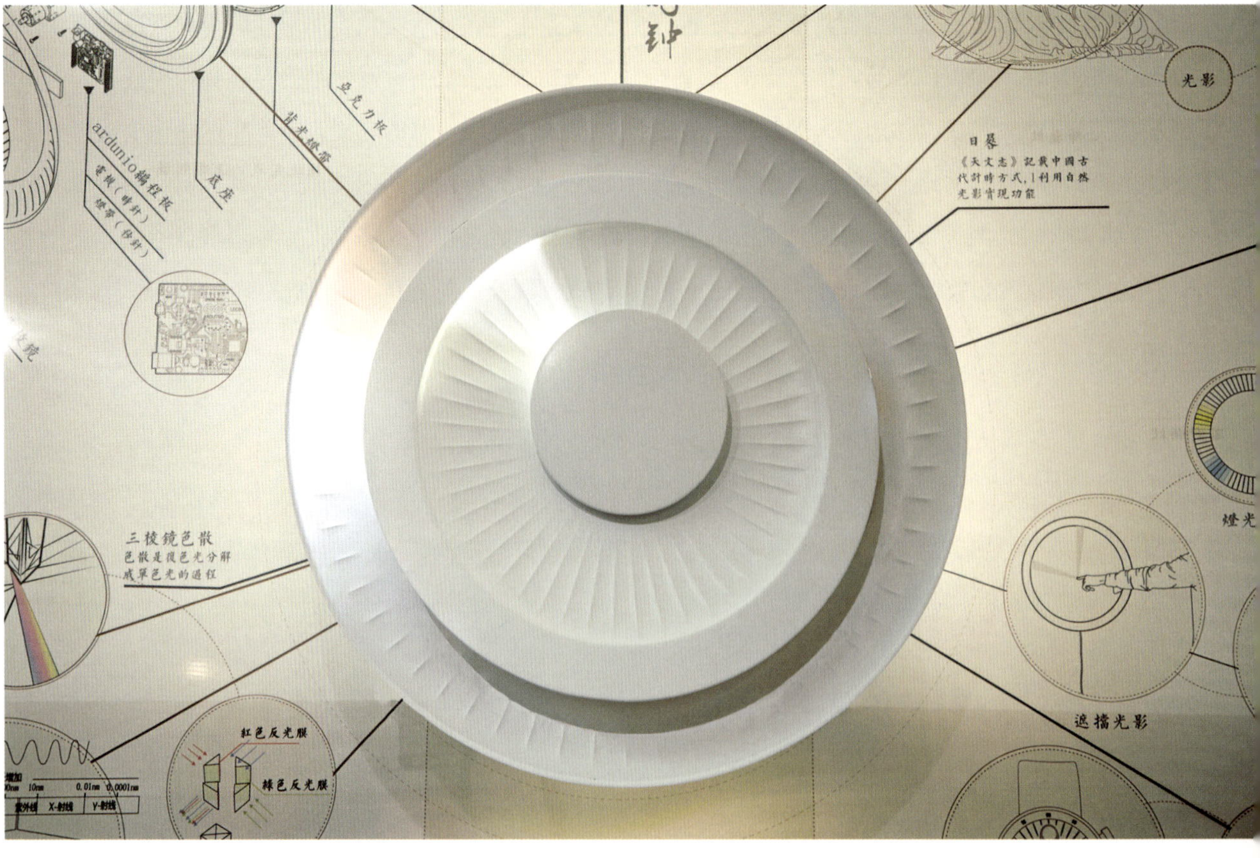

学生作品：《时光》
作者：陈娟

4 中国方式特征与造物延续的路径之二——伦理与等级方式

一、中国传统造物哲学的原始等级意识形态

“礼神者必像其类，璧圆像天，琮八方像地。”
——《周礼·大宗伯》

从考古学理论可知，从距今约300万年前的旧石器时代开始，中华文化文明的雏形就产生了，但是能反映中华民族观念形态的精神文明的成果却要到奴隶社会的夏朝和西周时期，其标志是天命观的形成和阴阳五行学说的提出。原始社会时期，由于生产力低下，人们的生产生活劳动只能是“靠天吃饭”，顺应自然节气的变化，日出而作日落而息。再加上科学认知水平的低下，人们对自然界中的很多现象没有研究的能力，只能归因于神的作用，认为万物有灵，产生了最原始的图腾崇拜、自然崇拜。这种万物有灵的自然崇拜作为中国最早的意识文化形态，给传统文化的发展奠定了基础，影响到后世几千年的传统文化观。同时，原始社会的造物活动也受到意识观念的影响，原始人类按照他们认知感觉的相似性进行造物活动，将他们的观念认知具象化，出现了充满神秘力量、联想与象征的器物设计。比如玉琮就是其中重要的代表之一。玉踪是古代人们用于祭祀神祇的一种重要礼器。外圆内方，柱形中空，外壁雕刻有各式纹样。我们后世研究公认，玉琮的器形代表的上古人们对“天”与“地”的认知。《周礼·大宗伯》中说：“以玉做六器，以礼天地四方，以苍璧礼天，以黄踪礼地。”后经学大师郑玄为《周礼》作注：“礼神者必像其类，壁圆像天，琮八方像地”。“琮”在古汉语中泛指美玉，可见在古人的认知中，玉是一种通天地的礼器和法器。从原始社会的意识形态与造物我们可以看出，中国古代的设计哲学思想一开始就是与“天”“地”相关的，在此设计思想指导下象征“天”“地”的造物行为，符合人们万物有灵和自然崇拜的认知，是充满神秘力量，具有强大法力的。这是中国古代设计思想的原始开端。

图4-1：新石器时代玉琮，1976年出土

图4-2：新石器时代玉琮，1973年出土

1. 天命神权观与“礼”的出现

“礼”最初起源于原始社会的天命思想，后发展成为古代社会的制度体系。不仅在古代对人们生产生活、政治文化产生了深远的影响，对我们当今文化的形成意义重大。广义的“礼”，指一个时代的规章制度，比如夏礼、周礼，分别指代夏朝、周朝的经济、政治、社会制度。狭义的“礼”，指约束人们行为的规范礼仪。中国古代最全面的概述礼制的古籍有三部——《周礼》《仪礼》《礼记》。其中《周礼》偏重政治制度，《仪礼》偏重行为规范，《礼记》偏重理论分析，以符合统治阶级的利益为根本，对各种礼法做出解释。一方面“礼”对后世的思想文化的发展产生了持久而深远的影响。春秋战国时期，孔子确立的影响后世几千年发展的儒家思想就以“礼”为思想基础：“非礼物视，非礼勿听，非礼勿言，非礼勿动。”先秦时期，管子提出：“上下有义，贵贱有分，长幼有

“非礼物视，非礼勿听、非礼勿言，非礼勿动。”——《论语》卷六

“上下有义，贵贱有分，长幼有等，贫富有度。”——《管子·五辅》

所谓“藏礼于器”，是指在商周时期，按照礼的要求，一些用于祭祀和宴饮的青铜器具具有确立主人身份地位、显示尊卑关系、表达虔诚和敬畏，象征使用者的权力和地位等作用，因此具有了特殊的意义。

等，贫富有度。”西汉时期，《礼记》曰：“礼者所以定亲疏、决嫌疑、别同异、明是非。”这些都是中国传统先哲们基于“礼”的思想所提出的传统行为规范和伦理规范。另一方面，中国很多造物设计本身就是围绕“礼”开展的，一定历史条件下的造物成果是这段历史礼仪制度、伦理观念的最好见证。从设计角度来说，“礼”对后世造物文化的影响也是我们应该重点关注和研究的。作为中国传统文化核心内容之一的“礼”，在数千年的历史进程中，以“藏礼于器”的方式，使中国人的生活始终浸润于其中。举凡军国大事、莅官行法、婚嫁丧娶、送往迎来、日常起居……礼可谓无所不在。本是原始宗教崇拜中的礼节、仪式的礼，在中华民族文化发展的进程中，经周公整理，再经以孔子为代表的儒家文化的提倡、理论化与系统化，以及后世统治者的重视和大力推行，逐渐从“事鬼神”变而为“成人伦”，最终成为渗透到社会生活各方面，约束中国人言行举止，进而影响了一代又一代人价值取向的行为规范和人生态度。所谓“藏礼于器”，是指在商周时期，按照礼的要求，一些用于祭祀和宴饮的青铜器具具有确立主人身份地位、显示尊卑关系、表达虔诚和敬畏，象征使用者的权力和地位等作用，因此具有了特殊的意义。以“礼”造物的最好例证是青铜器。这些被称之为礼器的青铜器具，实质上是礼的物化或具象化，它们被人按照自己的希望强制性地赋予了“礼”这样的神圣意义，具有了一种神秘、威严的至上力量，然后又反过来制约、支配着人们对待它们的态度，于是，这些礼器经此便成为一种制度性的社会文化符号，所体现的乃是人们自身的理想、道德、心理倾向和现实人生世界的秩序。青铜器从产生之初就肩负着礼器、祭祀的功能，偏重宗教仪式，忽略其使用功能。发展到后期，统治阶级、大户人家利用青铜器彰显其财富和身份等级，仍然不作为实用器具。可以说，青铜器是中国传统礼乐文化的缩影。除了器物本身，中国古代制器的工艺很大一部分也与“礼”相关，比如《周礼·考工记》。《考工记》是中国古代最杰出的记录官营手工业工种规范和制造工艺的文献，却包含于“礼制”的典籍之下，说明在传统社会中，器物的大小、工艺、制造流程等等都要符合相应的的“礼”制规范。

2. 阴阳五行观念

原始的阴阳五行说，是我们祖先通过治水活动，对水纹的研究，对日月星辰轨迹的记录，提出的学说，是对最早的自然现象、性质以及人与自然的关系进行初步观察、总结而得到的唯物主义思想萌芽。从我国古代哲学的认识和发展来看，它是从宗教分离出科学、从神话分离出哲学、从征服自然的幻想升华为解

《考工记》是中国古代最杰出的记录官营手工业工种规范和制造工艺的文献。

释自然的科学的重要环节，其中蕴含着深刻的哲学思维，对于我们今天的设计也是有益无弊。

阴阳和五行，原先属于两个不同的观念系统。根据文献，“阴阳”概念的最早出现见于《易经》。五行的概念最早出现于《尚书》的《甘誓》《宏范》篇。按照一般的思维规律，五行的产生应该早于阴阳。古代人们在改造自然的过程中，随着经验的积累，“神”概念开始动摇，而朴素唯物主义开始萌芽，它最初的形态就是五行观念。根据《史记》“盖黄帝考定星历，建立五行”等记载，五行的初始是与人们对于天象的观察联系在一起的。它反映的是天上星相的运行仿照地上的五种物质而形成金、木、水、火、土五星运行说。用它来比喻世界上的万物就有了五材、五方等，逐渐形成一个无所不包的系统，设计造物也不例外。而阴阳观念也是在观察天象、气候的基础上萌发的。起源于殷周的《易经》对阴阳观念从哲学上进行了概括，从自然界和人类社会的复杂现象中概括出阴阳这样的两个基本范畴，并提出了“物极必反”的事物不断变化的思想，体现了中国古代朴素的辩证法。阴阳五行观念中包涵某些科学的方法，成为推动我国古代科学技术向前发展的积极因素，同时对于设计哲学而言也有着深刻的影响。它在考察金、木、水、火、土五种物质时，形象地看出了事物在性质上有“润”“燥”的差别，在方位上有“上”“下”的差别。这种差别的认识虽然还只是停留在初级阶段，但是它对于我们认识造物材料，找出其中差别，根据不同的材料性质进行灵活设计有启发作用。《考工记》中就记录了人们对于不同材料的应用：“烁金以为刃，凝土以为器。”又比如中国古代传统乐器在原始社会时就建立了八音体系，正是了解了“金、石、土、匏、革、丝、竹”这八种材料的不同性质，及其音色差异而设计的。包括联系思想的萌芽。金、木、水、火、土五种物质元素存在一定的客观联系，尽管要获得这些初步的关系，需要很长的时间，但是它却提醒人们在对待事物是要多角度去看待问题，这对于我们的设计思维、设计分析是很有帮助的。当然，阴阳五行观念对于中国古代思想的影响也不全是正面的，它经过后世文人的推演，变成了近乎宗教的神学理论，后世利用其“五德终始说”以及其“天人感应”的思想，变成改朝换代的理论依据。经学大师董仲舒将阴阳五行说进一步神话，并将其加入儒家思想，提出了一整套的维护封建等级制度的“三纲五常”学说，成为统治我国封建社会的理论信条。阴阳五行说通过时间和空间两方面的渗透，在中国古代逐渐沉积为极为顽固的传统观念和思维习惯。与天上的“五星”相对应，行有五工，行政有五官、兵器有五戒、音乐有五声、

“盖黄帝考定星历，建立五行。”——《史记》

饮食有五味、粮食有五谷。以至于事物无不与五行发生关系。这样，中国的造物文化便束缚在五行之中，产生封闭、消极的一面。致使两千多年的中国封建社会的造物形式和造物材料过于统一，桎梏了人们的创造性。一方面使中国古代匠人创造出与宗教迷信相关的众多造物文化，另一方面也使中国的自然科学带有浓厚的封建宗教色彩。

总之，阴阳五行的思想是人们在生产活动中逐渐产生和形成的，带有原始朴素唯物主义的意味，对中国古代的哲学产生了重要影响，这种影响也触动了设计领域，一方面它对于物质的差异性和联系性的发现，推动了科学技术和设计的长足发展，另一方面它这种普遍联系的思想，以及对于主观能动性的应用，与创造性设计不谋而合，成为一种很重要的设计思维方法。因此，我们在考察设计哲学时，阴阳五行是不可缺少的。同时，正是因为阴阳五行说的出现，中国古代设计哲学拉开了序幕。作为最朴素的唯物主义萌芽，阴阳五行中包含了很多科学的思想，对我们古代科技的推动具有进步意义。甚至到当今，阴阳五行的学、风水的观念说深刻地反映在某些设计领域，如室内设计、建筑设计、风景园林设计等等，国内甚至有高校专门将“建筑风水学”作为一门学科加以研究，影响力巨大。不过阴阳五行的某些思想经过历时的演进，演变为封建迷信、盲目信仰和崇拜，这是我们在今天的研究中要加以辨别的，取其精华去其糟粕。

三、中国传统文化中的设计伦理象征

中国文明孕育了五千年的华夏文明史，任何文明史都包括物质和精神两部分，设计就是一部包含物质和精神两部分。作为设计作品的物，必然也是人们设计理念的载体。“伦理”是中国传统文化中的一个重要概念。最早见于《礼记·乐记篇》，“乐者，通伦理者也。”[1] 我们今天常常将“伦理”“道德”联系在一起，但严格意义说，就人和人的关系来说，“伦理”比“道德”更近一步，它所包含的词义也比“道德”要广泛。设计伦理的提出到现在为止不过数十年的时间，但在中国古代朴素的造物理念中，并不乏设计伦理的理念，中国古代的设计史中，

1　王海明 . 伦理学原理 [M]. 北京：北京大学出版社 , 2001:2–3.

“乐者，通伦理者也。”——《礼记·乐记篇》

“伦，犹类也；理，犹分也。”“伦”，人伦，次序之谓也，上下长幼尊卑之序；“理”，道德规律和原则，两者合在一起即指人与人相处应当遵守的道德准则。——东汉郑玄

可以找到很多这样饱含人文关怀的设计伦理学案例。比如春秋时期，随着封建制生产方式的逐渐出现，各阶级出现在历史舞台上，诸子百家的思想活动异彩纷呈，各抒己见。其中法家的代表人物韩非子的思想非常具有代表性，他提出“重本抑末”的思想观，“本”指的是给国家带来稳定的“农业”；“末”泛指工商业，狭义地讲，是指当时贵族间竞相攀比夸耀的奢侈工艺品生产。《汉书·食货志》中曾这样记述韩非子的思想：“……商通难得之货，工作亡用之器，……以追时好而取世资，伪民实而要名，……富者木土被文锦，犬马余肉粟，而贫者短褐不完，晗菽饮水……”这个时期奢侈工艺品的生产不是以实用为目的，而是为满足贵族的贪欲和野心，这种耗费了巨大民脂民膏的工艺之风，导致了富者更富，贫者更贫。因此在韩非子的观点中，“本”与“末”孰轻孰重，泾渭分明。韩非子作为先秦法家的代表人物，尽管其观点主张的背后有各自不同的出发点和标准，但其反对用设计来满足贵族奢靡风气的主张和“求俭去奢”的观点也反映出，中国在造物初始阶段就具有了朴素的设计伦理意识。韩非子的重视实用、反对奢靡的实用主义观点，与老庄追求自然素朴、反对投机取巧的观点也有一定的相同之处。老庄从超越功利的人生观出发，追求最高层次上即精神上的超脱和自由，韩非子则立足于对实用的最大满足，摒弃一切不实用的奇技淫巧。尽管他的观点有局限性，但不可否认，他的观点在今天仍会给人以启示作用。

中国传统文化中的设计伦理象征人文是人类社会的文化现象，人文伦理是关于人性、人道、人格、人情的人文思想，从设计的角度来看它将抽象的道德观念、伦理规范、等级制度等等与建筑装饰、园林设计、器物、服饰等联系在一起，从而获得了一种新的价值内涵。中国古代有丰富的文化底蕴，在对待人与物的关系上有其独特的伦理思想，正因如此，人造之物才有了个性、生机，其中也浸透了设计师的深情。中国传统社会形式是阶级社会，统治阶层给不同阶级制定不同的伦理规范，每个阶级必须遵循自己阶级的伦理，不得逾制僭越。在西方，“伦理”一词从古希腊文 ε τ η σ s 演绎而来，意为习惯、性格、风俗。设计之所以伦理为准则，还要从美学与伦理的关系谈起。柏拉图认为，美不仅是物质层面的，更是精神层面的反映，包含性格、美德和真理。[1] 当代学者徐恒醇在《设计美学》一书中也认为，美不仅体现在物质视觉的层面，还要上升到社会层面，考虑到伦理观念。人们常说真善美，美必须是建立在真和善的基础上，

1　柏拉图 . 文艺对话集 [M]. 北京：人民文学出版社 , 1963：210.

必须无害四方。[1] 足见，无论西方哲人还是东方学者，大家公认美学必须与道德合二为一。设计作为人类审美实践的重要活动，必然要与道德伦理联系在一起。虽然在中国，设计伦理的概念提出不超过十年，但纵观中国传统造物史，其中大量的器具和设计已经包含了人类社会最朴素的伦理观，这些都是中国传统文化中的设计伦理象征。

二、中国人的礼乐制度对设计文化的影响

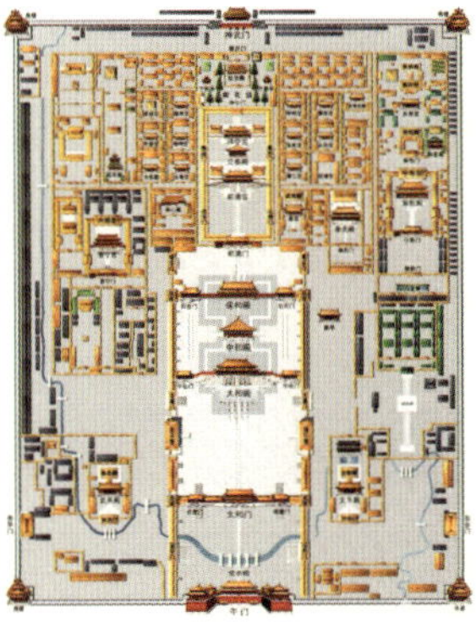

图 4-2：北京故宫平面图

1. 传统建筑的规制与方位观

中国传统的礼乐文化虽然起源于周代，但在其后的历朝历代中生生不息，代代承继，每个朝代具有自己的特色。我们以中国传统的建筑礼制为例，分析伦理等级在建筑形式上的表现。这在世界上是中国仅有的，也与当今的设计学层面研究息息相关。我们拿中国传统建筑体制中最具代表性的都城格局来看看其中体现的伦理体制。《周礼·考工记》“匠人营国”一节记述：“匠人营国，方九里，旁三门。国中九经九纬，经涂九轨。左祖右社，面朝后市，市朝一夫。”匠人建造都城，面积九里见方，都城四边形，每边开三个门。都城中九条东西方向的道路，九条南北方向的道路，每条大路可以让九辆车并行通过。天子所居之所必须在整个都城的中央，以显示其至高无上的中心地位。天子之所的左边是宗庙，右边是社稷坛，以彰显宗法血缘和国土在传统社会的重要性。天子所居的前方为朝，即天子处理公务、群臣朝拜的地方，后方为市，即贸易往来的交易场所，显示天子的高大与市井的卑微。很明显，中国传统都城的建造充分体现了尊卑的伦理等级观念。《礼记·曲礼》也曾记载：“君子将营宫室，

1 徐恒醇. 设计美学 [M]. 北京：清华大学出版社, 2006：140.

宗庙为先，厩库为次，居室为后。凡家造，祭器为先，牺赋为次，养器为后。”[1] 同样显示了姻亲血缘的绝对权威等级。

中国传统建筑的等级还与建筑的规模尺度融为一体。中国古代建筑以梁柱为构架体系，梁柱体系形成了更进一步的层面——开间。（图 4-3，图 4-4）以五台山佛光寺大殿为例，该殿建于公元 857 年（唐代中期），已巍然屹立一千一百余载。在建筑的正立面视图中，相邻构架立柱一件的一跨便是一间；在平面图上，开间是由四根角柱围合而成的矩形。开间的上一级是建筑物本身，若干建筑物按一定次序排列，有了院落；若干院落相连，便成了建筑群。所以归根结底，建筑规模的尺度取决于开间的大小和规模，而开间的大小和规模受等级伦理严格规范，必须遵守所在阶层的等级。《唐会要・舆服志》中规定了官员按等级不同，拥有的房屋尺度："三品以上堂舍不得过五间九架，厅厦两头；……五品以上堂舍不得过五间七架，厅厦两头；……勋官各依本品，六品七品以下堂舍，不得过三间五架……"不仅如此，还规定了庶民，也就是平民的房屋尺度："又庶人所造堂舍，不得过三间四架，厅屋一间两架。"[2] 古代社会六品七品及以下的官员还是一个比较客观的数目，再加上平民，在房屋开间上都不得逾制。古代没有计划生育一说，且实行"一夫一妻多妾制"，如果实在家庭人口众多，只能多建厢房或增加院落。由以上阐述可以看出，各阶层人等第宅的限制是很严格的，充分地体现了礼制的等级制度。有利于避免奢华攀比，维护统治阶层的法治威严、等级秩序。

礼制文化不仅在空间格局和比例尺度上对建筑做出规定，还包括了建筑装饰的材质和色彩。《礼记》规定："楹，天子丹，诸侯黝，大夫苍，士为黄。"不同等级堂屋前的柱子的颜色不同，天子是红色，诸侯是黑色，大夫是蓝色，士人是黄色。到了唐代，《唐会要・舆服志》记载："王公以下舍屋不得施重拱藻井……非常参官不得造轴心舍，及施悬鱼、对凤、瓦兽、通木伏、乳梁、装饰，其祖父舍宅门荫，子孙虽废尽听依旧居住。其士庶公和第宅皆不得造楼阁，临视人家，近者或有不守职文，因循制造，自今之后，伏请禁断。又庶人所造堂舍，仍不得辄施装饰。"这是唐代关于建筑装饰的规范，王公大臣、常官、士人、庶民各不相同。宋代《宋史・舆服志》记载："非品官毋得起门屋，

---

1 （战国）子思著，孔子（春秋）编订．礼记・尚书 [M]．北京：华龄出版社 .2002 .16.

2 王溥．唐会要・舆服志 [M]. 上海：上海古籍出版社，1991.

非宫室寺观，毋得彩绘栋宇及朱漆梁柱窗牖雕铸柱础。”“私居执政亲王曰府，余官曰宅，庶民曰家，诸道府公门得施戟，若私门则爵位穷显经赐恩者许用之……六品以上宅舍许作乌头门，父祖舍宅有者，子孙许仍用之。凡民庶家，不得施重木共藻井，及五色文采为饰，仍不得四铺飞檐。”清代《大清会典事例》记载：“顺治九年定亲王府正门殿寝均绿色琉璃瓦，后楼翼楼房屋均本色筒瓦，正殿上安螭吻，凡有正屋正楼门柱均红青油饰，每门金钉六十有三，梁栋贴金，绘画五爪金龙及各色花草，正殿中设座。”[1] 可以说我们今天能看到的传统建筑中最高礼制的代表，是故宫博物院中的太和殿，即当年的金銮殿，天子上朝的地方。采用等级最高的重檐庑殿屋顶，赤柱黄瓦，额枋青绿，斗拱飞檐出挑数目等级最高，整体色彩多金黄，所谓“金黄者，帝王之色也”[2]。

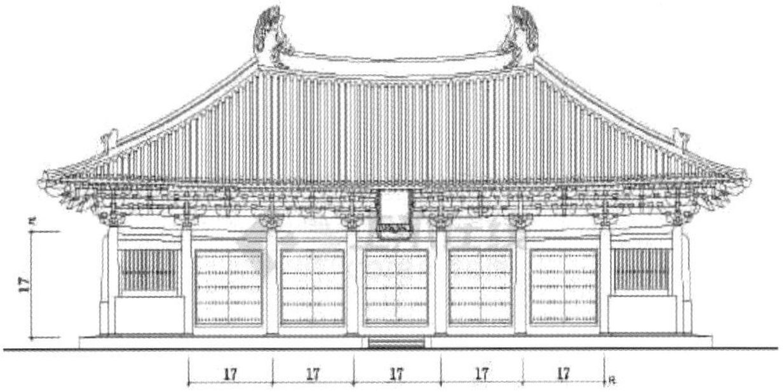

图 4-3：五台山佛光寺大殿平面图

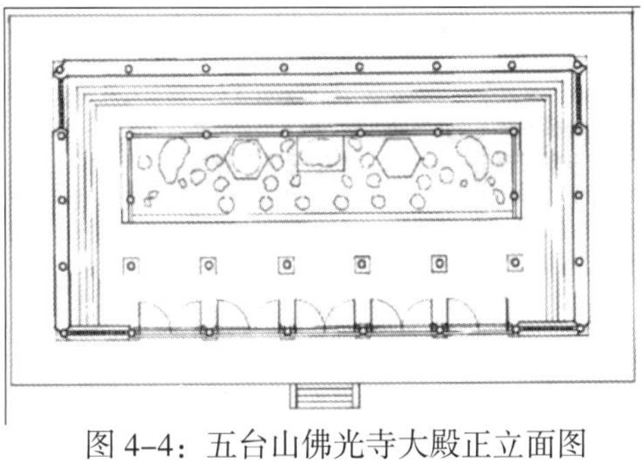
图 4-4：五台山佛光寺大殿正立面图

1　清代《大清会典事例》.

2　刘致平，王其明 . 中国居住建筑简史：城市，住宅，园林 [M]. 北京：中国建筑工业出版社，1990: 40–53.

2. 中国人的座次文化

中国食文化最早的理论基础应该来自于《汉书》中的“民以食为天”。中国人将吃饭上升到和“天”一样的高度，可见其重要性。饮食行为的伦理规范，不仅在其本身，还包括了座次的顺序。在中国传统文化的观念中，座次是十分讲究的，是伦理与等级的重要反映。《史记·项羽本纪》中对鸿门宴这样描写：“项王，项伯东向坐，亚父南向坐，亚父者，范增也。沛公北向坐，张良西向坐侍。”“哙遂入，披帷西向立。”一本史学著作篇章，对每个人的座位顺序、朝向，乃至站立的朝向描写得如此细致，原因只有一个，座位的顺序朝向跟地位息息相关，体现了封建社会森严的等级制度。到了现代社会，饭局中的座次文化仍然是现代社会等级的直接反映。在餐桌的座次主次尊卑方面，中国人基本上已经与国际惯例接轨。比如，主人一般面向大门而坐；多桌宴请时，主人在主桌就坐；再比如，各桌距离主桌的距离决定了各桌的等级；以每桌主人为基准，右为尊左为卑。看饭局的座次顺序，基本上就能了解其社会地位高低，权势大小，在主人心中地位高低等等。

中国在吃饭和会议等场合极其注重位次和等级文化，在交通工具上也不例外。1901 年，慈禧太后 66 岁大寿，袁世凯用一万两白银从国外买了辆前后座的奔驰敞篷小汽车作为寿礼。慈禧乘坐兜风，但很快发现，开车的是个奴才，却坐在自己前面，这成何体统，于是命令司机跪着开车。改革开放以来，汽车不再是只有皇族才拥有的奢侈品，公务用车在中国兴起。按照国际通用惯例，如有司机驾驶，则后座右侧为首位，左侧次之，副驾驶最末。而中国人在交通工具位次礼仪上并未与国际接轨，始终找不对自己的位置，中国的公务用车中，领导以副驾驶为最大。坐在后座不符合领导掌控一切的中国式职场伦理，坐在副驾驶位又不符合国际惯例，这样的矛盾冲突下，我们可以思考中国的公务用车能做出什么样的设计改变。再推及到中国的家庭用车，2012 年中国已正式进入“汽车社会”[1]，基于中国父系社会下的传统家庭伦理观，中国的家庭用车又应该做出什么样的设计改变?

中国传统伦理观下的交通工具构想（图 4–5），是本人一直以来考虑的一个问题，也是伦理与等级方式在现代产品设计中运用的最佳例证。这已经不止

---

1 2013 年，中国社会科学院社会学研究所、社会科学院文献出版社联合发布了 2012—2013 年度《汽车社会蓝皮书》，书中显示，2012 年中国正式进入“汽车社会”，每百户家庭私人汽车拥有量超过了 20 辆。

于停留在设计学的范畴，更加综合社会学、人类学的跨学科综合研究，在行为、风俗、习惯、观念等“中国方式”上进行设计演绎。

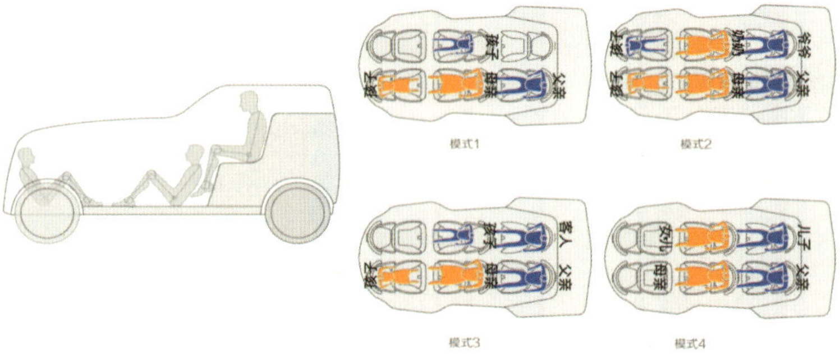

图 4-5：中国伦理方式下的交通工具位次设计

3. 等级森严的婚丧习俗

图 4-6：古代拔步床

在中国，自古以来有着等级森严、伦理严谨的婚丧嫁娶习俗。比如明代，作为一种制度，明代朝廷对婚姻形式、程序、通婚对象、婚姻礼仪等都作了严格的规定，而且明确规定了各阶层的婚姻礼仪和纳妾、重婚、退婚、改嫁、冥婚、指腹约等婚俗，婚姻制度严格按照纳采、问名、纳吉、纳征、请期、迎亲六礼执行，即使天子也不例外，这一切使得婚姻涂上浓重的政治色彩，严重束缚了人的个性和婚姻的自主性。明代人死后，其活着时的地位决定着他死后所享受的葬礼的高低。且古代墓葬也有严格的礼制规范，墓穴、棺木、陪葬品必须按规制置办。对于这一点，明代的《大明律》有明确的规定，因而明代人生时有贵贱之分，死后也有厚薄之礼。这些具体的婚丧习俗我们在此不再一一赘述，我们看看在等级森严的婚丧习俗之下，与此相关的造物智慧以及当代创新。“洞房”一词在古汉语中最初指幽闭而豪华的居室，后来被用来特指新婚夫妇的卧室。在中国传统洞房的“配置”中，拔步床是必备的器具之一，如图 4-6。拔步床就像房间内的一个独立小屋子，因为窗体上方四沿均具有封闭性。四沿多出床体二三尺，用实木制作围栏，雕刻以中国传统纹样装饰。有的制作繁复讲究的，甚至在床体的两边再加上窗户。可以看出，这种拔步床极具私密性，适合于新婚夫妇的特殊需求。

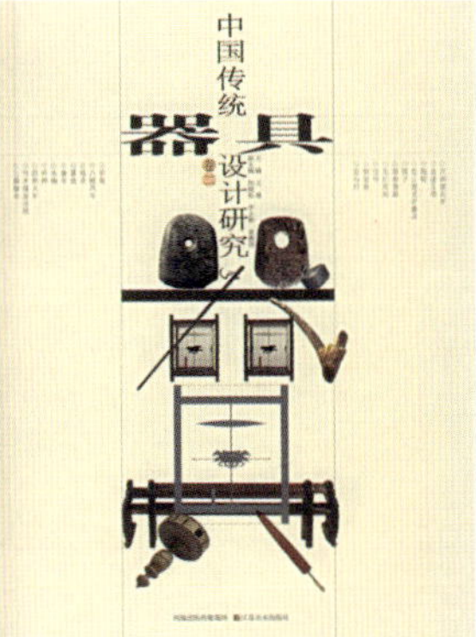

《中国传统器具设计研究》

2009 年开始，南京艺术学院工业设计学院对中国传统器具设计智慧启迪现代创新设计进行研究，出版了《中国传统器具设计研究》1 — 4 册。在此基础上，学院又开展了从中国传统器具设计中提取智慧进行现代创新设计的相关研究，开发了部分设计产品，拔步床也是其中之一。在我们今天看来，拔步床最大的

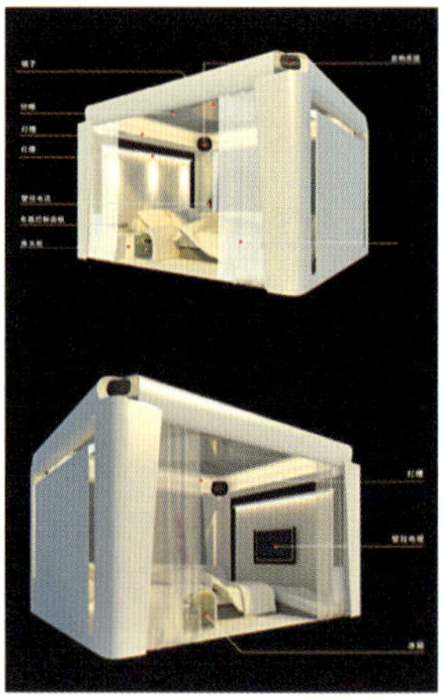
图 4–7：中国传统智慧启迪现代设计——现代洞房，何晓佑设计

智慧就是在大空间情景下通过特殊的造物设计实现了私密的小空间，满足了特殊人群的特殊需求，创造了更好的使用体验。我们今天提出产品的设计要走以人为本的道路，要带有人情味，但在古代，就能将造物提升到尊重人性的高度，这是我们需要思考和借鉴的。南京艺术学院工业设计学院何晓佑教授从拔步床出发，提炼出“营造温馨私密空间方式”的设计智慧，设计出一款“现代洞房”（图 4–7）。从产品造型上看，现代洞房以白色为基础色调，百搭家居环境，设计延续了拔步床四周封闭的空间特征，注重隐私性和舒适性。从使用体验上看，现代洞房同样延续了拔步床带给新婚夫妇的放松感和愉悦感。利用现代科技，在现代洞房中增添了视频、网络、音乐、灯光、床头小冰箱等一系列小功能设计，使新婚夫妇在这样的小空间中达到身体和精神的良好体验。何晓佑教授评价：这张床已经不仅仅为了睡眠，更是“欢愉器具”“休息器具”。该设计曾获得江苏省优秀工业设计一等奖。

4. 不同等级的饮食文化

中国传统的礼乐文化起源于周代，自产生之初就在饮食上有严格的尊卑等级反映，这在中国古代关于礼制的文献中都有详尽的记录。一方面，各阶层在饮食菜肴上，有严格的礼法规制。《周礼・天官・食医》：“掌和王之六食、六饮、六膳、百羞、百酱、八珍之齐。”膳夫[1]提供的六食、六膳、六饮、百羞、百酱、八珍，是只有王者才能食用的菜谱，其他贵族无权享用。同时，《周礼》浓墨重彩、事无巨细地描述了天子的饮食菜肴，其他诸侯却很少提及，表明了伦理等级制下天子的不可撼动的地位。就饮食器具的数量来看，《礼记・礼器》有云：“礼有以多为贵者，天子之豆二十有六，诸公十有六，诸侯十有二，上大夫八，下大夫六。”这是天子王公的器具数量，而平民阶层：“乡饮酒之礼，六十者三豆，七十者四豆，八十者五豆，九十者六豆，所以明养老也”。体现了传统社会对老者的尊敬。不仅如此，礼乐礼乐，“礼”与“乐”总是相伴而行的。古代王公贵族们饮食必须按照规定“钟鸣鼎食”，即吃饭时奏乐击钟，用鼎盛放各种食品。《周礼・天官・膳夫》记载：“王日一举鼎，十有二物，皆有俎。鼎有十二，牢鼎九，陪鼎三。”在《左传》中，则天子九鼎，诸侯七鼎，卿大夫五鼎。中国餐具在经历了青铜时代“藏礼于器”的洗礼后，永远打上了“礼”的烙印。因此，餐具这一形而下的实用器具，在国人的生活中也永远具有了形而上的

1 膳夫，官名。《周礼》谓天官冢宰所属有膳夫，为食官之长，掌王之饮食膳。

意味，在满足功能需要的同时， 担负起了伦理教化的使命，成为了一种制度性的社会文化符号，进而使吃吃喝喝这一维持生命存在的基本活动成为一种有意味的形式，一场文化改造与传承的盛宴。个体则在这场盛宴中完成了对自身角色、关系与社会地位的认同，逐渐实现了向社会群体的转化和对传统文化的归化与承袭。中国文化注重等级与和谐的伦理型特色和润物细无声的教化方式，则在这场盛宴中得到了最为充分的诠释和彰显。

2012 年，我们在进行南京文化产品设计的过程中，以淮扬菜餐具为目标，推出“石头盛”系列。“盛”谐音“城”，以南京著名景点谐音，取其盛具之意，展现南京及周边饮食文化特色。石头盛下有三套产品——淮扬菜餐具，金陵小吃餐具和花果器。淮扬菜餐具（图 4-8），定位当今江浙一带、以淮扬菜系为主的高档餐饮业，形式灵感来源于六朝时期的造型美学，希望通过餐具传达延续六朝人文气节。六朝器形往往是浅口和微微内敛的，结合外柔内刚、为人谦和、注重礼节、英勇气节的六朝人文气节，使得六朝的器物形制呈现出精致淡雅的特点，这与淮扬菜的味觉特色是相符的，也是我们灵感来源之一。以六朝的器形为造型基础，结合江南六朝瓦片的曲率形制和中国传统的意境审美，主色调灰色系，朴素清雅，凝练出石头盛厚重沉稳又不失精致的个性特征。此套餐具分为餐具和个人用具两大类。我们梳理淮扬菜系的品类与宴席菜品规范，餐具分为冷菜无汁类、炒菜盘、鱼盘、糕点盘、冷菜带汁类、汤碗、砂锅七大类，完全覆盖了淮扬菜的品类需要，根据实际需要进行数量的选择；个人用具也是以成套的形式出现，中国传统审美天圆地方的方圆组合形制，覆盖碗、勺、筷、蘸料碟、骨碟五大功用。整套器具展现出强烈的地域文化和丰富的饮食文化，与制作精细、风格雅丽、清鲜平和的淮扬菜相得益彰。

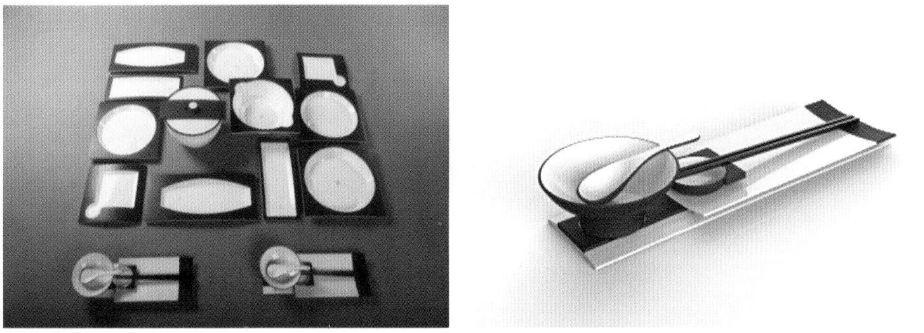

图 4-8：南京文化产品之“石头盛” 餐具（8 人餐桌展示 / 个人整套展示），金陵造物

三升为当，五升为过，二升为寡，而制器者即因之。”——《礼记》

除了饮食礼制，古人对于饮酒之礼也是十分看重的。《晏子春秋》中有“景公饮酒”的故事：景公饮酒，七日七夜不止。弦章谏曰：“君饮酒七日七夜，章愿君废酒也。不然，章赐死。”晏子入见，公曰：“章谏吾曰：‘愿君之废酒也。不然，章赐死。’如是而听之，则臣为制也；不听，又爱其死。”晏子曰：“幸矣，章遇君也！令章遇桀、纣者，章死久矣。”于是公遂废酒。晏子在大夫弦章以死劝说齐景公停止喝酒无效的情况下，用巧妙的方式方法继续劝谏，使齐景公不再喝酒。可见，古人是不赞成过量饮酒的，过量饮酒也是一种破坏礼制的行为。所以饮酒的礼制决定了饮酒器的制作，必须符合礼法规范，这一规范在《礼记》中可找到文字实证。“三升为当，五升为过，二升为寡，而制器者即因之。”古人对于酒量的看法是，两升略少，五升太多，三升是一个刚刚好的量，饮酒器的制作就应该根据这一规定来设计制作。

2012年南京文化产品设计，我们不仅推出了与饮食有关的“石头盛”，还推出了与中国传统饮酒礼仪与文化相关的“朝天觥”。“朝天觥”是体现传统酒文化与饮酒礼制的现代酒具设计，包含一套黄酒具和二套白酒具，器物以“礼”为设计的中心思想，以中国经典的“天圆地方”造型理念为设计基础，采用了青瓷、白瓷、玻璃、木材等材质。朝天觥的名称也是采用的谐音替换的方式。朝天宫，南京著名的文化地标。朝天觥，取自“觥筹交错”，觥是古代的一种酒器，筹是行酒令的筹码。“觥”，谐音“宫”，透露出中国饮酒过程中的仪式感。中国是酒的故乡，酒文化在中国一直占据着特殊的地位，是中华民族饮食文化的一个重要组成部分。“以酒论英雄”“无酒不成席”。在中国，酒已经融入到了传统的礼仪、风俗、文化之中。中国人的酒桌是一个非常重要的交际场所，也是一个观察和考验人的重要窗口。从喝酒、敬酒、劝酒、拒酒、醉酒等酒桌上的表现，可以看出一个人立场以及作风人品。“朝天觥”包含一套黄酒具和二套白酒具，选择黄酒和白酒的原因在于：一方面，黄酒是世界上最古老的酒类之一，约在三千多年前，商周时代，中国人独创酒曲复式发酵法，开始大量酿制黄酒。所以黄酒器是朝天觥的必然选择；另一方面，约一千年前的宋代，中国人发明了蒸馏法，从此，白酒成为中国人饮用的主要酒类。所以白酒器是朝天觥不可或缺的重要组成部分。

古人饮酒喜温酒热喝，《红楼梦》第八回“比通灵金莺微露意　探宝钗黛玉半含酸”就有此记载：天降大雪薛姨妈留宝玉吃茶，宝玉想要酒配鹅掌鸭信，于是薛姨妈命小丫鬟去热酒。这里宝玉又说：“不必温暖了，我只爱吃冷的。”

薛姨妈忙道："这可使不得，吃了冷酒，写字手打飐儿。"宝钗笑道："宝兄弟，亏你每日家杂学旁收的，难道就不知道酒性最热，若热吃下去，发散的就快，若冷吃下去，便凝结在内，以五脏去暖他，岂不受害？从此还不快不要吃那冷的了。"可见，古人一直知道黄酒热喝有利于健康，温酒器自古以来就是中国的传统器具。所以，在黄酒器具的设计中，我们将酒注与温酒器的功能相结合，内部利用蜡烛对酒注内的黄酒进行加热，再倒入小杯饮用。明火加热的方式，亦是中国传统温酒方式。在中国人的酒桌上，敬酒之人热情好客，饮酒之人豪爽恭敬，"朝天觥"白酒器的设计正是为了迎合这种文化。这套酒具以"肚大能容，不留点滴"为饮用特色，酒杯呈漏斗状，以减少白酒的残留量，而酒注则是水滴状，以增大容量。全透明玻璃的材质亦能清楚地看出杯中酒量，减少了很多喝白酒过程中喝多喝少、倒多倒少的争执。

图 4-10：南京文化产品之"朝天觥"酒具，金陵造物

古代社会，由于生产力水平发展有限，物以稀为贵，这在一定程度上促进了以色彩符号（尤其是服饰色彩）确定身份等级的传统的形成。一方面，色彩数量和符号种类的分配与等级相关，等级越高拥有越多的色彩数量级；另一方面，服饰的色彩专有等级体系产生，一定的等级只能使用特定的色彩，形成固定的匹配关系。最明显的案例，明黄色只能是天子和皇家所用，普通大臣或平民百姓使用属于僭越，是要被杀头的。平民百姓们其实并没有太多颜色可做选择，

清朝一－三品文武官员补子

清朝四－六品文武官员补子

清朝七－九品文武官员补子

图清・雍正朝服像轴——故宫博物院藏

一般都是灰布蓝衫。《新唐书・李泌传》中有云：“衣黄者，圣人也。衣白者，山人也。”[1] 肃宗听说后希望李泌“且衣紫袍以绝群疑”。大概说的就是天子穿黄色，隐士穿白色，重臣穿紫色。伦理等级的概念脱离了抽象层面，以具象的服饰色彩等级分配的形式表现出来，是传统伦理等级对于本应该平等使用的色彩的强制干预。

今天，我们将传统色彩的等级涵义引入到工业设计领域。2012 年，我们与海尔进行合作，探讨中国传统造物智慧启迪新研究——关于海尔白色家电的 CMF 构想，这也是本书的重点案例之一，后面材料与构件一章中我们还会沿用这一案例细说。从中国传统的造物智慧中提取中国色彩、中国材质、中国工艺三大元素，运用到现代CMF设计中的色彩、材质、工艺中。如方案“黄钟大吕”（图 4-11），黄钟：我国古代音韵十二律中六种阳律的第一律。大吕：六种阴律的第一律。形容音乐或言辞庄严、正大、高妙、和谐。整个 CMF 方案采用正红色，结合佛教纹样的变形设计，运用于双开门冰箱面板，衬以故宫宫门上的门钉意向，凸显恢弘、庄严、高妙的气势。与现有的大众化冰箱产品不同，此方案以其大气的色彩、纹样呈现，定位于高端需求行列。与“黄钟大吕”形成鲜明对比的是“冰清玉洁”（图 4-12），清：干净，清澈；洁：洁白，纯洁；像冰一样清明，玉一样纯洁。比喻人品高尚、纯洁，做事光明磊落。 此方案用于较传统实用的小体积双门或三门冰箱，青色面板，传统瓷器中的影青工艺浮雕绘制莲花形态，贯通上下，点缀以碧玉材质的显示面板和传统水纹的局部勾画，整个 CMF 设计呈现出一种江南水乡的温婉灵动。此方案更多面向小户型精装修等注重实用又有一定审美趣味的家庭。相对来说，古代等级越高的色彩、越高档稀缺的材料、越繁复的工艺等元素，选取运用到现代 CMF 设计中时，我们得到的设计品质和产品的品质感也会相应提升。设计的品质往往与我们选取的源素材有密切关系，这也是中国传统色彩运用在现代产品设计中的具有开创性的 CMF 设计案例。

1 《新唐书・李泌传》，北京：中华书局，1975.

CMF 设计案例：

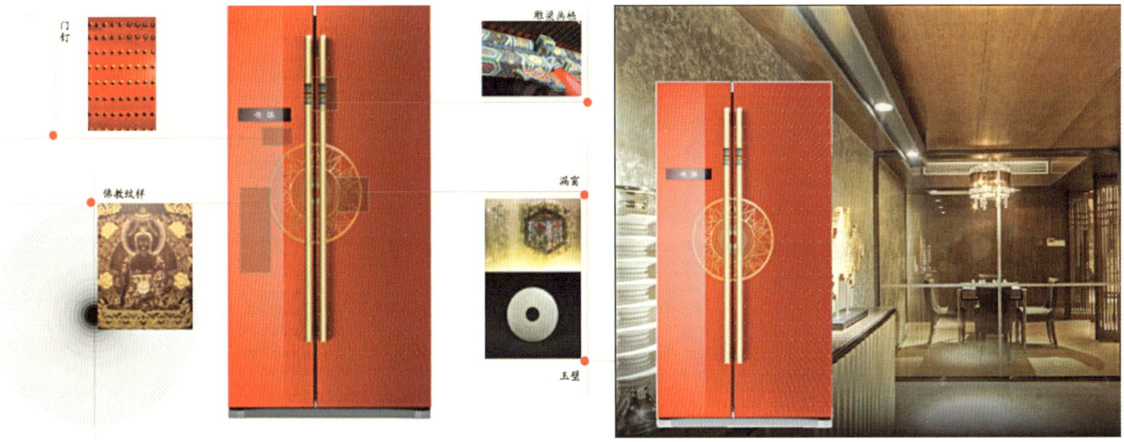

图 4-11：中国传统造物智慧启迪新研究 · 白色家电的 CMF 构想——黄钟大吕
海尔 · 南京艺术学院

图 4-12：中国传统造物智慧启迪新研究 · 白色家电的 CMF 构想——冰清玉洁
海尔 · 南京艺术学院

三、不同阶层的中国人审美趣味的分离

前文已经说过，阶层在每个社会都是普遍存在的，不管是在奴隶社会，封建社会，还是我们现在的社会主义社会。有阶层的分离就会有像对应的审美趣味等级的分离，这在我们当下也不例外。总的来说，我们当下的审美趣味可以分为四个层级——大众流行，含蓄内敛，超群脱俗，病态审丑，从下到上呈现金字塔的形状。（图 4–13）

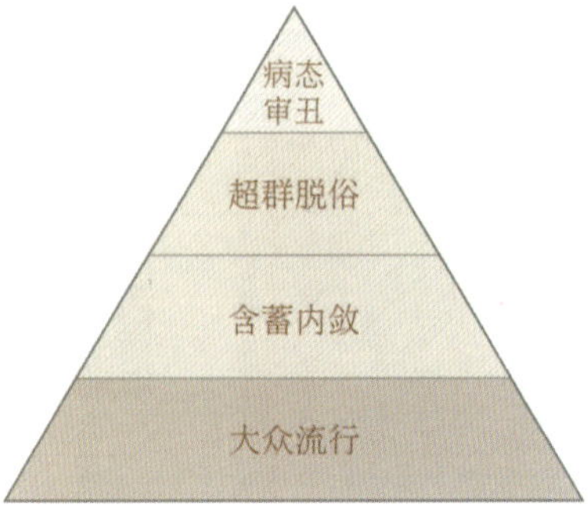

图 4–13

1. 大众流行

金字塔最底下这层，叫做“大众流行”。顾名思义，具有最广泛的群众基础，群众易于理解，易于接受，纷纷效仿，造成一股流行的趋势。拿电影来举例，早年像张艺谋拍摄的《英雄》，李安拍摄的《卧虎藏龙》，近年来的一些小清新、致青春题材的影片，很快在年轻人中间带起潮流风尚；拿流行歌曲来举例，当年的“四大天王”，后来的周杰伦，现在的 TFBOYS，都是大众流行；拿服饰来举例，随着网购、电商铺天盖地地进入我们的生活，有一个词很好地反映了大众流行的趋势——淘宝爆款，标榜日韩风、欧美风、月售万件等关键词的货品图片靓丽，描述简单明晰，风格具有最广泛的群众基础，虽然极易造成买回来撞衫、撞包、撞款的情况。

2. 含蓄内敛

金字塔往上的第二层，审美的第二层级，叫做“含蓄内敛”。唐诗宋词是最典型的代表。我们需要慢慢体会它的美，而无法直接理解。比如李白的《送友人》：“此地一为别，孤蓬万里征。”说的很简单：彼此一分手，我就坐着船走了。听起来没什么，但从诗歌的角度上讲，这是一副著名的流水对。上一句与下一句对仗工整，但意思前后相接，这就叫做流水对。它的美很含蓄，是审美的第二个层次。

教学案例：

我们的产品设计里面也有这种间接含蓄表达情感的案例，本人 2009 年开始进行中国方式的研究，2010 年我所带的本科毕业设计进行道物工房一的研究，“功能的通感”系列，我们尝试将中国传统的意向体现在家居小产品设计中，（图 4–14）使当代人看到中国传统文化的现代再现。为了更好地体现传统文化内涵，我们不是在产品设计中直接叠加传统符号，而是以合理抽象为原则，传统元素结合现代功用，以通感的手法做设计创新。（图 4–15）这个层面的设计已经不再停留于大众审美，它以含蓄内敛的内在向小众化发展，能理解并愿意接受、购买的消费者人群已经不再是大众阶层了。

（图 4–14）

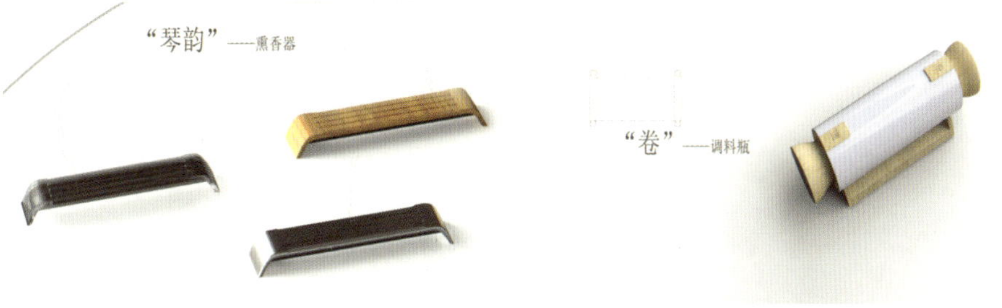

（图 4–15）

3. 超群脱俗

第三个层次，理解并接受的人比之“含蓄内敛”层级更少——“超群脱俗”。纵观看来，当代艺术普遍都陷于这种状态——大部分人会表示难以理解，不知道要表达什么，看不懂等自我感受。比如典型的毕加索立体主义画作，他于 1907 年创作的《亚威农少女》是第一张被认为有立体主义倾向的作品，是一幅具有里程碑意义的著名杰作。它不仅标志着毕加索个人艺术历程中的重大转折，而且也是西方现代艺术史上的一次革命性突破，引发了立体主义运动的诞生。可是这种立体主义的作品都过于抽象，普通民众很难看懂，据说英国女王都说：“我实在看不出来，他画的人的脸到底冲哪边？”

中国文化的现代产品设计应用中，我们也有走这种“超群脱俗”路线的极高端品牌——上下（图 4-16）。创立于 2008 年，与爱马仕合作，致力于传承中国及亚洲其他国家精湛的手工艺。每一件“上下”的物品都选取上等的材料，精雕细琢，专注于每一个细节，呈现本来中国制造品质的上乘与精妙。无论从品牌定位、产品立意、选材还是价格来看，“上下”都是极高端的，但是与上文“含蓄内敛”的案例相比，同是文化产品，“上下”较明显地呈现出一种更加超脱世外，为极少数人所理解、消费的产品特性。

图 4-16：“上下”文化产品案例

4. 病态审丑

审丑是对应审美而出现新词汇。有人把审丑看作是“审美疲劳”的产物，也有人认为审丑本身就是审美的一种表现形式。我们认为，审美到了最高级，就变成了审丑，类似超新星爆炸，到最高点后突然释放，将极小众的审美观念、情趣辐射到大众，最终风靡社会。

金字塔的塔尖是最高层次的审美，“病态审丑”。当审美走到金字塔塔尖的时候，只要进入“病态、审丑”这个层次，就会呈倒金字塔状态，突然释放，然后就变成最普及的事了。病态的审美首推缠足。今人对缠足难以接受，可清代以前的人以缠足为美。清人李渔在《闲情偶寄》里，还专门教人怎么欣赏缠足。《红楼梦》里的男子，大都具有女性美；女子，大都具有病态美。贾宝玉像个女孩儿，林黛玉像个病人，这就是中国人在文化中追求的一种审美情趣。放到生物学里面，病态审丑有一例子——金鱼。金鱼其实是畸形鱼。今天大家都说金鱼如何漂亮，但如果你第一次看见金鱼，你肯定说这鱼太难看了。金鱼是一种病态的鱼，它把鱼所有畸形的地方都全部夸大了。还有北京哈巴狗，它的全称是中国宫廷犬，是不健康的犬。宫廷犬是近亲结婚的产物，眼距很大，牙齿稀疏，有先天愚型的特征，并不具有普遍意义上对于宠物可爱、漂亮、萌等美的认知。过去欣赏梅花，盆景中有干枝梅，也是病态的。文人欣赏梅花的最高境界叫做“病梅”，就是这花有点病，半开不开。文人就喜欢这种状态。再说残荷，古人有无数诗句提到残荷，残荷作为一个极美的意境，一次又一次的被古代文人骚客拿来抒发胸臆。可残荷本身确是一种枯萎、生命已逝、落败的状态，终归还是属于病态、审丑的范畴，却被如此多人所喜爱。以上，都是将病态变成一种很高层次的大众审美的举例。

图 4-17：金鱼，京巴犬，病梅，残荷

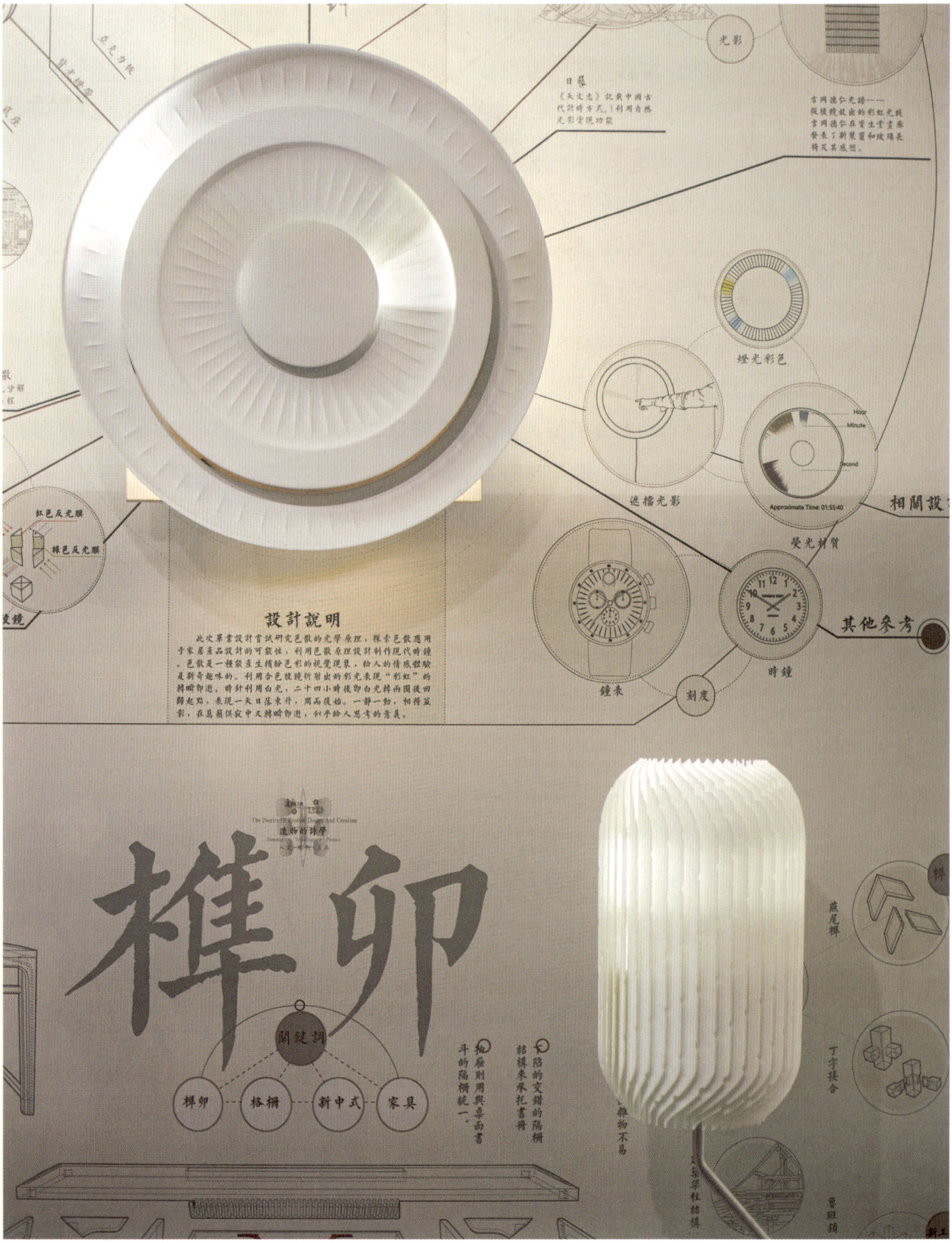
光影
日晷
燈光彩色
遮擋光影
Hour
Minute
Second
Approximate Time: 01:55:40
相關設
熒光材質
鐘表
刻度
時鐘
其他參考
紅色反光膜
綠色反光膜
設計說明
此次畢業設計嘗試研究色散的光學原理，探索色散應用于家居產品設計的可能性，利用色散原理設計制作現代時鐘。色散是一種能產生繽紛色彩的視覺現象，給人的情感體驗是新奇趣味的。利用合色棱鏡折射出的彩光表現“彩虹”的轉瞬即逝。時針利用白光，二十四小時後即白光轉兩圈後回歸起點，表現一天日落東升，周而復始。一靜一動，相得益彰，在萬籟俱寂中又轉瞬即逝，似乎給人思考的意義。
造物的詩學
榫卯
關鍵詞
榫卯
格柵
新中式
家具
燕尾榫
丁字接合

学生作品：《时光》
作者：陈娟

本章小结

本章首先寻找中国传统造物哲学的原始等级意识形态，从上古世界的神秘力量，到奴隶社会后“礼”的出现，结合阴阳五行观念，可以看出，“礼乐”与伦理等级对中国后世几千年的思想文化的发展产生了持久而深远的影响，直到现代仍然广泛存在，在中国传统文化中就有不少伦理象征的体现。所以从设计角度来说，伦理与等级的方式是我们一定要研究和关注的。接下来，我们将中国人的伦理与等级方式在设计学中的应用分成两个方向——造物的和审美的。在伦理等级方式的造物反映中，我们提炼出五大方向。

第一，传统建筑的规制与方位观。中国传统的造物方式往往与建筑方式紧密相连，在伦理与等级方式中也不例外。从空间格局，到比例尺度，再到色彩、装饰与材质，均有严格的等级区分。

第二，中国人在就餐、会议、交通工具上的座次文化，这是具有典型中国特色的等级方式，特别是交通工具，中国人完全不与国际接轨，如何既维护中国人千百年来的伦理等级观又与国际惯例接轨，本人在这部分提出了自己的设想。

第三，等级森严的婚丧习俗。中国人自古以来在婚丧嫁娶等“人生大事”上的伦理从不马虎，这部分本人选取何晓佑教授的“现代洞房”案例，阐述从传统到现代的伦理设计演绎。

第四，不同等级的饮食文化，包括饮食器具、饮食礼制、用物规范、饮酒之礼等等，运用南京文化产品中的“石头盛”（餐具）和“朝天觥”（酒具）两个案例，表明只要正确分析把握传统的精髓，在现代餐具和酒具设计中完全可以再现传统的中国方式。

第五，中国传统服饰和色彩等级。这部分主要基于传统服饰主要以色彩和材质进行等级区分，我们将这种智慧运用到现代白色家电的 CMF 构想，呈现出完全耳目一新的 CMF 设计创新。

在伦理等级方式的审美反映中，我们发现，不仅具象的使用物是可以区分等级的，抽象的审美趣味也是可以呈现出不同的阶层属性的。从下到上依次为大众流行、含蓄内敛、超群脱俗、病态审丑四个层次，呈现金字塔形的数量级形式。即大众流行层次的人群是最多的，病态审丑层次的人群是最少的。但历史上往往一件事物一旦走到金字塔顶端，就会突然释放，变成最普及的大众层面。审美趣味的伦理等级方式告诉我们，设计过程中，对于使用对象、消费对象的分析是非常重要的，必须正确把握对象的层次特征。总的来说，伦理与等级是中国方式之下比较隐晦的方式，至今案例不多。倒不是因为这种文化现象不普遍，而是伦理与等级的方式提取出后难以与产品设计建立直接的联系。本章对选取的几个设计案例进行了细致的分析，希望能带给大家一点不一样的启发。

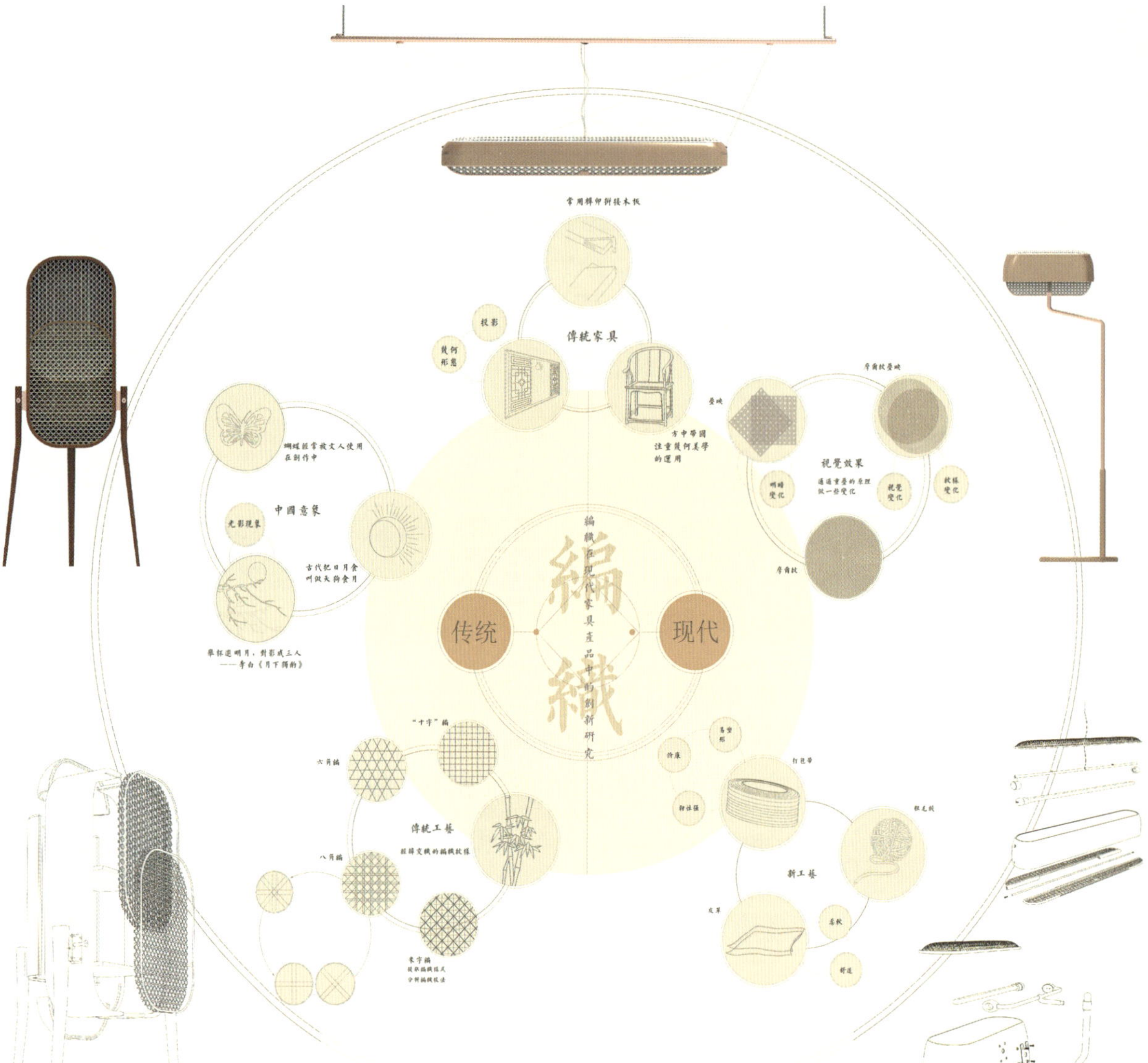

作品旨在赋予中国传统编织工艺新的展现方式。与传统对话，通过研究传统编织的编织技法，寻找到其中的编织规律进行拆分重组和探索编织材料(环保理念)与光影变化的关系。产品与现代设计承接，从现代生活中汲取灵感，做出符合现代审美的家具设计。

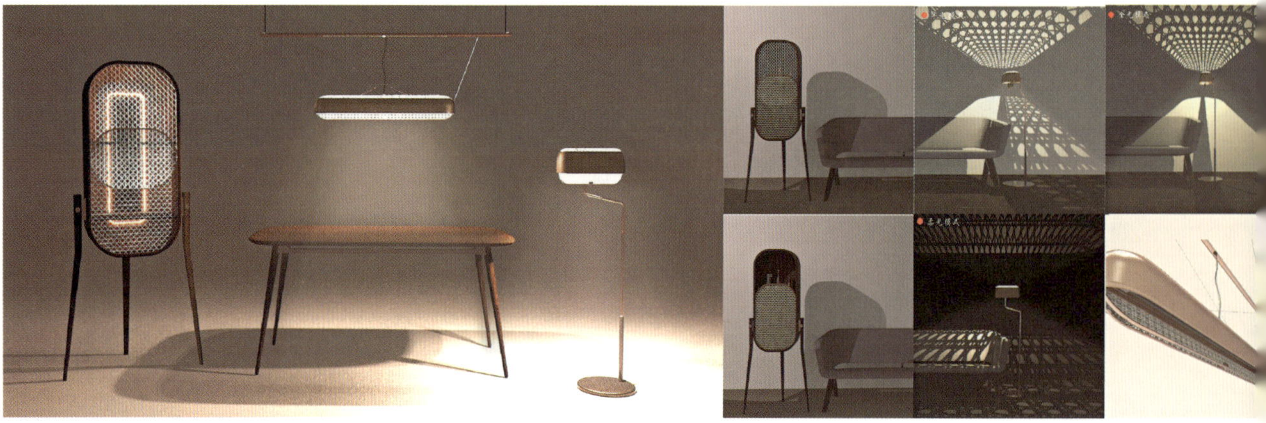

学生作品：《焕新·雅制》

作者：连伟东 朱雪玲

5 中国方式特征与造物延续的路径之三——材料与构件方式

一、中国传统造物哲学的价值观

"人法地，地法天，天法道，道法自然。"——《道德经第二十五章》

《周易·系辞上》曰："形而上者谓之道，形而下者谓之器。"通过人们对中国古代器物的研究发现，中国古代的造物观皆以形而上的哲学思想指导形而下的造物设计。从整体上看，中国古代设计思想强调人与自然和谐共生，注重天时、地利、人和、物宜、工巧，讲究因材施艺、因势利导，而贯穿于古代设计史的哲学思想主要以道家自然观、儒家伦理观及礼制文化为主流。从宏观上看中国古代造物观以自然观、人际观、物用观为基础。其中造物设计的自然观是思想基础，背离了这个思想基础的任何设计都是无源之水无本之木，在中国哲学史上老子明确提出："人法地，地法天，天法道，道法自然。"（《道德经第二十五章》）从设计学的角度来看它是关于如何看待客观的自然现象、人与自然的关系以及规律性的设计观点自然观的基本态度是"天人合一"，强调人与自然的和谐统一，这一观点不仅是设计的基本思想，同时也是设计的基本方法，更是设计的基本原则。再比如造物设计的"人际观"是思想依据，脱离了这个思想依据的造物活动是毫无利他价值便成了一种无意义的存在。先哲孔子"仁者爱人"；孟子"民为贵，社稷次之，君为轻"（《孟子·尽心章句下》），站在现代的立场来看便是以人为本，以民生为本，这种浸透在中国古代哲学中的"人本主义"愿想，是中国古代造物观中的一项重要内容。造物设计的"物用观"即是思想方法，偏离了这个思想方法器无用而对人亦无利。老子在《道德经·第七章》讲"有之以为利，无之以为用"；庄子在《庄子·人间世》中认为"人皆知有用之用，而莫知无用之用"；韩非子提出"物尽其用，人尽其才"。从现代设计的角度来看便是我们津津乐道的因地制宜、因人而异。对此，南京艺术学院王琥教授将设计思想与物用观相关的问题简述为："人为何用物、人如何用物、物于人何用。"实质上也是讲运用一切可能的手段和方法塑造并优化器物的使用方法和功能，最大限度地实现器物的设计价值以达到设计共同利益最大化。

1. 儒家的生态哲学观

随着经济的发展和工业文明进程的加快，人们在获得经济利润和取得工业文明成果的同时，也进行了一些掠夺式、破坏式的经济活动，不可避免地对自然生态环境造成了破坏，这种破坏又渐渐反作用于人类自己，给人类生活带来了极大的危害。在这种情景下，人们逐渐意识到"可持续发展"的重要性，设计界也发出自己的呼声，号召走绿色设计、生态设计的道路。对于产品设计来说，这不仅表现在产品的最终实现上，更贯穿于整个产品设计的思维过程。

在古代，儒家思想是推崇人与社会关系的哲学思想。它将人归为社会的思想内涵是对中国文化影响最深远的哲学思想形态，影响力甚至跨古至今。在其影响下，人的行为准则与社会的发展轨迹都在“礼”与“法”的严格框架内，对应产生了“刑”的概念。违背“礼法”将遭受“刑”的惩戒。因此，在历朝历代都推崇儒家思想的历史背景下，中国传统符号的形态、结构、空间、色彩等，都有严格的创造规范或标准，并在长时间的持续着。社会的首要存在意义成为中国古代人民难以逾越的鸿沟。因此对中国而言，儒家思想在一定意义上可以说是传统符号设计造物规范化与制度化的总设计师。儒家思想所提出的哲学意识具有生态哲学的萌芽基础，对我们当代设计领域的设计原则具有重大的指导意义。儒家关于“天”与“人”的关系探讨，协调设计要素各方面之间的关系。在中国古代，虽有“人定胜天”“天人之分”等学说，但始终占据主导地位的仍然是“天人合一”，这也是中国人最基本的思维方式。在现代产品设计中，这一思想指导我们正确认知“人—产品—环境”之间的关系，突破以往单纯探讨人与产品关系的局限性。儒家“天人合一”的理论中，人与天的关系并不是对立的，同时，儒家关于“我欲仁,斯仁至矣”的“仁”学确立以后，同时确立了人的主体性，肯定了人的主观能动性。这对现代设计的启示是——以人（目标受众）为中心，而不是以产品为中心。儒家“天地万物一体”理论具有强烈的整体意识，指导我们用整体观、系统观、从整体到局部的意识做设计。

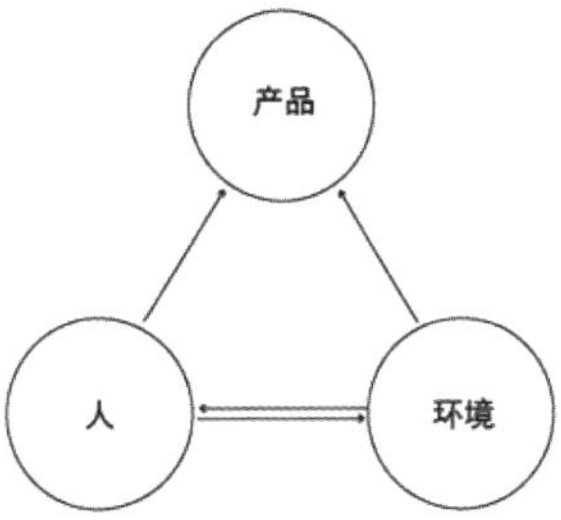

2. 老庄之道

整个世界的历史发展进程中，我们观察到一个有趣的现象，人类在人文学科上发展的速度往往比不上同时期自然科学的发展速度。中国的人文科学代表主要是以孔孟为代表的儒家学派和以老庄为代表的道家学派，两千多年来，道家学说一直作为占据统治思想地位的儒家学说的补充，帮助国人形成中国式的世界观、人生观、价值观。道家思想推崇人与自然的哲学思想。在这种思想的影响下，做人的准则与修真证道的准则可以用老子的四句话概括：人法地、地法天、天法道、道法自然。这正是是道家思想精华之所在。但随着历史的发展，道家思想以其独有的宇宙、社会和人生领悟，在哲学思想上呈现出永恒的价值与生命力。道家哲学思想内涵提倡的自然无为，身心合一，推崇自然的和谐，追求行为技艺纯乎自然，对中国传统符号创造与发展有着深刻的影响，而这些内涵延绵至今，对当代的创造思想同样有着重要意义，甚至，在美学领域，道家学说比儒家学说更具前瞻性和实用性。正如李泽厚在《美的历程》中所写：“儒道互补成为两千多年来中国思想的一条基本线索。”设计是“人为事物的科学”。国际工业设计协会前主席亚瑟·普洛斯表示：“设计是一种充满想象力的神奇的开发活动，满足人的生理需求和心理需求。设计不是个人用来表现自我的工具，设计的目标也不是保持现状，而是想办法改变使之更好。”虽然老子强调“天地相合，以降甘露，人莫之令而自均”，庄子强调“人虽有之，无所用之”，看上去宣扬的“无为而治”理念与现代设计的定义所表现出的创造性完全格格不入，但这种“无为”理念恰是现代设计返璞归真、日常审美的理论支持来源。道家哲学中的自然观虽然没有提倡人的主观能动性，但是与儒家思想中影响现代设计“人—产品—环境”三位一体的认知不谋而合，将人、天、地统一于“道”的层面。前文说过，道家在美学领域比儒家学说更具前瞻性和实用性。道家崇尚自然之美，朴素之美，日常之美，虽然反对繁复的工艺制造，在古代工匠们看来不可理喻，但确确实实更加接近我们当下对简约审美、日常生活美学的把握。

3.《考工记》中的现代造物哲学思想

我们今天看到的《考工记》，是《周礼》中的一部分，完成于战国时期，是记录官营手工业手工规范和制造工艺的文献，被后世工匠奉为经典。从我们当今设计学的角度来分析，《考工记》是一本全面总结造物经验的文献，包括了造物思想、制作经验技巧、材料与工艺等等，是对中国传统造物进行研究的重要资料。《考工记》曰：“天有时以生，有时以杀。草木有时以生，有时以死。石有时以泐，水有时以凝，有时以泽，此天时也。”“天有时”指的是顺应节气变化，顺应天道时间，是造物中的客观因素。草木有生有死，水流可以凝固也可以流动，一切都是天时的因素。古人开始对自然界建立理性而有效的认识，不再依赖于自然崇拜和图腾崇拜，只有正确认识自然、顺应自然，才能做出好产品，这是“天人合一”思想在造物中的具象反映。《周礼·考工记·辀人》有云：“轮人为轮，斩三材必以其时。三材既具，巧者和之。毂也者，以为利转也。辐也者，以为直指也。牙也者，以为固抱也。……凡斩毂之道，必矩其阴阳。阳也者，稹理而坚；阴也者，疏理而柔。”清代戴震注曰：“材在阳，则中冬斩之。在阴，则中夏斩之。”古人造轮子，毂、辐、牙这三个部件的原材料选取必须依照时节。向阳的木头，致密而坚固，必须冬天砍伐；向阴的木头，疏松而柔软，必须夏天砍伐。古人在造物的时候已然认识到选材的重要性，包括原材料的部位，砍伐的时节，都是天长日久人们经验积累的认知。

> “天有时以生，有时以杀。草木有时以生，有时以死。石有时以泐，水有时以凝，有时以泽，此天时也。”
> ——《考工记》

“地有气”指的是顺地气，因地制宜，是造物中的客观因素。《晏子春秋·杂下之十》有云：“橘生淮南则为橘，生于淮北则为枳。”表明古人在农业种植上已认识到地域条件的限制性。《周礼·考工记序》曰：“郑之刀，宋之斤，鲁之削，吴粤之剑，迁乎其地而弗能为良，地气然也。”郑国产的刀具，宋国产的斧头，鲁国产的曲刀，吴越产的宝剑，品质精良，但如果别处生产，就制造不出这么好的东西，这是地气的原因。表明地气不仅影响农业种植，还影响手工业的生产制造。比如中国传统建筑风格的发展，出现了南北方巨大的风格差异。由于北方冬季干旱寒冷，多风少雨，北方的传统民居一般空间格局不大，保暖，充分采光，南窗大北窗小，节约冬季采暖能耗；南方江浙一带气候宜人，水系众多，传统民居一般规模格局大于北方，喜自然装饰，一般都具有大的天井院子；而往南走，气候更加潮湿，温度高湿度大，毒虫也多，渝东南、黔东南地区出现了吊脚楼的传统建筑形式。我们今天所看的设计学层面的“地气”，恰恰印证了本书提出的“本土化”设计，当下的设计发展，千人一面的国际主义风格已经不再受宠，唯有尊重民族的地域性、本土性，设计文化才能焕发出新的活力。

“橘生淮南则为橘 生于淮北则为枳。”——《晏子春秋·杂下之十》

《考工记》对于材料的选取包含了两个方面的意思。

一方面，要做出上好的产品，必须采用优等的材料，换言之，材料的质量决定了产品的质量，如果要使产品呈现出高品质感，在材料上千万不能马虎。

另一方面，我们要善于具体问题具体分析，根据材料的不同性质选择材料，而不是一味选用昂贵的材料。

“材有美”指的是造物中的选材要素，是造物中的主观因素。比如，棉麻的天然朴实，木材竹材的清秀雅致，金银的富丽堂皇，玉石的晶莹剔透，不同的材料具有与生俱来的材料属性。《考工记》中对于材料的论述非常符合我们当下的产品设计。一方面，千万不要因为节省成本而在材料上做减法，这是非常得不偿失的表现，材料的精简非常容易失去产品的品质感，其结果就是价格下来了，在消费者心目中的品质也下降了。另一方面，和古代一样，根据设计目标，选择合适的材料，设计的发展离不开材料的发展，现代产品设计有 CMF 设计行业专门研究产品的色彩、材料和工艺。“材有美”指的是造物中技艺要素，也是造物中的主观因素。古代工匠技艺的形成，一般来源于两方面。一是前人

棉、麻、木材、竹材

经验的总结，这里面又分为两方面，师徒传带言传身教和历史典籍的记载，《考工记》本身就属于后者，详尽记录木工、金工、皮革工、染色工、玉工、陶工六大类 30 个工种的工艺，给后世留下了宝贵的文献资料。另一方面，来源于工匠们自己的亲身体验，工匠们在前人的基础上进行实践研究，将自己的经验成果总结并以或言传身教或文字记录的形式传给后人，这是一个循环往复不断上升的过程，保证了传统造物智慧的上升和流传。

总的来说，《考工记》这部手工业著作从主观和客观两方面阐述了传统造物的基本哲学思想，这其中就包括了我们本章重点讲述的材料和工艺，我们将它推演到现代产品设计层面，用“形而上”的前人理论指导我们当下的设计实践，并从设计实践中总结基于中国方式的“形而下”的理论方法。

二、中国传统建筑的材料与构建方式

肥梁瘦柱

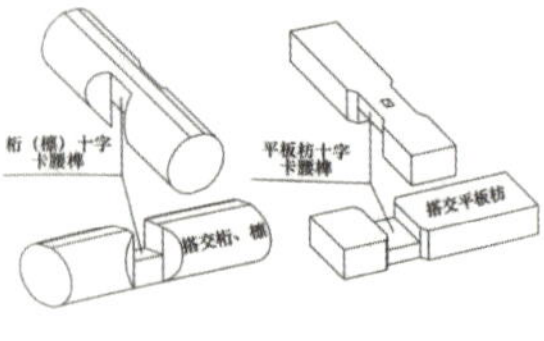

山压檐

1. 木构砖瓦的中国传统建筑

中国传统建筑体系所运用的材料主要是夯土、木材、石材、砖瓦等，虽品类多样，但从历史的大地域的范围看，在这些材料里面，运用最多的还是木材。大到宫殿宗庙，小到偏宅店肆，木材在中国传统建筑中的运用可谓无处不在。在大屋顶的样式之下，木结构的框架体系构建出传统建筑各种各样的空间形态，灵活多变。历史研究表明，中国传统建筑和家具在结构上具有同构现象，究其原因，凡是运用在家具上的木材结构方式都能运用在建筑上，建筑中的木构建构也能运用在其他的木作家具中，所以传统建筑和家具的结构体系互相影响，共同发展。比如建筑结构中讲求“肥梁瘦柱”，原因是木材的受力特点是“横挑千斤竖承万”，家具的木作结构中也有类似横竖构成的榫卯结构，“山压檐”的开口做法效仿的就是建筑梁柱关系的受力特点。

建筑材料决定建筑的结构形式。如图 5–1 所示，中国传统木砖建筑——徽派建筑与西方传统石材建筑——意大利阿尔贝罗贝洛的石顶圆屋住宅的对比，我们可以看到，材料的不同除了造成视觉感官效果的不同之外，还造成了如图 5–2 所示，中西方建筑结构的显著不同。中国传统建筑以木材为主，以木材构架的最合理结构是梁柱结构，西方传统建筑以石材为主，以石材构架的最合理结构是券拱结构。如图 5–3 所示，显示了应县木塔与科隆大教堂在结构方面的细节。

当建筑的结构方式不同，又带来了开间的差异。如图 5–4 所示，同是最高等级的宫殿建筑对比——北京故宫和法国凡尔赛宫。因为材料的差异和结构的差异，北京故宫呈现出柱网结构密集、开间小的特点，法国凡尔赛宫呈现出券拱结构、开间大的特点。

图 5–1：中国传统木砖建筑——徽派建筑（左）与西方传统石材建筑——意大利阿尔贝罗贝洛的石顶圆屋住宅（右）

图 5–3：应县木塔斗拱结构 与科隆大教堂尖肋拱顶结构

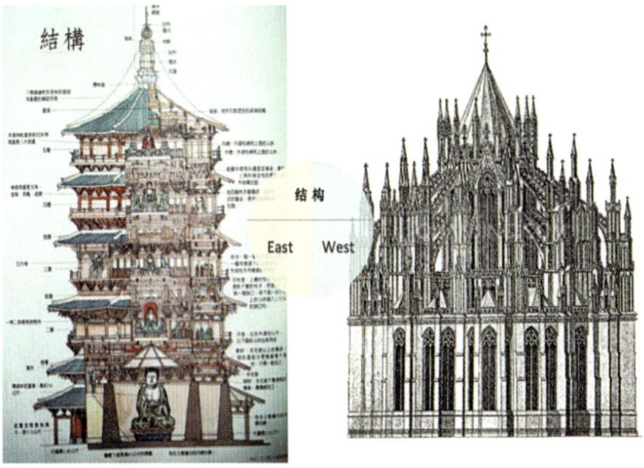

图 5–2：中国传统梁柱结构——应县木塔与西方券拱结构——科隆大教堂

图 5–4：中国传统木建筑柱网结构密集，开间小（左：故宫）与西方传统建筑采用券拱结构，开间大（右：凡尔赛宫）

2. 中国传统建筑构件——斗拱与梁柱

斗拱是一种复杂的，并且在西方人看来也是颇为神奇的梁柱结构部件。它由斗、拱以及梁枋组成。图 5–5 是一组示意图，显示了斗拱单元从简单到复杂的理想化发展序列。斗拱位于屋檐之下，梁柱之间，起着承上启下、传递荷载的作用——由屋面和上层构架传下来的荷载，通过斗拱传给柱子，再由柱传到基础；同时，斗栱向外出挑，可把最外层的檐桁挑出一定距离，使建筑物出檐更加深远，造型更加优美壮观。复杂的斗拱之所以必要，有诸多理由。首先，这一体系可以保护建筑物免受自然因素的侵害。榫卯结构使木构架柔韧坚固，有利于抵御地震。斗拱大量节点中的相互摩擦对于阻抑和分散突遭振动时所受的外力，特别是水平方向的破坏力，是至关重要的。由于斗拱可使屋顶从墙面上方向外伸出许多，所以能够保护墙面不被雨淋。对于木制的因而易于受潮的柱子来说，这也是必要的。除了实用功能外，这种斜坡状并略呈下弧形的屋顶也具备令人愉悦的审美效果。它们赋予整个建筑物一种庄严而优美的轮廓（图 5-6）。支撑这种宽大的悬挑屋顶曾是中国营造者们所面对的基本结构问题之一，加之它还必须承受屋面瓦件的巨大重量，使这一问题变得更加严重。斗拱体系从结构上成功解决了这个问题，也被证明是最经济的方式。用大量的小部件所组成的支撑构架替代粗大的梁木，使建造者可以充分利用木材。中国的营造者们就这样巧妙地利用了木材资源。他们可以用数量有限的原料建造更大的构架和更多的建筑。然而，他们的方法具有非常高的劳动密集性而且需要高超的技艺。面对耗费更多木材还是更多劳动的选择，营造者们选择了后者。为了补偿有限的自然资源，中国人从来不回避大规模的投入人的劳动和智慧。

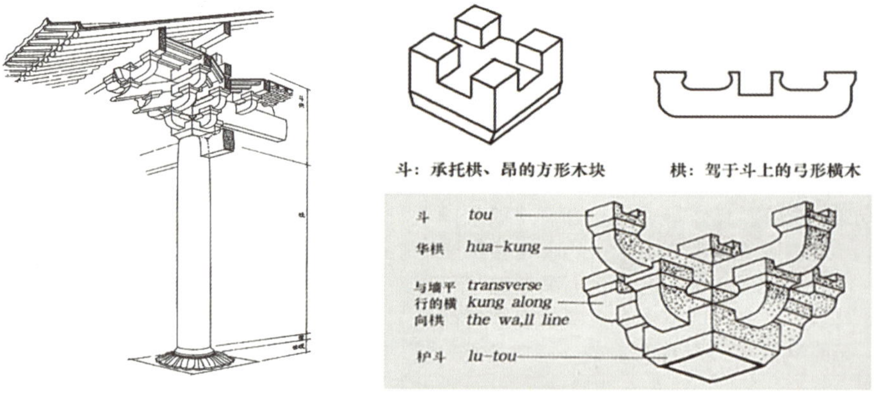

图 5-5：斗拱结构示意图

图 5-6：集功能性与装饰性为一体的斗拱结构

3.《营造法式》与古代建筑标准

梁思成先生曾经对斗拱的研究发现："所谓斗拱，是在宋《营造法式》和《清工部工程做法则例》中解释得最详尽的。它是了解中国古代建筑的钥匙，它在中国建筑上之重要有如欧洲、希腊、罗马建筑中的'五范'。"《营造法式》作者李诫，在浙江杭州建筑工匠喻皓《木经》的基础上完书，出版于宋崇宁二年（1103年），是当时建筑设计和施工经验的集大成者，是古代关于建筑技术最完整的书籍，标志着中国古代在建筑方面的研究达到一个新高度。《营造法式》关于建筑材料与构建的成就主要有以下几点：

（1）模数思想的运用，这是中国古代建思想中留给后人最宝贵的一笔。一般意义上认为，模数来源于西方，但雷德侯在《万物》一书中表明，中国传统造物思想史上有深厚的模件和规模化生产思想。中国古代建筑以梁柱为构架体系，梁柱体系形成开间，开间的上一级是建筑物本身；若干建筑物按一定次序排列，有了院落；若干院落相连，便成了建筑群。所以，中国古代建筑的规模不以大小，而以群组。要完成建筑群的建造，必须协调各方面的加工制造手段，要有统一的尺寸、统一的标准，以便后期快速装配集成。模数思想解决的就是统一尺寸和标准的问题。

（2）技术和经验的总结。为了施工方便，《营造法式》总结了多种前人建筑施工过程中的技术和经验。比如，列举了圆、方、六棱形、八棱形等形体的直径、周长、斜边长的比例关系，《营造法式》中多用比例的概念制定规则，比如1/2处、1/3处等等，而不是具体的数值概念。因为大小总是变化的状态，但无论放大缩小，比例尺度作为精髓是不变的，这也算是古人造物留给后人经验的特点之一。

（3）装饰与结构的统一。除了技术性的尺度概念，《营造法式》对砖石、木作、彩画等明显呈现装饰性特征的建筑构件做出了详尽的图样说明，表现出对装饰和结构的同等重视。比如中国传统的斗拱，本身就具有彩绘装饰的艳丽效果，《营造法式》在规定它们尺寸比例的同时，记录了轮廓和曲线的特别加工方法，使之呈现出优雅的艺术效果。在保证建筑构件功能性的同时，稍作艺术加工，使视觉上保持令人愉悦的感官效果，但并不"喧宾夺主"，这是中国传统建筑思想对艺术的贡献。

（4）设计的灵活性。虽然《营造法式》对各部件比例尺度做了严格的规定，但因为没有具体尺寸限制，工匠们可以在根据比例随意放大缩小。当放大和缩小的比例达到一定的程度，难免产生一定的误差和偏差值，对于这个可能性，《营造法式》做出了“随宜加减”的附注，允许建造者们在保证大尺度和比例的前提下，根据实际情况作出灵活的增减改变。

（5）建筑管理的严密性。《营造法式》全卷中，花了大量的篇幅规定劳动力标准、材料消耗标准和质量标准，足见其对于建筑施工管理的严密性。在规定劳动力标准工值时，甚至按不同时节出工时间的长短进行了计算。春秋昼夜基本等长，春秋季出工为中工；冬季昼短夜长，冬天出工视作短工；夏季昼长夜短，夏季出工视作长工。在计算工值时，长工和短工分别在中工基础上加减10%。

4. 王澍建筑创作中的旧材料运用与造物观

普利兹克建筑奖首位中国籍得主王澍的建筑普遍遵循低技术的生态观，遵循中国传统没有定势的自然造物观来设计现代建筑，以夯土为核心进行自然建造。在一次国际论坛上，王澍说：“古人云：‘他山之石，可以攻玉’，别的山上的石头，能够用来琢磨玉器。比喻别国的贤才可为本国效力，别国的优秀文化可以拿过来为我们所用。但我们现在做的是，把别人的石头拿来，把自己的玉丢了。”[1] 王澍所说的这一现象与当下无处不在的全球化不无关系，全球化给城市建筑带来了巨大的影响，一方面城市化的进程过快，很多建筑没有经过太多思考就动工开建，造成了极大浪费，另一方面，中小城市在城市化的进程中逐渐失去特色，一味向大城市靠拢，造成“千城一面”的结果。1997年，王澍和妻子陆文宇创办“业余建筑工作室”。“业余建筑”的提出，就是王澍以一己之力，以独立的姿态，面对城市化进程建筑设计不思考、中小城市建设丢弃本土文化现象的批判。王澍这样阐释“业余”：“业余强调的是对于设计观来说，自由比死规则有更高的价值，并且乐于见到由于对信用扫地的权威的质疑所带来的一点小小的混乱。”王澍通过自己一系列的行动呼吁：本土文化所呈现的文化个性才是现代城市和建筑最有价值的地方，如果每个地方都认为别人的建筑、城市面貌好，一味向一线大城市看齐，那所有的城市只能是“千城一面”了，这是非常可悲的。

纵观王澍的历年作品，不管是方案还是已建成，均具有很高的辨识度。

（1）取法古代字画，自然营造。王澍对中国传统文化颇有兴趣，向往古代文人的生活方式，临摹古代书法和山水画，提取书画中的意境表现手法，运用在建筑设计中。比如，反复临写钟繇的《宣示表》，提取其中的布局特征，体

1　联合国教科文组织等机构举办的“文化：可持续发展的关键”论坛（2013年5月15日至17日）.

现在中国美术学院象山校区的总体规划设计上（图 5-7）；反复临摹陈洪绶的《五泄山图》，提取其中的意境与景观格局，体现在上海世博会宁波滕头案例馆的设计中（如图 5-8）。

图 5-7：上海世博会宁波滕头案例馆 王澍（左）与陈洪绶《五泄山图》（右）

图 5-8：中国美术学院象山校区 王澍（左）与钟繇《宣示表》（右）

（2）取法传统建筑形式，再创造。从王澍的建筑中，我们能时时刻刻感觉到传统建筑的影子，但只是感觉，并不是传统建筑的完全复制。王澍很好地将传统建筑的形式与当代创新进行了有机整合，使传统散发出新的生命与活力。

（3）“无序”造园。“序”仍是秩序的意思，但在王澍的手下，秩序并不是人为的规划设计方法，而是自然之“序”。王澍从来不按当下所谓的“规划设计方法”来进行建筑和景观设计，他尊崇的，只会是实际的情况，因地制宜，灵活而多变。

（4）利用废旧乡土材料，手工堆砌。在宁波博物馆和中国美术学院的象山校区，王澍的建筑中大量使用砖、瓦、石等旧材料，加上老工匠艺人的手工改造，使建筑形态从内到外，从设计到本质，都带有中国传统本土文化的根基。

（5）浓缩自然与生活。这应该是造园的最高境界，使人造物呈现出于自然生活融为一体的感觉。如图 5-8，上海世博会宁波滕头案例馆，馆中的水池、坡道、瓦爿墙、爬山虎等等，无不散发出滕头村的的自然生活气息。在图 5-9 中，苏州大学文政学院图书馆的入口空间，使用了大量的小品营造氛围，感受到生活自娱的快乐。

图 5-9：苏州大学文正学院图书馆

三、 中国传统家具的材料与构建方式

黑檀木、红檀木

金丝楠木、黄花梨

乌木、紫檀木

1. 中国古典家具材质

要分析中国古典家具的材质，我们不能不选取明式家具作为我们的讨论目标，因为明代是我国家具史上最辉煌的时期，其生产制造的明式家具选材讲究，制作精良，是世界家具发展史上非常重要的一环。明代家具中使用的都是硬木材质，即红木，包括黑檀木、红檀木、紫檀木、黄花梨、金丝楠木、乌木等等。这些木材质地坚硬，性质稳定，色泽优雅。因为材料致密，所以非常便于做精细的加工，使家具形制呈现出精巧细致的特点。同时，又因为材料本身色泽优雅，不同品种的木材具有特定的颜色与光泽，所以红木家具后期无需进行油漆等覆盖式的工艺，只需打蜡封闭，对木材进行保护。蜡是无色无味的天然保护材料，有利于体现木材本身的天然之美，非常符合中国传统审美中对“厚质无文”的追求。如图 5-10 所示，黄花梨木的家具清秀雅典，“材美”“工巧”两大要素均得到了很好实现。另外，非常重要的一点，家具材料的发展可以说是家具新产品出现的前提条件。如图 5-11 所示，只有使用了黄花梨等优质红木，曲度如此大的 S 形圆弧椅背才有可能出现。

图 5-10：黄花梨木家具　5-11：交椅图

2. 明式家具的灵魂结构——榫卯

长江中下游的河姆渡文化的木结构房子中榫卯结构的最初形态

不同于西方传统家具依靠金属连接件的结构做法，明式家具的手法独树一帜——利用榫卯结构接合。榫卯，即在家具的两个构件上采用凹凸部位相结合的方法。凸出部分叫榫（或叫榫头），凹进部分叫卯（或叫榫眼、榫槽）。榫卯结构是中国传统家具的灵魂。利用榫卯结构接合，传统家具不需钉不需胶，却能保持几十年甚至上百年的牢固不松动。因为榫卯就是家具本身木头的材质，所以与西方家具的金属连接件不同。金属连接件质量往往不如家具本身，使用几年就会出现金属件锈蚀、磨损甚至断裂的情况，需要经常修缮。而榫卯本身就是红木制成，只要家具不坏，榫卯连接件与家具的寿命是相同的，不会出现经常需要维修的情况。其实榫卯并不是到明代才发明出来的，事实上，榫卯结构在我国历史上可以说源远流长。考古学发现，公元前 5000 年至公元前 3300 年，长江中下游的河姆渡文化的木结构房子中，就出现了榫卯结构的最初形态。因为我们前文也分析过，中国传统家具和建筑在结构上具有同构性，后期，榫卯结构随着明式家具的发展也达到高峰。第一个对榫卯进行深入透彻研究的是杨耀先生，他也是我国第一个研究明式家具的学者。1948 年，杨耀先生在《北京大学五十周年纪念论文集》发表《明式家具的艺术》一文，对明式家具的榫卯进行了详尽的图文总结，包括格角榫、综角榫、明榫、闷榫、通榫、半榫、托角榫、长短榫、抱肩榫、勾挂榫、燕尾榫、穿带榫、夹头榫、削丁榫、穿楔、走马楔、盖头楔等等。

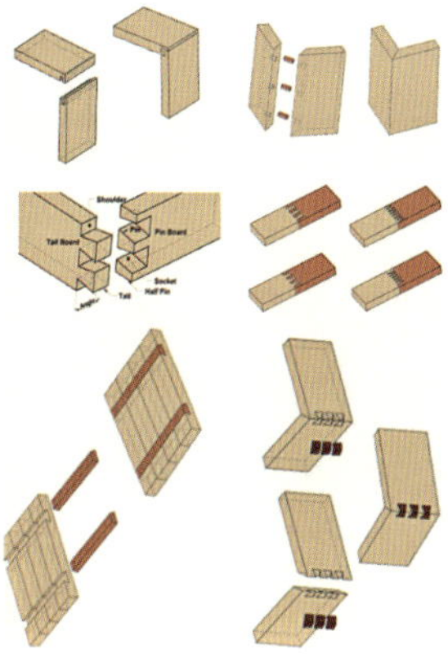

图 5-12：榫卯结构示意图

3. 中国传统家具材料与构建的现代演绎

竹子的种植在中国有悠久的历史，中国人很早就懂得用竹材制作生活中的日常物件。尽管历史悠久，但目前市场上缺少能体现精湛竹工艺的成品，加之历史上的竹器都是篮子、蒸笼、簸箕等物，人们很难将竹材和高端联系在一起。1996年，钟情于竹的石大宇[1]从美国返回中国台湾，成立设计生活品牌“清庭”，力图将有设计感的生活形态带入普通大众的视野，打造中国原创设计。2010年设计竹椅作品“椅君子”（图5–13）、“椅琴剑”（图5–14），双双夺得红点奖。2011年，石大宇推出《竹计划》（图5–15）：展览现场用竹材构建竹房，利用竹纤维的韧性与弹性，使竹房的抗震性能大大提升。将竹地板与LED光源结合，LED光源藏在地板之下，形成一种新的建材“竹光”，这是“竹计划”中最令人惊叹的一个方面。竹光利用竹材的透光性，兼具了地板和照明两大功能，无需另外铺设灯光源，既节约了能源，又在无形中拓展了室内空间。另外，石大宇还邀请多位国际知名设计大师，以竹为材料进行生活用品的再设计，并在竹房内进行展出。“竹计划”——竹房、竹光、各式竹材生活用品，是石大宇先生面对当下严峻的环保问题，基于中国传统文化的发展脉络，选取中国传统材料，以中国人的方法方法发展出的解决方案。

图5–13：“椅君子”

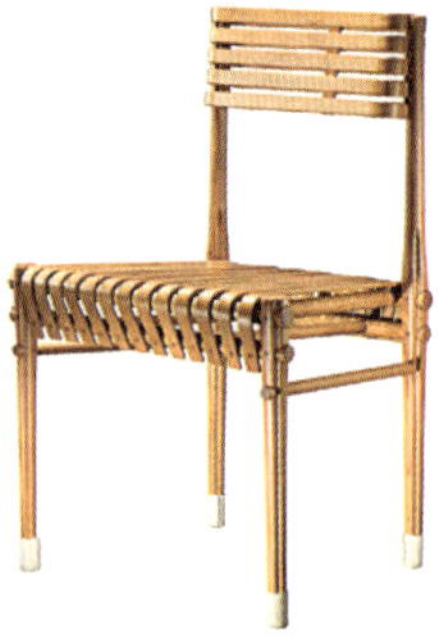

图5–14：“椅琴剑”

图5–15：“竹计划”

1　石大宇，知名美籍华人设计师、设计生活品牌“清庭”创办人暨创意总监，1989年毕业于美国纽约时尚设计学院(Fashion Institute of Technology)，1992年起任“钻石之王”（Harry Winston）珠宝公司设计师，是该公司历史上首位华裔设计师。1996年获戴比尔斯国际钻饰设计大赛大奖(DeBeers Diamonds International Awards)，成为该奖首位华裔获奖者。同年返回中国台湾成立设计生活领导品牌“清庭”。“清庭”引进全球顶尖设计生活物件，提供消费者与全球同步的设计美学场所，2010年7月于北京成立清庭设计中心与概念店。

上文说过，凡应用在木材上的技术几乎都可以应用在建筑上，建筑中的木构技术也完全可以应用于其他木作工艺上，中国传统家具和建筑大木在结构上存在同构现象。现在我们将这种木材的构件方式运用到现代产品设计中，不仅可以用于家具设计体系，在其他的家居产品设计方面同样可以体现出古人的造物智慧。我们在前文审美与抒情一章中所例举的半木“你我同舟”烛台，表现出强烈的高于视觉美学的意境美，也表达出中国人对于合作、聚合的美好愿景。现在，我们将用传统榫卯结构的现代应用来对烛台的结构做一简单分析。楔钉榫（图 5–17 右），又名销钉榫，通常用于连接弧形的木材。弧形木材切割，上下两片出榫相互嵌接，在中部插入楔钉，保证两片木材紧密连接，不产生位移变化。“你我同舟”烛台所运用的榫卯结构正是楔钉榫，如图 5–17 左我们自绘的烛台结构示意图，左右两个烛台相互拼合，但此时尚不能成为一个整体，所以我们需要中间的木条结构，从两个烛台拼合好的孔穿过，即可将两个烛台牢固的连接为一个整体。利用实木榫卯结构，可拆可合，用精致巧妙的结构来预示“你中有我，我中有你”“百年修得同船渡”的美好寓意。

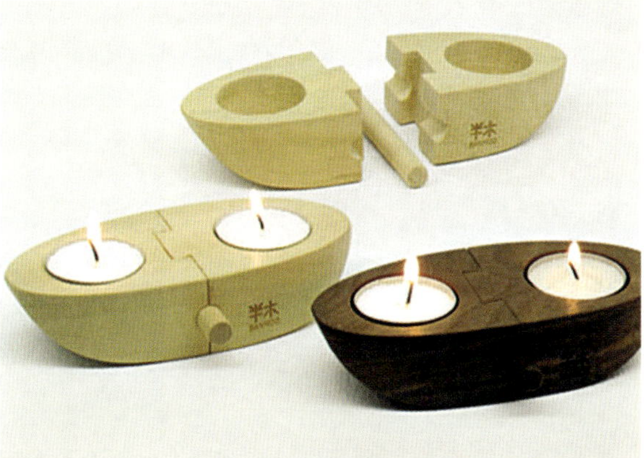

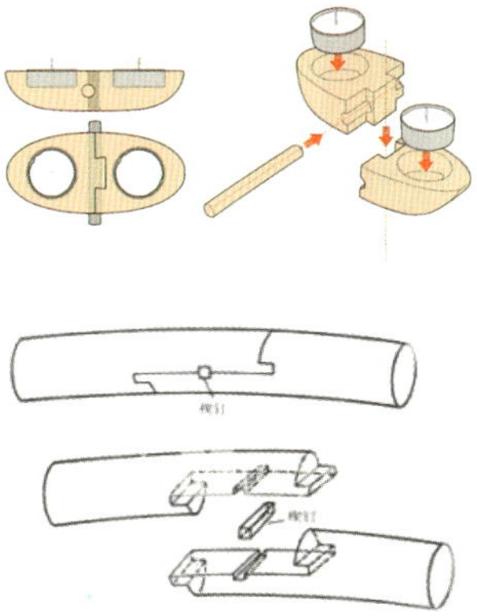

图 5–16：“你我同舟”烛台 半木（左）
图 5–17：“你我同舟”烛台透明结构演示图 对比 楔钉榫（右）

从古至今几千年来，不管是建筑、家具还是一些木作器具，榫卯结构在其中所起的作用基本上都是结构作用，即作为部件与部件之间的连接构件。现在我们想做一些改变，用现代工业产品设计的方法，将榫卯结构的智慧运用于当代文房产品设计，使榫卯不止于是连接构件，更可以成为功能构件，传统榫卯构件在我们的设计中得到人文化的华丽转身（图 5–18）。

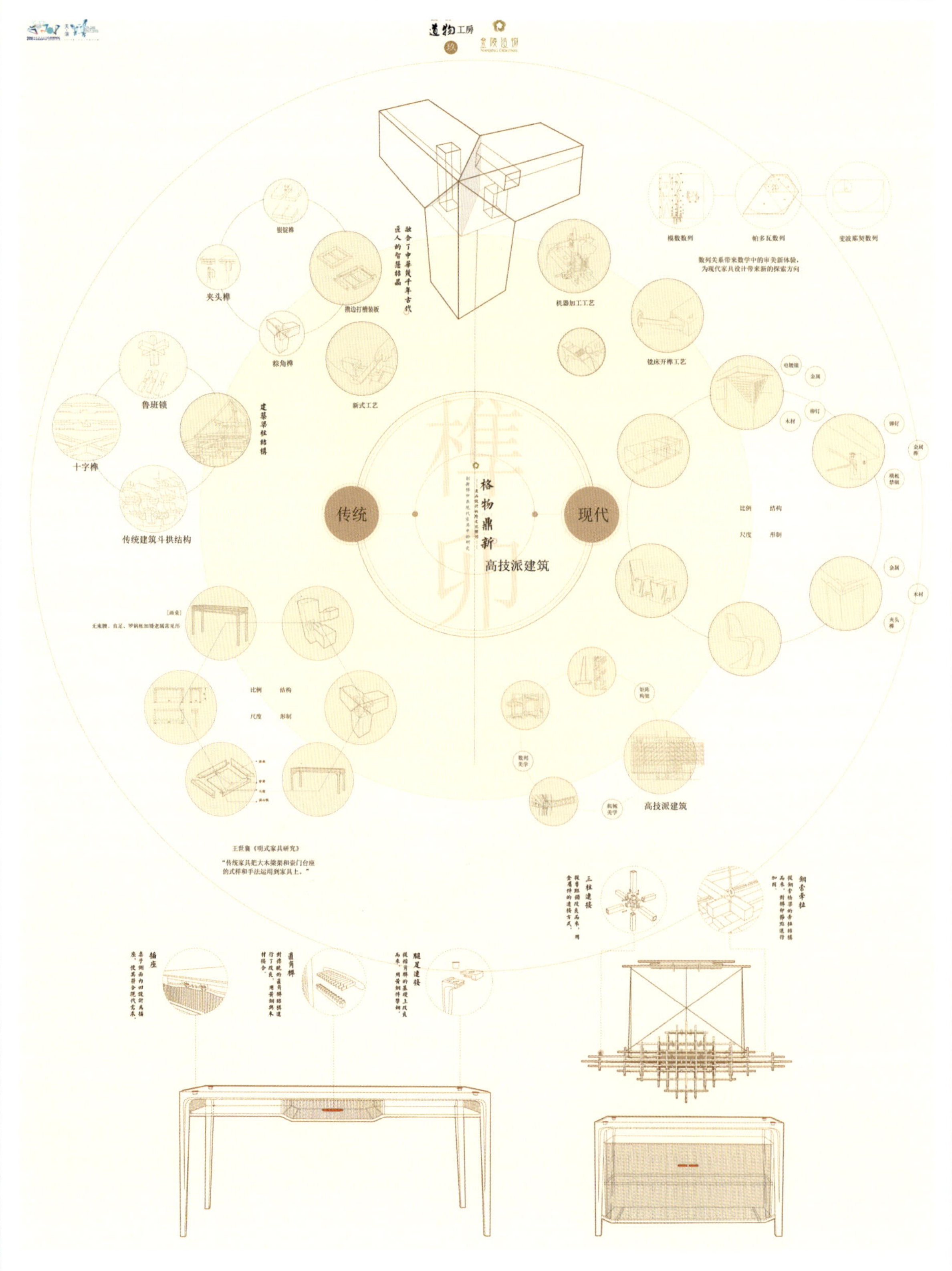

图 5-18：中国传统榫卯结构与现代榫卯结构应用比较逻辑图

2012年南京文化产品设计系列中，我们取南京著名的文化地标“秦淮河”之音，将中国方式融入现代设计思维，展现了一套现代办公桌面文具，取名为秦淮盒，“盒”字谐音“河”。秦淮盒内部12小件的设计巧妙利用榫卯的拼接方式，寓意融合、和谐的理念，因此又可称之“秦淮合”。盒内物品可拆分为12小件，分别是：笔筒，便签盒，照片架，储物盒，名片盒，手机座，胶带座，放大镜，磁吸座，U盘，纸镇，A4纸盒，各小件完美契合，充分展示了中国传统榫卯结构之美。比如，整个盒子的外盒（A4纸盒）、连同纸镇和U盘，三件器物用插销榫的形式设计为相互咬合的“机关”状态，必须按照拔出U盘、抽出纸镇的顺序，才能将盒子打开（图5-19），插销榫智慧的运用保证了盒子关闭状态下的紧密度；再比如手机座和胶带座，运用燕尾榫的组合方式，分开后燕尾榫的榫头成为了手机的绕线器，燕尾榫的卯成为了胶带座的胶带裁切口。一套桌面文具，运用榫卯智慧，体现现代功能创新，这是我们将传统榫卯智慧进一步升华为功能创新的尝试。“合”，聚合，天作之合，“秦淮盒”的寓意正与此相符，符合中国人的美好愿景。

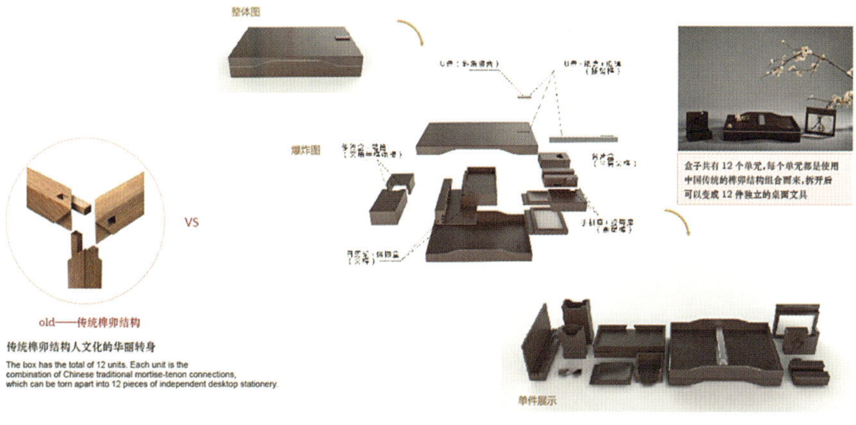

图5-19：传统榫卯结构（左）对比南京文化产品“秦淮盒”结构拆解爆炸图（右）

图5-20：A4纸盒+U盘+纸镇的插销榫运用方式及手机座+胶带座的燕尾榫运用方式

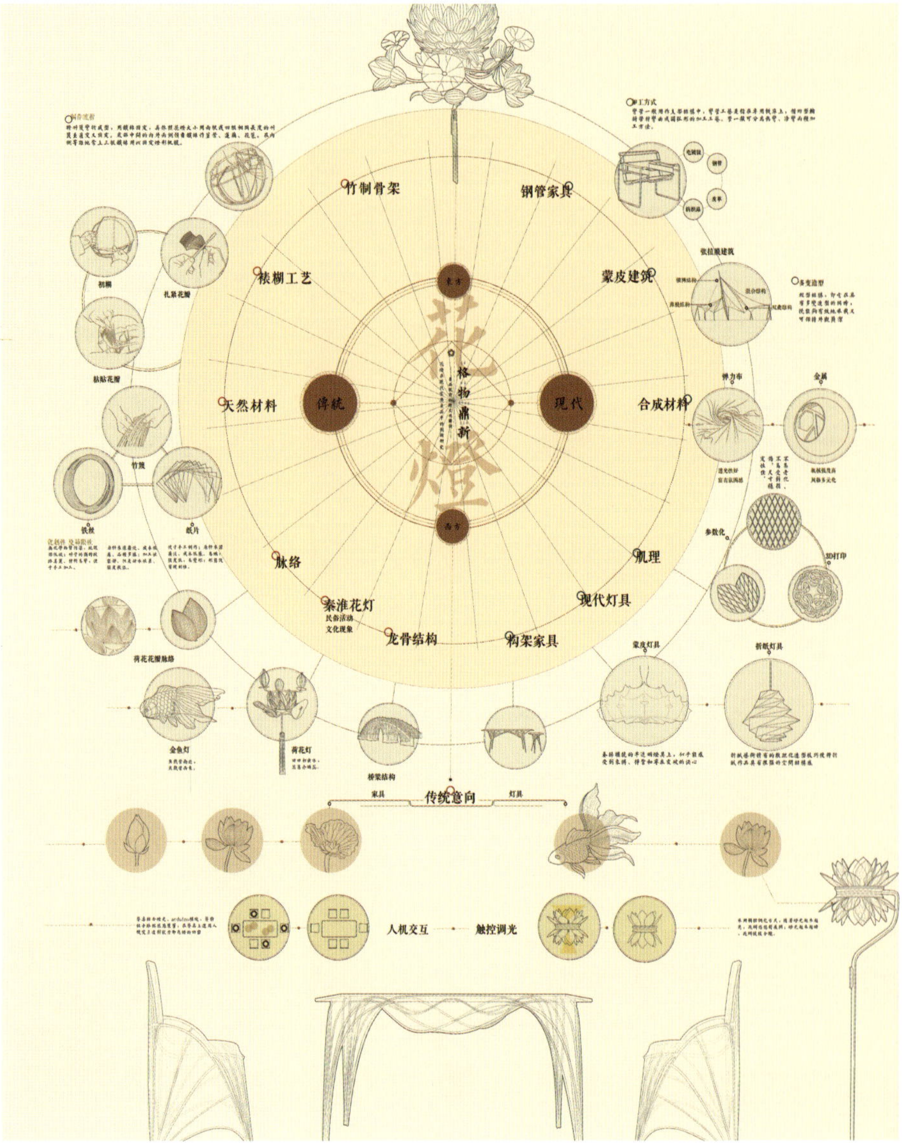

格物 · 鼎新

2018年笔者所带毕业设计主题是格物·鼎新，来源于《礼记·大学》：“致知在格物，物格而后知至。”格物，意为探究事物的道理。引申为对中国非遗手工艺，中国传统造物文化的研究。鼎新，指去旧；更新、革新。在此引申为创新，表明了我们希望通过“跨文化解读”的方式对中国传统文化传承与创新之志。产品设计的跨文化解读是通过地域的文化内涵延伸到产品的外在形象上的，只有准确掌握本土化设计要素的人文特征，理解传统设计要素延续的内涵，正确选择设计文化发展的参照系统以供“全球化”解读，在满足公众文化精神需求的同时，以新型设计文化的理论体系，构建现代设计的价值和思维方式。

教学案例1:

在细致研究中国传统木作技艺——榫卯之后，我们设计了一个书桌、一个矮柜以及一个矩阵灯具。书桌和矮柜按照中国传统明式家具的比例，结合当代生活空间尺度与生活方式，比如桌面电子产品的插座连接问题，并运用传统榫卯的连接技艺，创新后通过回归手工的方式来实现木作家具给生活增添温暖之感。矩阵灯具是将榫卯的连接方式与西方数列（帕多瓦数列、斐波那契数列、模数数列）的一种结合尝试，在此我们积极探索中国传统工艺与西方现代几何美学结合的可能性，同时该灯具设计中也加入了现代交互技术，可以通过感应的方式调节灯光的变幻。

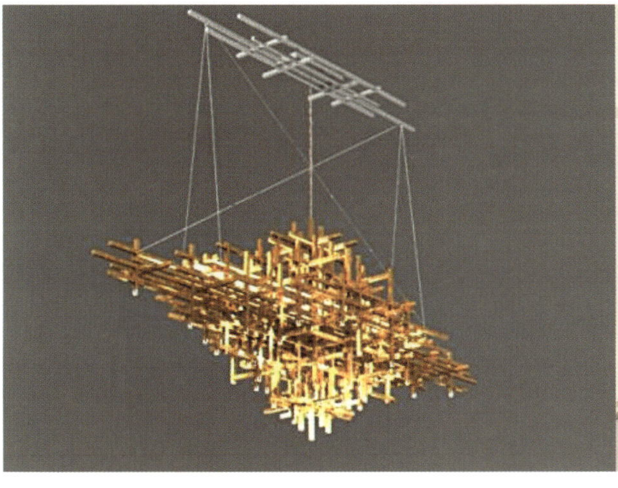

学生作品：《格物·鼎新——榫卯》
作者：王甜甜　黄杰峰　康子杨

四、中国传统器物的材料与工艺方式

材质，指的是材料的质地；材质美，则是指材料本身质地所展现出来的美感。人类物质生产的材料有着独特的体系和发展。以骨、石、铜、铁、锡制造工具狩猎生产，以皮、毛、葛、麻、丝成衣掩形御寒，以竹、陶、漆、瓷、玉支撑日常生活装饰，以金、木、水、火、土杂糅成就万物。材料的多样性带来了造物设计的多样化，同时又制约着造物设计。古代设计从范畴的扩大、种类的增加、选材的撷取，到造型形态、装饰风格的变化和制作工艺的改进，都与人们对自然界认识水平的提高和科学技术的进步密切相关。从直接利用石、玉、木、竹等天然材料，到人工材料陶的出现，乃至青铜等复合材料，都是人们技术水平不断进步的结果。

比如从材质发展来看中国传统家具，最大的特点就是“恋木情节”，很多古书都对此有所记载。北魏贾思勰就在《齐民要术》“五种槐柳楸梓梧柞”一文中写到“凡为家具者，前件大皆所适种”。家具发展与木作技术发展是相生相息的。

> 这主要是由三个原因决定的，首先，最重要的，就是由人们的居住环境决定的。传统的木结构建筑决定了木制家具的与之配套；其次，古人信奉神灵，他们相信用富有灵性和生命力的树木制作家具，便也赋予了家具生命；最后，上升到精神层次，木材料的温暖、淳朴的特性正与中国古人质朴的审美观不谋而合。

从工艺特色来看传统家具的发展，最大的特点就是物尽其用，精雕细刻，这点在珍贵材料，如黄花梨、紫檀等的使用上，表现得更为明显。据传，明代苏做黄花梨家具，完成之后，连一段黄花梨的余料都不留下，有花纹的部分皆被用在坐面靠背等重要之处。家具装饰手法繁多，光是镶嵌材料就有玉石、象牙骨料、螺钿等。从传统家具的总体特征可以看出，传统家具最重要的组成部分便是它的材质，材质传载着它的功能，形态，见证着工艺的进步，审美需求的改变，还被赋予了这个民族的精神追求和鲜明特性。

在现代产品的设计过程中，材料的重要性不言而喻。一方面，我们根据设计的具体需求寻找合适的材料，另一方面我们在寻找材料、利用材料的过程中又能激发创意，给设计带来意想不到的闪光点。产品设计材料的找寻，我们可以依托不同的文化背景，也可以依托不同的学科背景。在今天大多数的设计活动中，我们对于材料的研究主要体现在：一是对于新材料的关注，创新永无止境，材料的发现研究同样如此；二是不同材料的跨界组合，随着科技的发展和设计经验的增加，我们可以将很多以前无法组合使用的材料组合到一起，给人们带来全新的体验。

教学案例 2：

2012 年，在中国传统造物智慧启迪新研究中，我们与海尔合作，利用中国传统的色彩、材料、工艺，建立关于海尔白色家电的 CMF 构想。经过我们的调研，我们梳理出红木、陶、瓷、琉璃、大漆、玉、青铜、金银、丝绸等九种中国传统器物中使用的典型材料，以及他们各自分别对应的工艺——木艺、陶艺、漆艺、玉雕、青铜工艺、金银工艺、刺绣工艺，并对这些传统材料与工艺在当代设计中的体现做了分析，这些为我们首次创新性的将传统与工艺的元素运用在现代白色家电 CMF 的设计中奠定了基础。

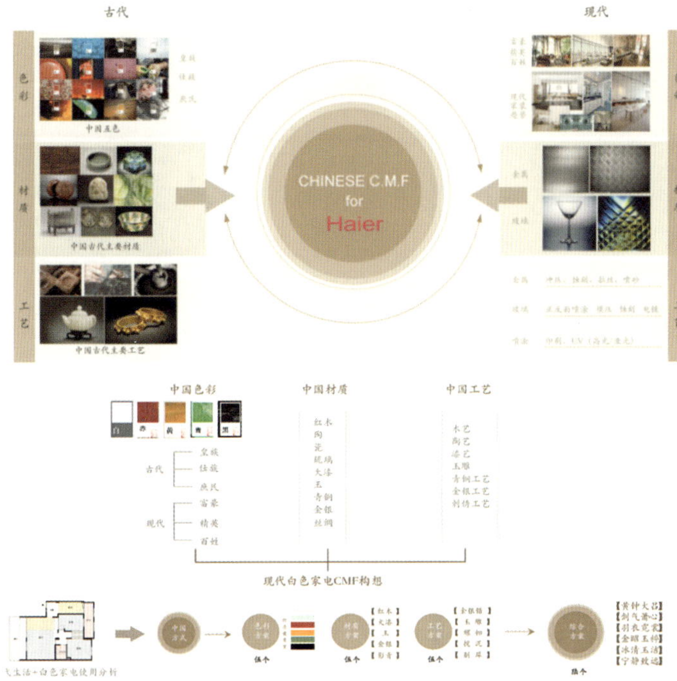

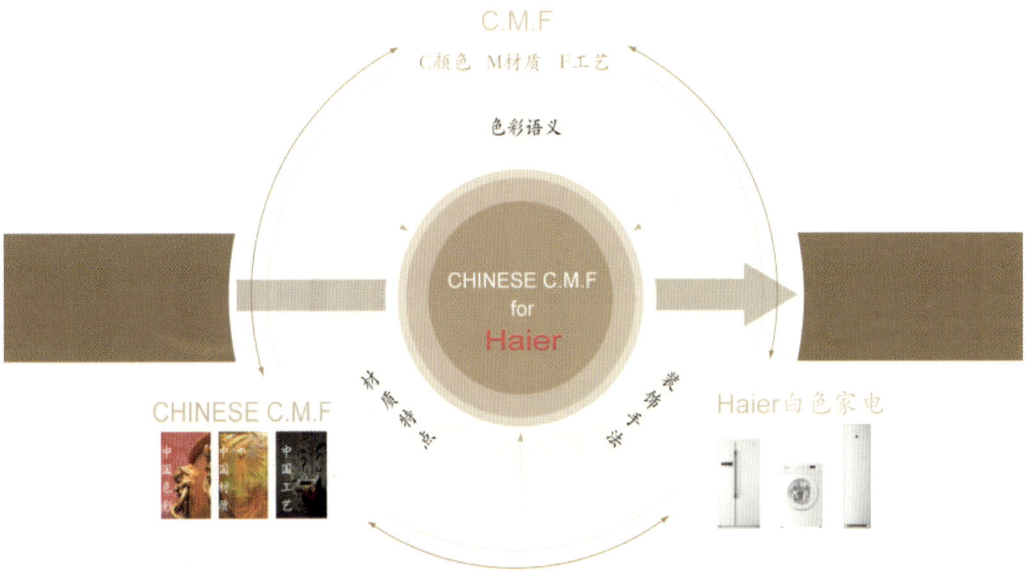

图 5-23：中国传统造物智慧启迪新研究——白色家电 CMF 构想，海尔 · 南京艺术学院

2012年，我们与海尔进行合作，探讨中国传统造物智慧启迪新研究——关于海尔白色家电的CMF构想，这一项目我们在前文伦理与等级方式一章中已在“色彩等级”部分选取“黄钟大吕”和“冰清玉洁”两个CMF设计案例做了对比，现在我们从材料和构件的角度谈谈其他几个案例。

教学案例3：

海尔白色家电的CMF构想，“黄钟大吕”和“冰清玉洁”

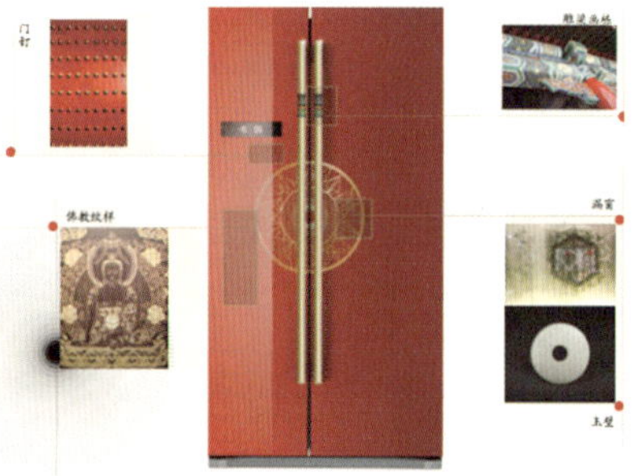

“黄钟大吕”

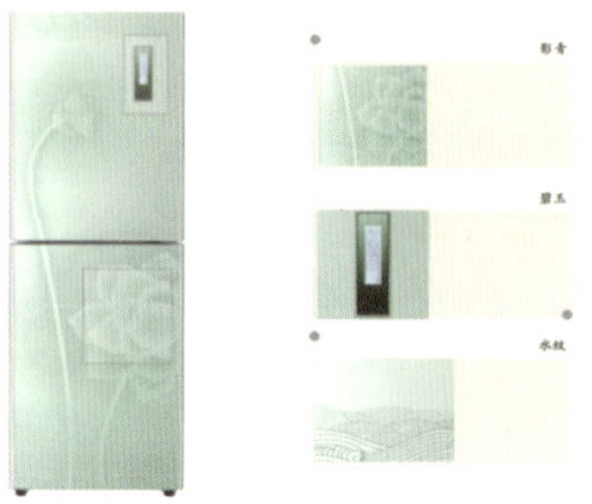

“冰清玉洁”

剑气箫心，犹剑胆琴心。比喻既有情致，又有胆识（旧小说多用来形容能文能武的才子）。方案选取中国传统青铜器的纹样和青铜剑的纹样进行叠加变形，这两种纹样都是中国传统的方式。但在用软件进行纹样叠加变形的模拟中，我们发现了一个奇妙的现场——冰箱整体方案在软件界面中的方法缩小，模拟人眼看到冰箱面板的距离远近，放大缩小的过程我们发现叠加后的图形会产生视幻的图形变化（图5-24），即人眼距离冰箱面板远近距离不同，看到的纹样也不同。这一现象让我们非常欣喜，于是我们不断修改调整两层纹样的设计，使“剑气箫心”方案最终呈现出刚直、豪气、超然豁达的神奇视幻效果。

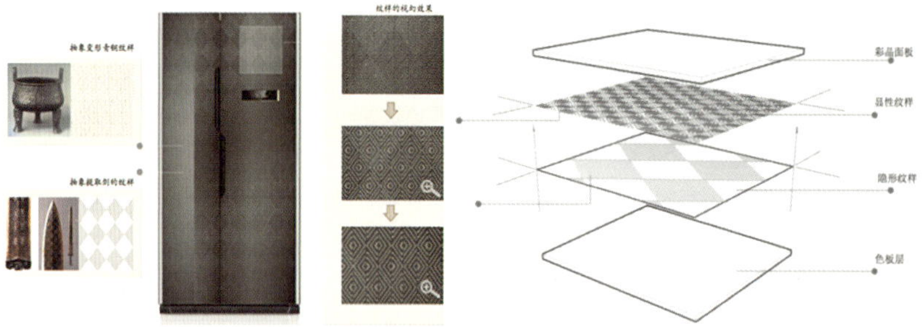

图5-24：中国传统造物智慧启迪新研究——白色家电的CMF构想　剑气箫心平面设计图工艺说明

场景使用图

教学案例 4：

金昭玉粹，指如金玉之明美。这个方案的灵感主要来源于中国传统材料中的金和玉，中国传统工艺中的金银错和釉面开片。金银错，是我国古代在青铜器上做金银图案纹饰的方法，主要有镶嵌法与涂画法两种方法，镶嵌法第一步首先是作母范预刻凹槽，以便器铸成后，在凹槽内嵌金银。其次是錾槽，铜器铸成后，凹槽还需要加工錾凿，精细的纹饰，需在器表用墨笔绘成纹样，然后根据纹样，錾刻浅槽，这在古代叫刻镂，也叫镂金。再次是镶嵌金银，最后磨错，在金丝或金片镶嵌完毕后铜器的表面并不平整，必须用错（厝）石磨错，使金丝或金片与铜器表面自然平滑，达到严丝合缝的地步。涂画法是汉代金银错的主要装饰手法，即用融成液体的黄金碎片在青铜器上涂饰各种错综复杂的图案纹饰，或者涂在预铸的凹槽之内。釉面开片是哥釉瓷的重要特征，这是发生在釉面上的一种自然开裂现象。开裂原本是瓷器烧制中的缺陷，后来人们掌握了开裂的规律，有意识地让它产生开片，从而产生了一种独特的美感。宋代哥釉瓷釉质莹润，通体釉面被粗深或者细浅的两种纹线交织切割，术语叫作“冰裂纹”，俗称“金丝铁线”。哥窑瓷土脉微紫，质薄，有油灰色、米色、粉青色三种瓷釉彩，表面满裂纹。金和玉在中国传统文化中具有十分吉祥美好的寓意，我们现在取其意，利用金银错和釉面开片的特殊质感，结合现代平面图案美学，用于挂式空调面板的 CMF 设计，中国的金色，中国的金玉材质感，中国的金丝冰裂工艺，使之产生一种明艳美丽的效果（图 5-25）。

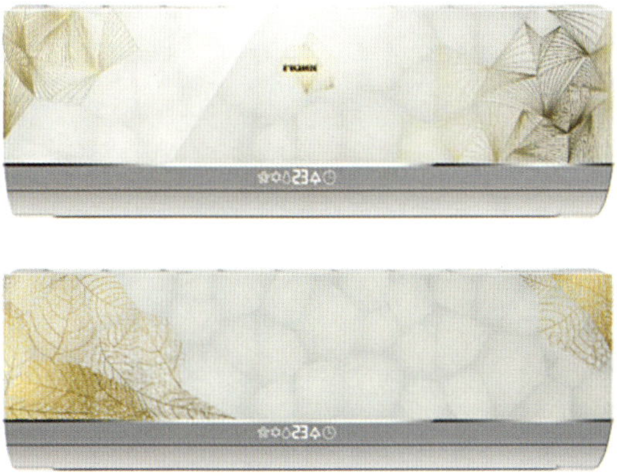

图 5-25：中国传统造物智慧启迪新研究——白色家电的 CMF 构想，金昭玉粹

“宁静致远”，平稳静谧心态，不为杂念所左右，静思反省，才能树立（实现）远大的目标。宁静致远，出自诸葛亮：“夫君子之行，静以修身，俭以养德，非淡泊无以明志，非宁静无以致远。”一个人清心寡欲，平心静气，才能成就大事，才能达到目的，宁静致远是中国传统文化中非常推崇的一种很高的思想意境。我们选取中国传统艺术中的山水画作为设计的意向来源，山水层叠，近实远虚，本身就是就具有一种宁静致远的高原气质，再利用传统漆艺的层叠效果，对面板上的山脉图样做出色彩的渐变效果，显示屏的部分采用水墨笔触，一气呵成。最后在整个面板表层再覆盖一层隐性纹样，形成一种宁静、高远的气势。（图 5-26）

图 5-26：中国传统造物智慧启迪新研究——白色家电的 CMF 构想，宁静致远

横向对比我们的最终方案，CMF 创新设计的共同点是，我们的设计灵感来源一定是中国的色彩、中国的材料和中国的工艺方式，但我们走传统结合现代设计的路线，绝不是目前做 CMF 设计普遍意义上传统纹样的贴面做法，而是将现代设计方法融入传统文化，比如视幻的科技感，比如现代平面设计的平面图形法则，比如彩晶面板制造的多层工艺等，利用现代的技术使传统文化以中国方式的设计方法表现出跨时代的生命力。

2014 年笔者设计了一套编织容器，称之“非编”，非就是用非常规的材料、非常规的工艺方法来制作非常规的容器。在这里没有使用传统如藤、竹带这些带有自身韧性的材料，而选择纸绳来编织，再将表面硬化处理，最终制成固定的形态。这些器物的表面所呈现的是一种有韵律的几何变化，因此也可以称为手作几何美学，可以说也是一种具有传统风格的 CMF, 因此对于器物表面材质工艺的研究并不仅仅局限于平面这个层次。

教学案例 5：

图 5-27：非编器皿

学生作品：《非编》

作者：赵飞

获奖信息：2014 首届江苏文化创意设计大赛“紫金奖”评委会大奖 · 第十二届全国美展终评入围

前文提到的2018年笔者所带毕业设计，将中国传统编织技艺进行深入研究，探索更符合当今生活方式的与现代家具与灯具结合的功能用途。同时还将中国文化、中国方式、中国元素跨文化解读，创新的用在灯具设计与家居（沙发、茶几）之上。

教学案例 6：

将中国文化、中国方式、中国元素跨文化解读，创新的用在灯具设计与家居（沙发、茶几）之上。灯具设计中将竹编这种传统技艺用在灯罩的设计上，尤其是将中国传统文化审美中的重要符号——“山”的意象表达出来。通过竹编形成的“隔”与“透”的层次关系营造优雅的照明氛围。沙发与茶几采用了全新的材料和编织方法，用两种不同颜色的粗毛线在预制好的金属网格中按照一定的规律交错编织，即形成了一种全新的编织式样，同时利用粗毛线的厚度满足沙发的舒适度。

图 5-28：传统编织工艺设计的“远山”灯具

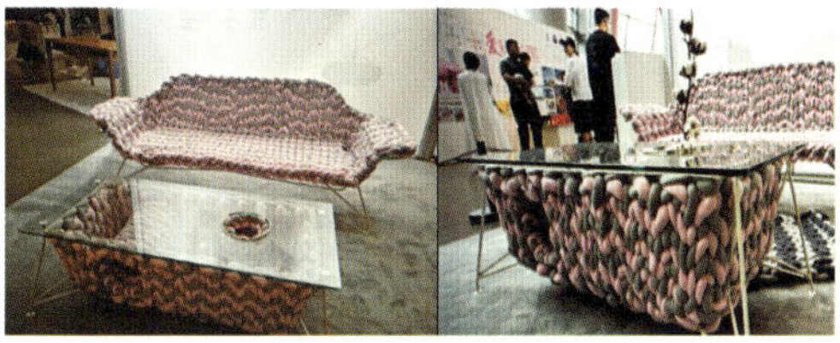

图 5-29：现代材料结合编织工艺设计的沙发和茶几

学生作品：《格物 · 鼎新——编织》
作者：章畅文　朱文萱　孔庆伟　黄莹
获奖信息：2018 年全国大学生工业设计大赛银奖，第五届“紫金奖”文化创意设计大赛银奖

南京秦淮灯彩非遗项目我们选取荷花灯的制作工艺、造型元素等方面分析研究后，提取其骨架特征以及裱糊工艺，并对其造型进行重构，应用在灯具与家具设计中。用金鱼的形态来设计灯具，通过设计骨架再在其表面制作类似荷花灯的蒙皮，整个灯具以及餐桌与餐椅都是采用先设计骨架，再进行蒙皮的方法，将新材料以及现代技术的运用实现传统与现代的传承。而落地荷花灯采用 3D 打印技术再现荷花意象的审美特征。通过非遗技艺的设计传承与创新我们希望找到东西方文化、生活方式、审美之间异同，以及中国传统工艺与现代产品设计的国际审美、时尚、功能等方面的契合点，积极探索中西方都可以接受的具有民族文化特征，符合现代生活功能与新一代中产阶级生活需求的设计思路与方法。

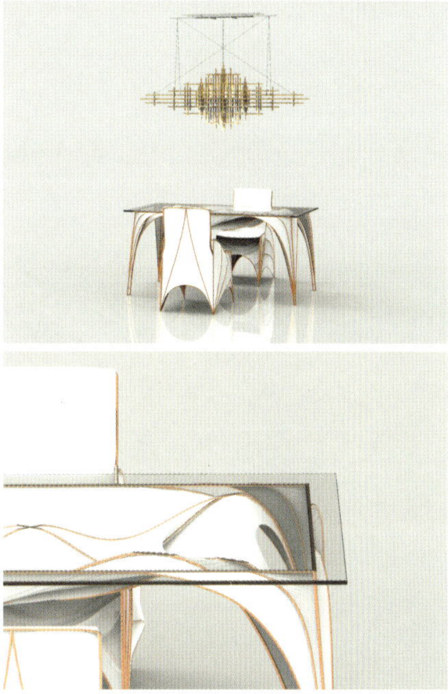

图 5-30：研究秦淮灯彩工艺后设计的蒙皮餐桌、餐椅

学生作品：《格物 · 鼎新——花灯》
作者：蒋美玲　李家勇　居易成

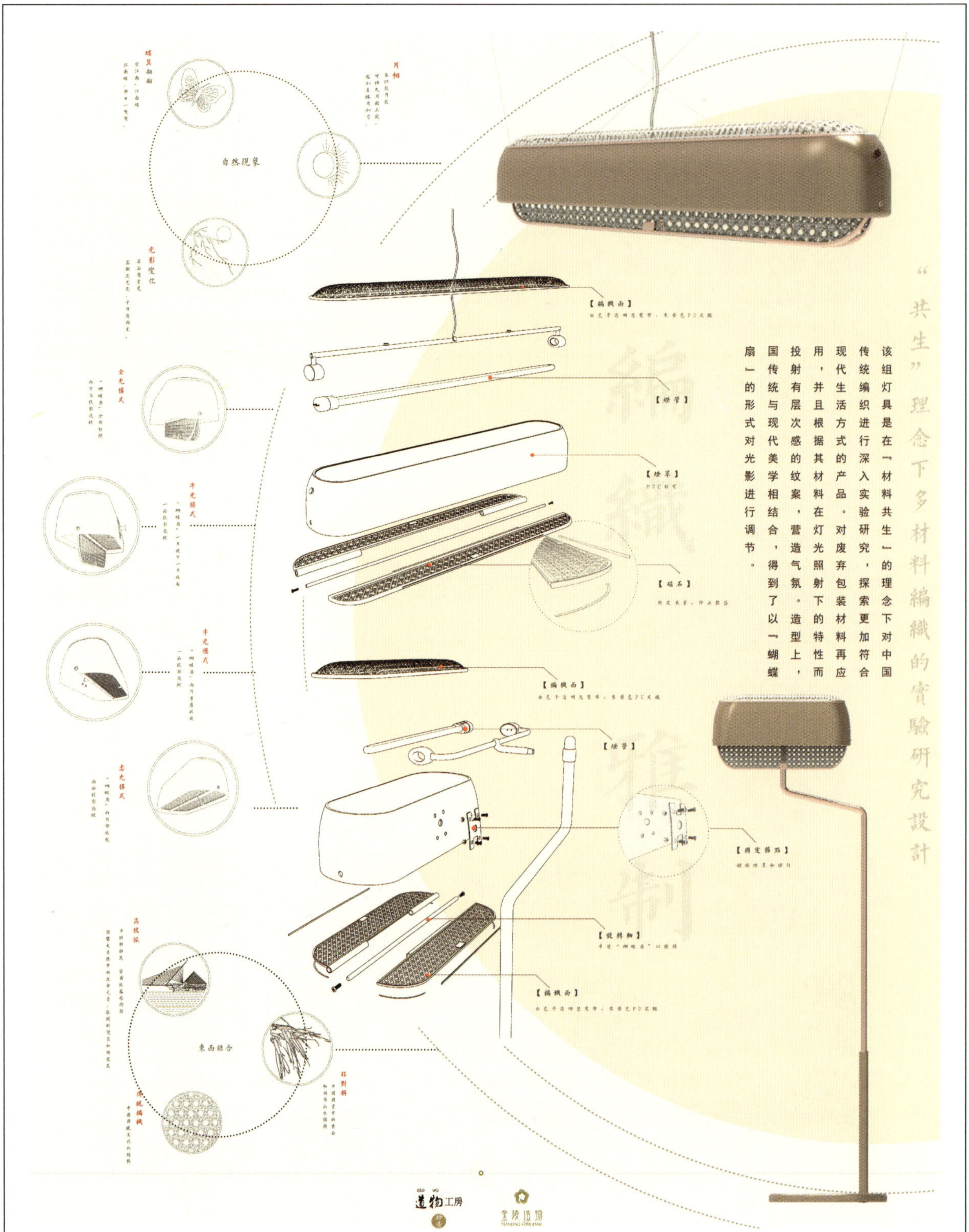

学生作品：《雅制》
作者：连伟东

本章小结

这一章，我们首先探讨中国传统造物哲学的价值观与造物设计。儒家反映的生态哲学观，道家反映的“人—产品—环境”三位一体的造物观和自然、实用的美学观，《考工记》反映的“天时地利材美工巧”造物思想，都体现了古代哲学对造物过程中材料与构件方式的关注和经验。接下来，我们分别从建筑、家具和器具这三大方向探讨材料与构件在传统中的应用和现代创新的方法。

第一，中国的建筑一直遵循木构砖瓦的建造方式，利用斗拱与梁柱的关系，呈现出与西方圈拱截然不同的形制特征。有两点需要注意：一方面，建筑形式特征的不同来源于材料和构件方式的不同，所以我们需要对材料和构件进行重点探究，这关系到后期产品的呈现效果，材料与构件的创新往往可以给产品带来崭新的生命力；另一方面，建筑、家具、器具（主要指木作器具）在材料和结构上具有同构性，说明对于中式造物来说，这种材料和结构方式是通用的，可以推演的，这种通用性也应该值得我们注意。古代有《营造法式》阐明传统建筑的材料与结构标准，今天有普利兹克建筑奖的唯一中国籍获得者王澍利用废旧乡土材料，浓缩自然与生活，“无序”造园，展现新中国方式的建筑设计。

第二，中国古典家具，尤其是明式家具名扬海外，采用硬木材质，与建筑上斗拱与梁柱同源的结构方式——榫卯，使用愈久愈坚固。我们用三个层面的案例呈现中国传统家具材料与构建的现代演绎——石大宇的“竹计划”“椅君子”和“椅琴剑”，表现传统竹材的现代演绎方式；半木的“你我同舟”烛台，表现传统榫卯结构在现代文化产品上的现代应用创新方式；南京文化产品之“秦淮盒”，表现传统榫卯构件的现代人文化方式，将结构连接件与功能设计相结合。

第三，中国传统器具的材料和工艺可谓丰富无比，红木、陶、瓷、琉璃、大漆、玉、青铜、金银、丝绸等中国传统器物典型材料，以及他们各自分别对应的工艺——木艺、陶艺、漆艺、玉雕、青铜工艺、金银工艺、刺绣工艺，都是世界文明发展史上的宝贵财富。材质和工艺的现代设计应用方式，我们走了一条前人没有走过的路——将传统与工艺的元素提炼运用于现代白色家电 CMF 的设计中。利用传统纹样进行视幻效果设计、冰裂纹和金丝银线的视觉特征、传统漆艺与山水画的气势结合，解决了当下家电体系 CMF 设计中以传统纹样直接贴面，或与韩国、日本品牌家电设计没有区分度的弊端。

总的来说，因为材料和构件的呈现都是具象的实物的，所以材料和构件方式是当下的设计取材比较多的方向。但就目前的应用而言，大家往往还停留在表面的形式。我们透过形式，从深层方式入手，另辟蹊径，展现不一样的现代设计应用之道。

学生作品：《几何生活
作者：陈婷

6 中国方式特征与造物延续的路径之四——生产与使用方式

一、中国传统文化中的“人”与“器”的关系

二、中国传统器物的系统化与模件化

三、中国传统器具的多用途特征

四、中国传统造物“善假于物”的思想

五、中国传统造物“人为物本，物因人用”的思想

本章小结

一、中国传统文化中“人”与“器”的关系

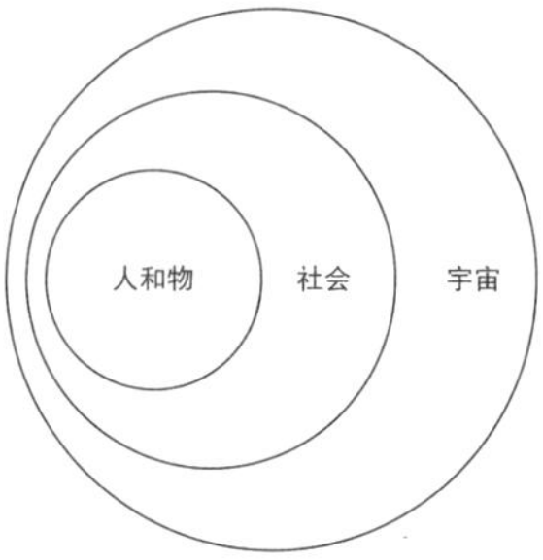

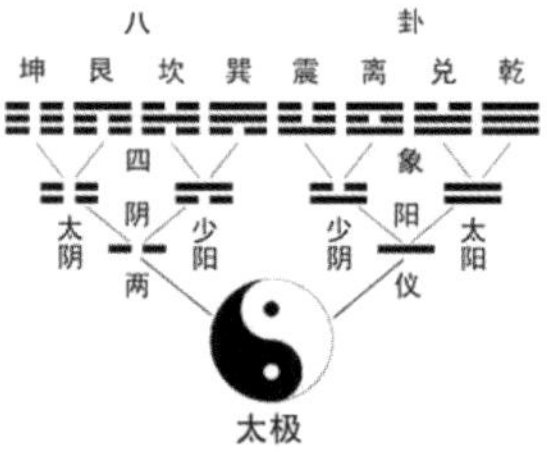

1. 宇宙、社会、人、物关系的系统化

要说中国人最早具有设计哲学的科学性和理性思维，应该是从对宇宙、社会、人和物的系统认知开始的。为什么对四者关系的系统认知如此重要？因为在此之前，对宇宙、社会、人和物是割裂看待的状态，过于看重一部分而忽视另一部分。如果把设计理解为人们为了达到某种目的而进行的谋划或规划，并据此创造出各种实用器具的话，那么人类最初的造物活动无疑可以看作是设计。《周易》认为，古人创制器具的方法来自对自然现象的崇尚和效法，所谓“以制器者尚其象”。虽然学者们对于“制器尚象”的说法持有不同观点，但是它对中国传统设计美学和设计方法的影响却是极为深远的。“制器尚象”的造物设计思想以“象”作为设计灵感的源泉，借助“观物取象”来把握自然物的物性，再通过“观象制器”来实现由自然物向人工器具的转变。自然物又是由“道”来生成和规定的，而“道”自身总是隐而不显的，人们可以通过“观象”“取象”，即通过对自然现象或自然物象的观察来了解自然物之“物性”，进而把握“道”的本来面目，并以此指导人工器具的创制。比如儒家，过于注重研究人和社会的属性和关系，包括人伦和思想，但几乎不讨论自然和器物的要素；比如道家，确实在中国传统美学的发展方面提出了自己独到的见解，也着重强调人与自然的关系，天人合一是最好的状态，但对感性层面的过多关注势必意味着理性方法和技术的研究匮乏。直到秦汉时期，才出现了能将宇宙、社会、人和物放到一个维度内进行整体看待的观念。宇宙起源于“太极生两仪，两仪生四象，四象生八卦”，并不断延伸不断影响宇宙之下的万物，所以社会、人、器物都在宇宙的格局中按照既定的规则不断运动。他们是统一的，统一于大“道”或者“一”。董仲舒在《春秋繁露》中有云：“高台多阳，广室多阴，远天地之和也。故人弗为，适中已矣。”房子建的太高，阳气过足，建的太大，阴气太重，这是不尊重天地阴阳调和的，所以适中就是最好的。董仲舒的观点突出“和谐”与“适合”，理性的将人、物的因素和自然、社会的因素系统化分析看待，是以系统观理性评价产品的萌芽：产品的设计要符合人的需求，考虑自然环境的要素、社会的发展因素。

2.“技”“道”“器”的沟通与融合

《周易·系辞》有云：“形而上者谓之道，形而下者谓之器。”这是中国最早关于“道”“器”关系的理论。在《周易》的注释中，进一步对“道”“器”的概念和相互关系做出了更加清晰明确的界定：“道是无体之名，形是有质之称。

凡有从无而生，形由道而立，是先道而后形，是道在形之上，形在道之下。故自形外已上者谓之道也，自形内而下者谓之器也。形虽处道器两畔之际，形在器，不在道也。既有形质，可为器用，故云‘而下者谓之器’也。”“道”和“器”的关系一直是历代思想家和哲学家们热衷于探讨的问题。孔颖达、崔憬、张载、程颢、程颐、朱熹等中国古代思想家们均对“道”和“器”的关系提出过自己的看法，有人认为“无器则无道”，器是一切要素的根本。但总的来说，中国传统主流文化还是崇“道”抑“器”的。究其原因，可能由于“道”是形而上的层面，类比于我们今天的脑力劳动，于是被万人尊崇；而“器”是形而下的层面，类比于我们今天的体力劳动，需要动手实践的，于是只能被市井工匠们所用。

器具的出现，不仅为人类的生存和发展提供了条件和便利，而且为人与物、人与人和人与社会等关系的建构提供了一条十分重要的通道。在人与物的关系上，一方面人对物的把握通过器具的创制而得以体现，另一方面物之物性也借助器之器性实现了形式上的转换；在人与人和人与社会的关系上，人能够凭借器具使社会秩序得以构建。正是由于器具在人类社会结构体系中所扮演的重要角色，使得创制器具的造物设计活动向着超出器具自身的方向发展。器具一旦生成，它就不仅仅具备了自然物和人工器具的一般特性，更重要的是它凭借自然物与“道”发生了关联，因而在本性上，器具的创制也必须接受“道”的规定与指引。在人类创制器具活动的初期，“道器关系”并不是造物设计关注的重点或主题。但是，造物设计作为一种与人的生存和发展密切相关的人类创造性活动，随着人的意识不断觉醒，他必然会有意识地去关注造物设计行为本身，包括对设计技巧与设计规律的把握，对设计思想与文化内涵的表现以及对设计风格与艺术审美的追求。如此一来，形而下之器就开始与形而上之道发生关联，并逐渐演变成人类设计活动无法回避的内涵和主题。在不同的历史时期，“道器关系”在设计活动中的表现具有不同的内容与特点。中国历来有着“重道轻器”的思想传统，彰显“天道”和“人道”于是成为传统造物设计的思想主旨与艺术核心。一方面器具的生成不能脱离“天道”对于物的规定与指引，造物设计也必须遵循和体现自然规律，追求人工与自然的和谐统一；另一方面器具又是为人所用的，它必须彰显“人道”，造物设计不仅承载着人对于理想、信仰、审美、品位的精神追求，而且是构建和谐的人际关系和社会秩序的重要途径。因此，唯有充分发挥“器以载道”的教化作用，才能使造物设计更为社会所重视，进而为造物设计活动的发展营造出更加适宜的社会环境。在传统造物的过程中，“技”是生产制造的技术与方法，“道”是指导生产制造的方法论，“器”是生产制造的最终结果呈现。技以载道，道器融合。技术的发展实际包含了方法论的层面，方法论和器物的生产并举，即形而上的理论知识和形而下的具体操作实践相结合，这两者应该以辩证统一的状态协调有序发展。

3.《天工开物》与手工业

明朝科学家宋应星总结农业和手工业中的生产技术，著成世界上第一部关于农业和手工业生产的综合性著作《天工开物》，这是中国古代一部百科全书式的著作。在这一鸿篇巨著之中，同样包含着古人对“技”“道”“器”的理解。宋应星将30种不同技术的产品做出分类，根据分类综合成小系统、大系统，每一个技术单元包括原料、技术过程、操作要点、工具设备、产品产率、特性、用途等。在宋应星看来，每个技术单元包括三大要素——“法”“巧”“器”。《天工开物》中的“法”，相当于我们前文所说的“道”，即设计方法，生产制造方法的层面。不知道方法，肯定就无法生产制造，这些方法都是前人长久实践以来经验性的总结，对于提高生产效率、提升产品品质具有绝对的指导意义。我们知道，在烧制陶器时，不同大小的器物需要的温度也不同，但是如果分开单独烧制，成本会高出不少，且没有批量化的质量保证。于是《天工开物》中主讲陶瓷砖瓦的设计一章《陶埏》就记录了联窑法。将瓶窑、缸窑建在山坡上，瓶窑在下缸窑在上，小件器物在下，大件器具在上，形成逐层升高的状态。燃烧时火气逐层而上，越到上层缸窑窑温越高，整体烧制，一气呵成。不仅节约了燃烧，保证了这一批器物品质的整体性，且上层缸窑实现了单窑达不到的窑温，这是方法对于器物生产制造的重要意义。“巧”，相当于我们前文所说的“技”，即生产制造的技术与方法。《天工开物》中的“巧”分为“人巧”和“工巧”，宋应星认为在技术的三要素中，人巧是最重要的因素，比方法和工具带给生产制造的影响意义更加重大。他在撰写每章时寻访各地，寻找在专业技术领域技艺拔尖的工人和农民，并在书中记述，将这些人当做每个行业的标兵，促使他人在学习生产制造方法时向这些人靠拢；他在《锤锻》一章中明确提出，因为锻造铜乐器比锻造铁器难得多，所以锻铜工匠的工资应该更高，这种按照职业工种难易程度匹配相应的工资的做法，一直延续到当代社会。《天工开物》中

木刨

木刨使用图

的“器”，即我们前文中所说的“器”[1]。不过在我们前文所说的生产制造的最终结果之外，这里还包括了制造所用到的工具。《锤锻》有云：“世无利器，即般、倕安所施其巧哉？”要是世间没有好的工具，即使是鲁班、倕这样的能工巧匠也无法施展他们的才华。中国的硬木家具之所以在明朝才得以发展，就是因为之前没有合适的工具对木头进行“找平”处理。无法“找平”，就只能通过大漆工艺进行木头的表面处理。这种能“找平”的工具我们称之为“刨”，《锤锻·刨》有云：“凡刨磨砺嵌钢寸铁，露刃秒忽，斜出木口之面，所以平木，古名曰准。巨者卧准露刃，持木抽削，名曰推刨，圆桶家使之。寻常用者横木为两翅，手执前推。”“法”“巧”“器”，在造物活动中缺一不可。有方法才能指导实践，有能工巧匠的技术和适合的工具，才能使方法成为现实的产出物。共同构成了《天工开物》全书框架要素的主体。

二、中国传统造物的系统化与模件化

青铜兽面纹模块组合

青铜饕餮纹模块组合

1. 传统器物表面的装饰模件

要讨论中国传统器具中的系统化模件化方式，青铜器是比较好的实例选择。一方面，青铜器作为社会早期（商周时期）统治阶级的祭祀礼器，其制造规范讲究，是高质量的研究对象；另一方面，由于传统青铜器的的应用都是成套出现的，所以在“量”和“体系”方面的研究价值可见一斑。中国古代青铜时代需要大量的青铜器，除极少数之外，大部分都具有装饰纹样。可以想象，如果每件青铜器都需要手作不同的装饰纹样，需要多少人力和多大的工作量。所以，出于装饰的需要，中国古代工匠们创造了一种新的装饰方法，也是模件方式的一种——利用一定数量的装饰母题和元素进行组合，通过组合，形成无穷无尽的装饰新样式。我们可以想象，青铜工匠们手里应该具有一套已成型的、内容明确的母题库或素材库，既有动物纹样，也有植物纹样，亦有装饰性抽象纹样。当给定设计目标后，工匠们去母题库中选取与目标对应的元素和素材，将这些元素和素材进行分类组合，即可以变体或组合的形式形成新的装饰纹样。按照我们当今的认知可能觉得，既然母题库已有，纹样也以组合的形式出现，那通

1　（明）宋应星撰，钟广言注释．天工开物[M]．广州：广东人民出版社，1976：278.

过模板翻制、阴阳转换的原理就可以进行铭文、纹样和完整的装饰图案的复印翻印，大大加快制造的速度，保证所有产品装饰质量稳定。但事实上如果自己观察，商代青铜器并没有采用这种“复制”方法。每件青铜器的模件和单元都由手工分别完成，每件器范都是新作，谁也不是谁的翻版。青铜器的由装饰纹样构成的块面具有可置换性，相似的块面可以运用在完全不同的器物上，不受器物器形、种类的影响。当然就像上文所说，青铜器工匠们并不采用模板翻制、

青铜器的块面器形有两种构成方式

一是上文所举的例子，以装饰纹样为模件，块面为装饰单元，块面之间填充装饰纹样；

另一个是以块面为模件，整个器物为单位，这个层次更复杂一些。

阴阳转换的模印方法，每个块面每个轮廓，都是独一无二的。在古代严格的器物制造管理体系下，工匠们能发挥的创造性其实是有限的。器物的整体形制、比例、大小已严格确定，只有在极特殊情况下，才需要工匠们做创新性设计。所以，大多数情况下，工匠们乐于，也只能考虑在给定的块面填充何种装饰物纹样。

2. 生产制造的技术模件化

传统青铜器的手工生产过程可以分为多个独立步骤和单元，这些步骤和单元其实也是模件体系的一种，即手工业生产体系下的劳动工作模件。就拿青铜器的制造过程来说，很多工序是可以同时进行的，因为在生产之前，该有的工种、工序已经被严格规定，形成了标准化的工序体系。同时进行可以对生产制造进行更好的统筹安排和时效管理，保证单位时间内每个人的劳动发挥到最大，不会出现有人很忙有人无事可做的情况。比如，准备青铜原料和制作模具是可以同时进行的，且制作模具是一项非常耗费时间的工作。这样的情况下，通常是一批工匠专门完成模具的制作，其他的工匠们分组进行其他的活动，相互协作，每个人或每组人负责完成标准化工序体系中的一道。所以，在这种生产制造方式下，劳动体系是标准化、协作化的，并且具有可预见性和可控性，不是走一步看一步的。其中一个小小工序或工种的改变，会影响到全局的生产制造进程。这是中国大规模手工业生产的基本方式，也是最佳方式，是中国手工业生产在世界范围内保持较高水平的方法保证。

对于古代青铜器来说，不仅在装饰纹样上体现模件化的特征，在生产制造的过程中所运用的方法也极尽模件化，包括合范和铸造铭文。仔细观察青铜器可以发现，装饰纹样块面之间的界限跟青铜器整体器形的分模线是重合的，这说明，中国古代青铜器具有独特、复杂、精湛的制造工艺和方法。其实，青铜器是世界各地均有出土发现，并不是中国人的独有的器具。在中国以外的其他地区，制作青铜器多采用锤揲法和失蜡法，但中国人不是这样，古代工匠们采用独特的合范技术，用若干泥质阴模组成的器范（即模具）铸造。在泥质器范的内部放入型芯，再将铜汁灌入外范和型芯之间的空隙，等铜汁冷却后去除外范和型芯，青铜器即铸造完成。如举世文明的司母戊方鼎，就是采用四块外范进行围合，外范内部雕刻有装饰纹样的负像，使冷却后的青铜器表面呈现出正像的装饰纹样。用若干外范合在一起铸造金属物品，是一种简单易掌握的方法，在世界各地广泛使用，甚至在当今的工业生产领域仍然占据重要的地位。“范”是生产制造过程的技术模件化产物，组合可置换，对手工艺生产的进步发挥了巨大的作用。

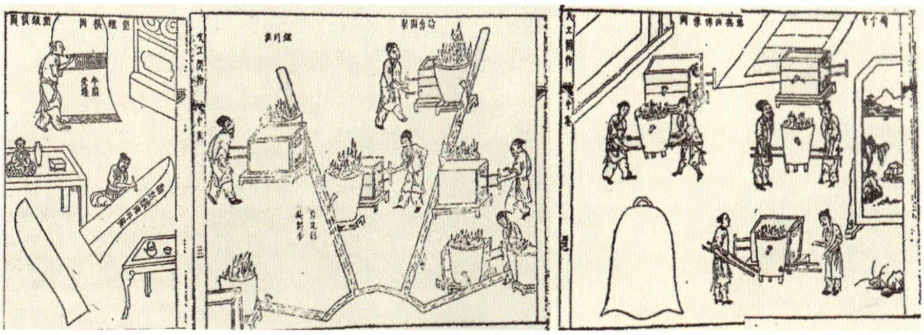

《天工开物》所绘制：失蜡法

锤揲法

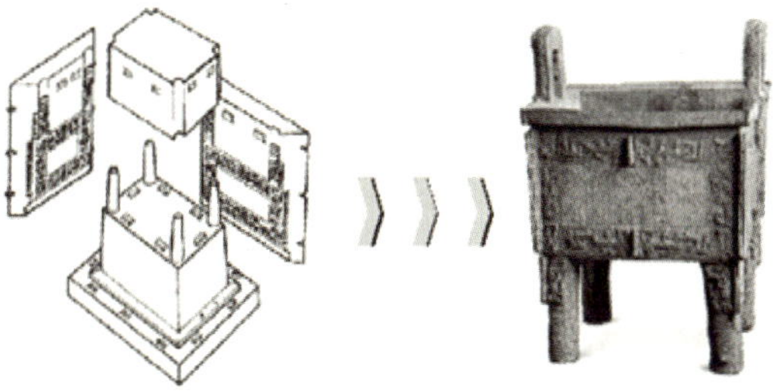

块范法

从合范技术的掌握我们完全可以肯定，青铜工匠们懂得并掌握正像负像、阴文阳文的转换的原理，利用这个原理，加上青铜器上的铭文往往不止一处，人们认为工匠们一定会配合泥范复制铭文。事实上，就像前文分析的工匠们对于装饰模件的处理，对于铭文的制造工匠同样不采用泥范机械复制的方法。如果仔细观察，从青铜器本身我们就能看出来，许多带盖的青铜器铭文往往被铸造了两次，而不是一次铸造完成的；商代青铜器轴对称的相对位置，器物都有细微差别，不是机械复制完全相同的结果。铭文铸造中，手写的文字无法机械复制，所有的模件和单元都由手工分别完成，最后组装到一起，以手工赋予其最终的呈现效果。

3. 中国传统器具的组合使用

上文说过，中国古代青铜器用作祭祀礼器和殉葬品，一般都是成套制造，单件极其少见。一套青铜器中大小各异，种类繁多，各有各的功能。从这一点上可以看出，我们祖先很早就具备了器物组合使用的思想。组合使用作为模件化方式在设计中的反映，在我们今天的文化产品设计中仍然延续着其特有的智慧。

作为“六朝古都”“十朝都城”，南京文化光辉灿烂，从汤山古猿人类到六朝文化、明清文化、民国文化乃至当代文化，古都与文化的交融，彰显出南京文化的最大特色，形成了独具魅力的特色文化。南京夫子庙是金陵小吃的发源地，历史悠久，品种繁多，仅小吃花色品种就有二百多种。现有金陵小吃的知名餐厅大多集中在夫子庙一带，以状元楼、晚晴楼这些老字号为代表。这些餐厅所用到的小吃餐具大多以白瓷为主，造型较单一，数量较多，使用起来多以零散的状态摊在桌子上，与声名远扬的南京小吃文化形象不匹配，特色不突出。2012 年，我们开始进行南京文化产品设计研究，“石头盛”系列下除了上一章所说的淮扬菜餐具设计，还有金陵小吃餐具课题。针对秦淮小吃餐具设计，我们对现在市场上零散的小吃餐具做了设计上的改进，希望借助本课题的创作对提升本地小吃餐具的设计品位和地域性特色进行尝试，我们对秦淮小吃餐具设计定义的关键词是“模块化”和“组合使用”。以几何模块化的形式为主线，把金陵小吃的种类进行了分类，针对小吃的种类把餐具重新做了功能上的分类、整合、再设计。打破了原有的只要一个碗就可以盛各种不同小吃的小吃餐具零散没有设计感的现状，将餐具的功能进行了详细划分，并以几何化的形式将餐具设计模块化。（图 6–1 至图 6–3）

教学案例 1:

如图 6-2 我们可以看到，秦淮小吃餐具的种类共有六类——蒸笼、碗、盘子类、调料罐调料碟类、小托盘和大托盘。结构上，蒸笼、碗、盘子都可以被规整到大托盘上，辣油罐、醋油罐和调味碟都可以被规整到小托盘上，整套系统最神奇的地方也是我们最大的设计点在于——根据食客的不同需要，现有的这些器具可以产生各种各样的变化组合方式，涵盖秦淮小吃食客的所有需求。如图 6-3 所示，大托盘之上，可以是碗和蒸笼的组合，适用于鸭血粉丝、小馄饨等汤水类食物和小笼包、烧麦等蒸点类食物；可以是碗跟碗的组合，适用于托装都是汤水类的食物，亦可以是碗和盘子类的组合，适用于汤水类和鸭油烧饼、牛肉锅贴等，这样的模块化和组合使用的方式保证了只需要有限的种类，我们就可以组合变化来满足不同食客的不同要求。

图 6-1：南京文化产品之“石头盛”（金陵小吃餐具），金陵造物

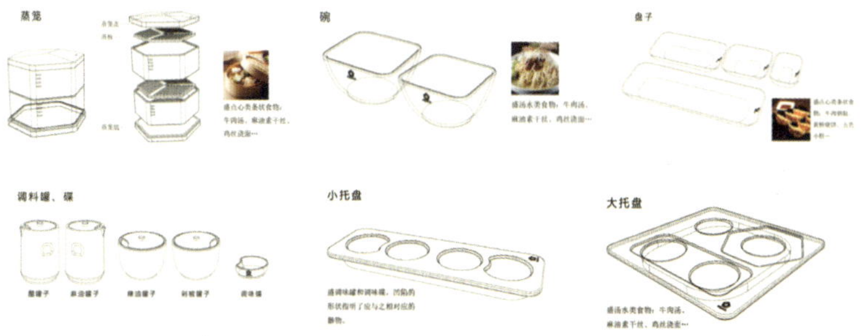

图 6-2：石头盛 · 金陵小吃餐具单件示意图

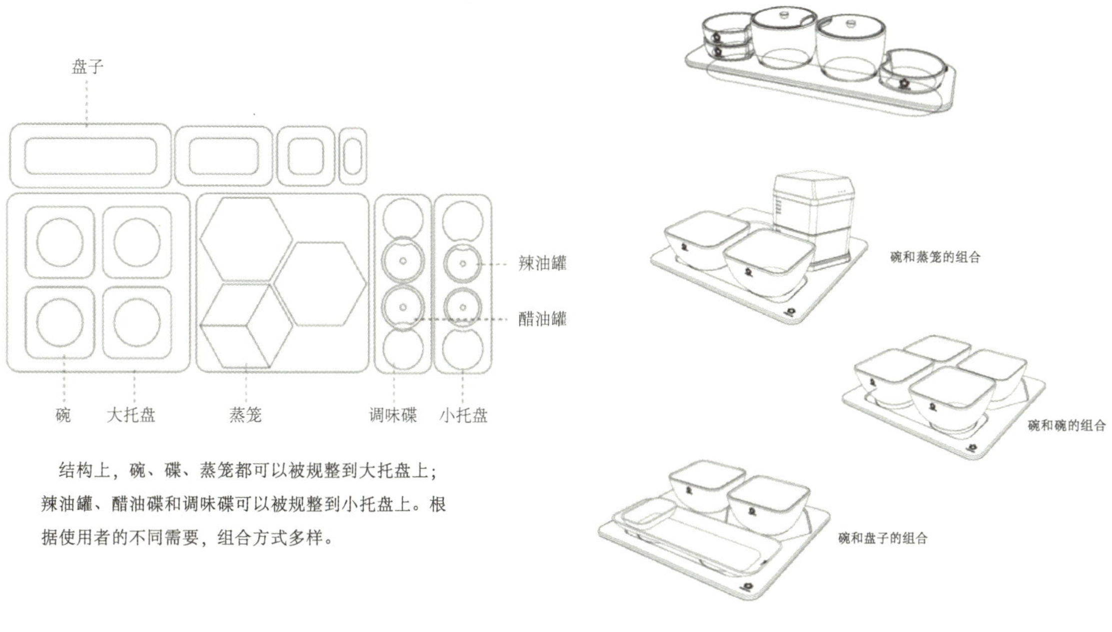

图 6-3：石头盛 · 金陵小吃餐具模块化组合说明

在南京文化产品的系列中，我们用到模块化设计方法，可以产生组合使用效果的除了秦淮小吃餐具，还有“雨花台”。雨花台，为一方砚台，取自南京地名雨花台。相传南朝梁武帝时，金陵城南门外高座寺的云光法师常在石子岗上设坛说法，说得生动绝妙，感动了佛祖，天上竟落花如雨。唐朝时根据这一传说将石子岗改名为雨花台。如图 6-4、图 6-5，从整体设计形制上看，六朝器物古朴、典雅、高贵、厚重，器物多带足，六朝时砚台以青瓷为主，所以我们的砚台采用三足形式，配以陶瓷材质，就是为了体现深厚的六朝古都南京文化底蕴。从功能上看，该套砚台专为现代书法爱好人士设计，以模块化的方式构成，包含了书写必备的：砚台、墨、水盂、笔架，四件产品统一于一整体——木质底座，方便了书写，也可以拆开单件使用。为了避免晃动或不小心等意外情况的发生，我们对这四件产品做了底座固定设计。砚台的三足可嵌入底座上对应的三个位点；水盂的下端可整体置入底座，防止碰翻；墨可斜插入底座上留下的墨槽；底座的另一端，通过做一个下凹小曲面的方式，用作毛笔笔架。整套“雨花台”风格上清峻、通脱、壮大、华丽，通过不断提炼、筛选，我们最终在本土文脉上找到了最简约的中国传统书写系统。

教学案例 2：

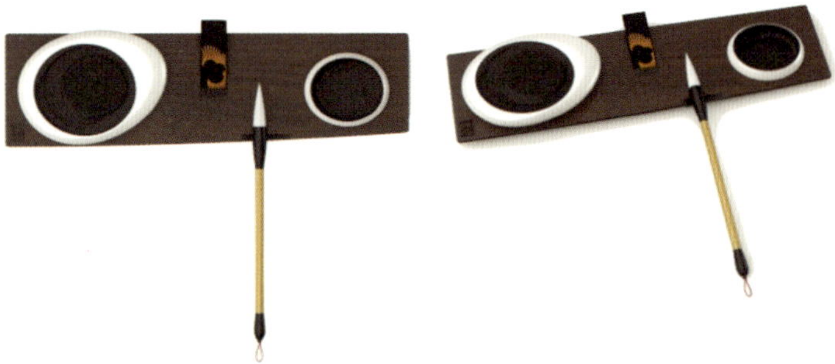

图 6-4：南京文化产品之“雨花台” 金陵造物

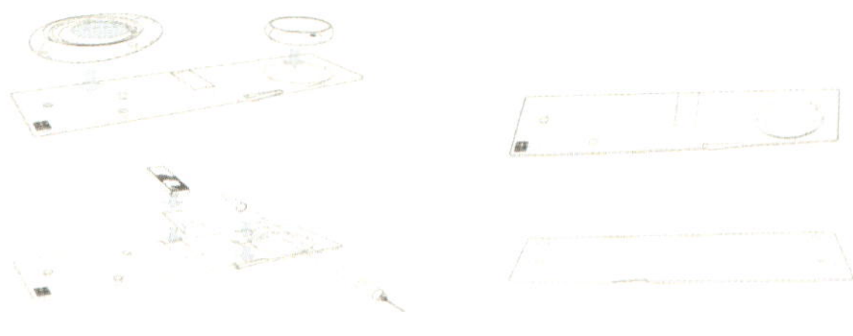

图 6-5：南京文化产品之“雨花台”结构图

三、 中国传统器具的多用途特征

筷子头大多为方形，有两个好处，一是置于桌面不会随意滚动，二是方便人的持握体验。

1. 筷子——中国传统食器研究

中国是世界上最早使用筷子的国家。筷子是中国传统器具中的经典案例之一，看似形式简洁，实则功能多样，是中国传统器具设计史上最具有“多功能”造物智慧的器具，展现了中华民族的文明发展进程。经过考古学研究发现，我们祖先在原始社会就已经发明了筷子。随着社会的发展和人们进食需求的不断变化，筷子的形态随之不断变化。原始社会早期的筷子，首尾均是圆形，首粗足细。到今天，最新的形态普遍已发展成为首方足圆。经大量的研究分析，现今的筷子普遍长度在 220 到 260（单位：毫米）之间，这一长度与人的前臂长度相当。筷子头大多为方形，有两个好处，一是置于桌面不会随意滚动，二是方便人的持握体验；筷子足从古至今都为圆形完全是因为圆形可以最大程度减少筷子与口腔的摩擦，增加舒适性。首方足圆，符合中国传统思想意识形态里面对天圆地方的认知，更重要的是，从方到圆的过渡，体现了现代产品设计中的简约优雅形式美学。物理学家李政道说过：“筷子看上去真的非常简单，却体现了精妙的杠杆原理。从使用上来说，筷子是人手的延伸，人手能做的它都能做，人手不能做的它能辅助完成，称得上是高明的设计。”郭沫若在《周代彝铭进化观》中提到：“铸器之意本在服用，其或施以文镂，巧其形制，以求美观，在作器者庸或于潜意识之下，自发挥其爱美之本能，然其究极仍不外有便于实用也。”[1] 器物的制造本身就是为了实用，但人们在制造的过程中加以装饰，做出好看的造型，这应该是人们在造物过程中潜意识里希望美观、好看的反映，出于人们爱美的本能，但终究脱离不了实用这一最终目的。说明古人在造物的过程中，一直是将实用性置于首位，审美性与实用性相结合，筷子的的设计同样遵循这一原则，体现了中国传统美学思想体系里的“衡中求变”，在整体的两根竖长型形态的基础上，追求细微处的变化。

中国历史上有相当多的关于筷子的典故和传说。“一根筷子容易折，一把筷子难折断”的谚语流传甚广，甚至编做寓言小故事进入小学语文课本，作为最初的教化启蒙，教导我们一人之力毕竟有限，在工作中需要联合集体的力量，万众一心众志成城，可以创造出比个人单打独斗更大的成效。中国的餐桌上，关于筷子的礼仪也是从小长辈们就反复教导我们的，体现了筷子所传达出的丰富的文化性。在摆放筷子时，应整体并拢，朝向餐桌，切记交叉，更不能插在饭上；

1　郭沫若 . 青铜时代——国学基础文库 [M]. 北京：中国人民大学出版社 , 2005.

在拿起筷子时，切记过高或过低，切记互相敲打；在用餐时，切记用筷子在盘中乱翻，有公筷的菜品应使用公筷。现代文创设计中，以传统器具筷子作为灵感来源再设计的产品不少，我们这里选取中国台湾品研文创为例，展示中国传统食具的现代设计之道。

（1）叉箸 /Fork chopsticks

“叉箸”来源于中国台湾品研文创，有两个版本，塑料材质版本和塑木［塑木，即木塑复合材料（Wood- Plastic Composites,WPC），是国内外近年蓬勃兴起的一类新型复合材料，指利用聚乙烯、聚丙烯和聚氯乙烯等，代替通常的树脂胶粘剂，与超过 35%—70% 以上的木粉、稻壳、秸秆等废植物纤维混合成新的木质材料，再经挤压、模压、注塑成型等塑料加工工艺，生产出的板材或型材。木塑复合材料内含塑料，因而具有较好的弹性模量。此外，由于内含纤维并经与塑料充分混合，因而具有与硬木相当的抗压、抗弯曲等物理机械性能，并且其耐用性明显优于普通木质材料。表面硬度高，一般是木材的 2—5 倍。］材质版本。之所以叫“叉箸”，意思是一物两用，既可作叉子也是筷子，可以一人使用也能够多人同欢。每根叉箸采用叉口交错、两两组合的结构设计（图 6-6），一双筷子可拆成四根叉子，四根叉子可以组装成一双筷子。以便于享用正餐之后，轻轻掰开，马上又能叉食甜点或水果，也可以在筷子数量不够的情况下，拆分成叉子，分给朋友们，独乐乐也能众乐乐。不管是塑料还是塑木，都是极环保的材料，没有使用原木的材料，按照台湾人的观点——我们在环保的设计中所做的减法，其实是给生活做快乐的加法。

图 6-6：叉箸，台湾品研文创

图 6-7：叉箸使用图

（2）保青 · 竹箸 / Be–Green bamboo chopsticks

保青 · 竹箸是中国台湾品研文创关于筷子的另一种想法。竹箸与叉箸相比，更具有一种天然古朴的气质。如图 6–7，以台湾盛产的竹子为原材料，不添加额外表面装饰，配以布艺做的古朴筷套，朴素优雅。与叉箸不同，竹箸并没有拆分式的结构设计，而是将筷子的上端切入一个斜面并分叉，加入叉子与刀子的小功能，这样不论是吃水果或是涂果酱、奶油，只要一双竹箸，就可以得心应手。

台湾交通部观光局将竹箸作为台湾城市礼品“Taiwan Gift”定制出售，竹箸侧面印有“Taiwan”“The Heart of Asia”字样。带着竹箸去旅行，让它成为享受各地的美食文化的最佳伴侣。

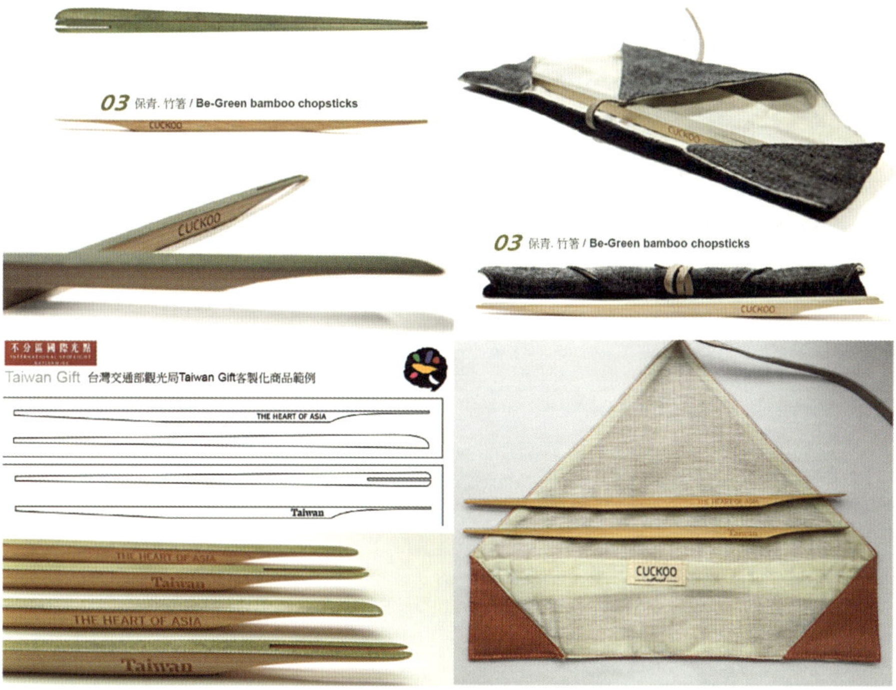

图 6–8：保青 · 竹箸，台湾品研文创

2. 中国传统器具多用途的特征

由于古代物质资料生产不像当今这么丰富，古人对造物的态度都是极其严谨和虔诚的。由于物质的匮乏，古人展开思考，使古代器具很多呈现出多用途的特征。

暖椅

多用途的适应性特征。李渔曾在《闲情偶寄》中描写一种家具——暖椅:“如太师椅而稍宽,彼止取容臀,而此则周身全纳故也。如睡翁椅而稍直,彼止利于睡,而此则坐卧咸宜,坐多而卧少也……是身也,事也,床也,案也,轿也,炉也,薰笼也。”[1] 暖椅这种家具坐卧皆宜,也可做床,案,轿,炉,薰笼。根据不同的使用情景和使用需求,一件器物可以在不同的情境下另作他用,这种适应性特征是古代器具多用途的典范。

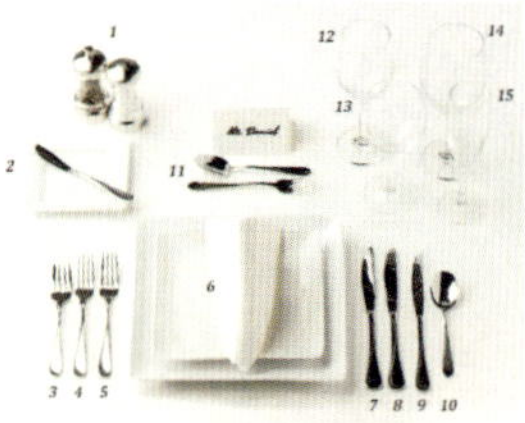

西餐全套餐具

多用途的经济性特征。上文说过,古代的物质资料生产还比较匮乏,再加上中国传统造物准则之一就是物尽其用,所以中国的工匠们总是尽量以俭省的方式达到造物的目的。与西方用餐的餐具配置不同,西餐全套餐具包括刀、叉、盘子、水杯、酒杯、汤匙等加起来共计二三十余件,而中国哪怕帝王也只需一双筷子一把勺子。不仅方便了用户的使用体验,并且降低了资源消耗,是顺应环境要求的造物方法。

玉柄镶金匙,筷,清,故宫博物院藏

多用途的开放性特征。开放性特征,用我们当代的设计术语来说,也叫DIY,是将用户拉入设计行为活动的一种产品设计方式。古代多用途的造物设计由于要适应不同的使用情景,会在设计时刻意留出一些“开放性”的空间。看似没有设计完,其实这种空间是留给使用者自行去发挥的,每个人通过开放性的空间,根据自己的实际需求,做出确切符合自己真实需求的产品。一件器物,如果想达到多功能的特点,可以一物多用,其必然会具有开放性的特征。

2012年,我们团队参与了LEXUS DESIGN AWARD,这是雷克萨斯设计大奖创建的第一年,旨在支持新锐设计师,当年的设计主题是——MOTION(运动),关系我们每个人日常生活的一个单词和概念。雷克萨斯希望设计师们给这个概念做出独特的解释,并针对日常生活中的各种问题,提供原始的观点与合理的解决方案。我们在这一年,针对MOTION的主题,结合中国传统器具,做出中国方式的关于“动”与“静”的设计阐释,取名“动·静”。“动·静”实则是一香具设计,但打破了人们对传统香具的固有静态观念,以“焚香中的动静转换”作为切入点,从人们焚香的实用性、操作性出发,将现代的造型元素与金属、水泥材质融合,做到一物多用,动静转换,同时秉承了中国古代香文化中敬天畏人、颐养性情、启迪才思的特性。

---

1 李渔.闲情偶寄窥词管见[M].北京:中国社会科学出版社,2009.

教学案例 3：

如图 6-9、图 6-10，我们利用简单的机械原理，在插香件上附加一个限位卡，横放的竖香燃烧，燃烧的过程中重量发生改变，通过重力平衡，巧妙实现由横放的长香转变为竖插的短香，并且因为限位卡是金属材质，转换过程中，我们可以听到独特的“叮”的一声金属音。竖插的长香变为横插的短香原理同上，我们在一炷香上实现水平与垂直两种状态。将静态的焚香过程变为动态的变换过程，我们用中国传统造物的一物多用智慧，诠释了一种全新的 MOTION 体验。

图 6-9：“动 · 静”（香具）效果图，金陵造物

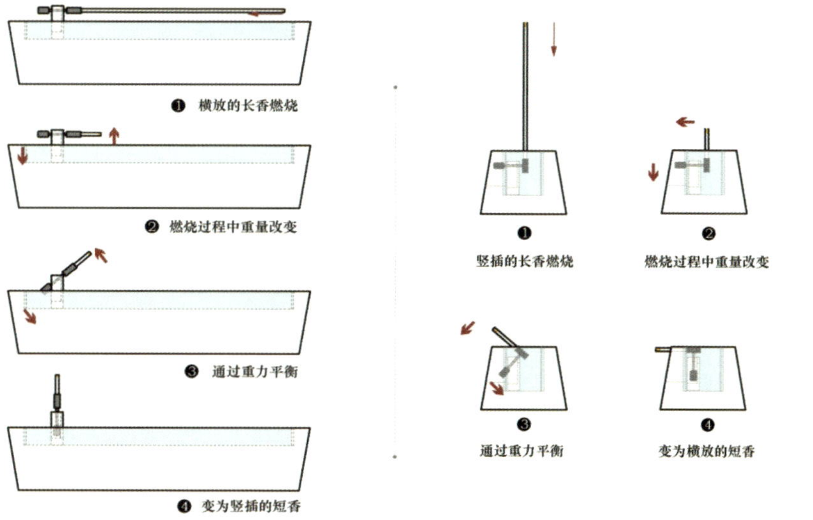

图 6-10：“动 · 静”（香具）结构示意图，金陵造物

四、 中国传统造物“善假于物”的思想

1. 中国传统升水器械研究

中国自古以来就是农业大国，在农业灌溉上的技术和智慧中国人一直处于世界领先水平。灌溉必须用水，谈到水的来源，古人想到了两种方法。一是自然条件充分的情况下，采用自上而下的灌溉工程，原始的自上而下灌溉工程一般是根据地势，采用挖渠、挖河道的方式进行，这种方式是根据自然的重力规律直接推演出的；另一种方法，在自然条件不适合的情况下，古人们想办法让水“自下而上”，这种方式是完全反自然规律的，也是我们今天应该重点研究的。最原始的“自下而上”工具是桔槔（图 6–11），利用人力和杠杆原理，将水从低处提上，这是比较低级的方式；接下来，翻车（图 6–12）出现了，利用手摇、脚踏、牛转、水转或风转驱动翻车，将低处的水提到高处，证明古人此时开始学会借用其他能量帮助自己；再接下来，筒车（图 6–13）出现了，筒车是与翻车相类似的提水机具，与翻车不同，筒车“以水取水”，利用水自身的势能转动车轮，帮助农民灌溉农田。从中国传统升水器械我们可以看出，从人力到利用水的势能，古人逐步使自己从人力提水这件事摆脱出来，这是古人善于“借用”在生产造物活动中的反映。

图 6–11：桔槔图

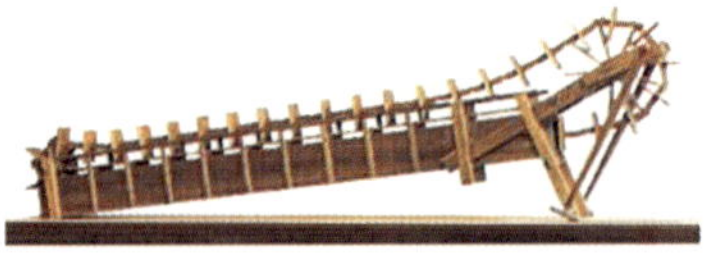

6–12：翻车

图 6–13：筒车

2. 中国传统造物“借用”的思想

假物役机，凭智巧先。要想省人力，就要凭借“智”和“巧”，借用别物的力量来达成自己的目的。王祯在《农书》中赞美“水转翻车”和“驴转筒车”，古人们借用水和牲畜的能量，将水能和动物能转化为我们升水时的机械能，为我们灌溉所用，简便、省力、可持续，没有额外花费。宋应星在《天工开物·粹精》中有云：“杵臼之利，万民以济，盖取诸‘小过’。为此者岂非人貌而天者哉？”[1] 由于杵臼的使用，人们解决了谷物加工过程中的问题，给广大民众带来了方便，可能是受到《易经》“小过”一卦的解释，但这里面真的全凭天意而没有人类

1　（明）宋应星撰，管巧灵、谭属春注释 . 天工开物 [M]. 长沙 : 岳麓书社 , 2002.

的智慧吗？答案显然是否定的。在《天工开物·乃粒》中，“汲灌之智，人巧已无余矣”[1]，宋应星是极力主张人力要跟自然相结合的，光靠人力单打独斗效率并不高，如果我们能充分利用自然的能量，就能在造物活动中获得意想不到的收获。历史的进程可以表明，我们当今把升水器械作为社会生产力发展的研究标志是非常正确的。人类不断“借用”自然界的能量，改善生产环境，使人力减轻，效率提高。在他们身上，我们看到了古代劳动人民的智慧，这种智慧是比我们当代的设计研究更加明智、更加接地气的智慧，承载了深刻的造物思想。假物役机，凭智巧先。人力有限但智慧无限，中国传统升水器械所呈现的“借用”思想，是造物智慧中的创举。

3.“借用”思想的现代造物演绎

上文提到，在造物方面，中国人一向重视“巧”功，这是中国人典型的造物思想观。假物役机，凭智巧先。中国人不仅会在能源方面进行“借用”，在今天的文化产品设计中，我们“借用”中国传统器具的操作方式，用中国的方式来设计“舶来品”，并使这些具有本土文化特征的“舶来品”可以被外域文化顺利解读。收音机的发明者，至今仍有争论，但对于中国来说，收音机是“舶来品”这件事是没有异议的。1923 年，美国人奥斯邦氏与华人曾君创办中国无线电公司，通过自建的无线电台首次在上海播送广播节目，同时出售收音机。全市有 500 多台收音机接收该电台广播节目，这是上海地区出现的最早一批收音机。之后，随着广播电台的不断建立，收音机在上海地区逐渐兴起，均为“舶来品”。直到抗日战争胜利后，上海民族无线电制造业重新得到恢复，国民政府资源委员会在上海建立研究所，国产收音机才渐渐开始崭露头角。但由于官僚资本企业从国外进口大批成套无线电零件，低价销售组装收音机，给民族无线电制造业带来新的打击。

2012 年，我们开始中国方式的研究课题，思考用传统中国人生产与使用的方式来进行现代收音机的设计，使之呈现中国式的造物美学，打上中国方式的时代烙印，取名为“中国方式收音机”（图 6–14）。中国方式收音机分为研乐、悬针、萃韵三种，分别取法自中国传统器具石磨（图 6–15）、药碾（图 6–16）、针灸（图 6–17）的操作方式。“研乐”的设计源自中国传统器具石磨，通过石磨上扇区的旋钮沿圆周运动以调频，通过侧面的两个金属凸点调节音量，背光

1　宋应星（明）撰，管巧灵，谭属春注释 . 天工开物 [M]. 长沙：岳麓书社，2002

LED 字幕显示频段，沿圆周运动调频的动作恰恰就是我们使用石磨时候的方式。“萃韵”的设计源自古人的茶碾和药碾，通过顶部碾轮的滑动调节频率，“碾轮”在“碾槽”中来回碾动以调频，将音韵细细地萃取出来，正是使用茶碾或药碾的动作方式。“悬针”模仿针灸中捻针的动作，通过“捻针”进行调频，出音孔附近的两个金属凸点用于调节音量，背光 LED 字幕显示频段。

教学案例 4：

研乐、悬针和萃韵，所借用的石磨、针灸和茶碾的动作方式，在世界上是独一无二的中国的使用器具的动作方式。即使外国人，一定对石磨、针灸、碾茶碾药等中国文化绝不陌生，我们的这种借用方法，使收音机这种“舶来品”具有了可全球解读的中国方式的设计特征。

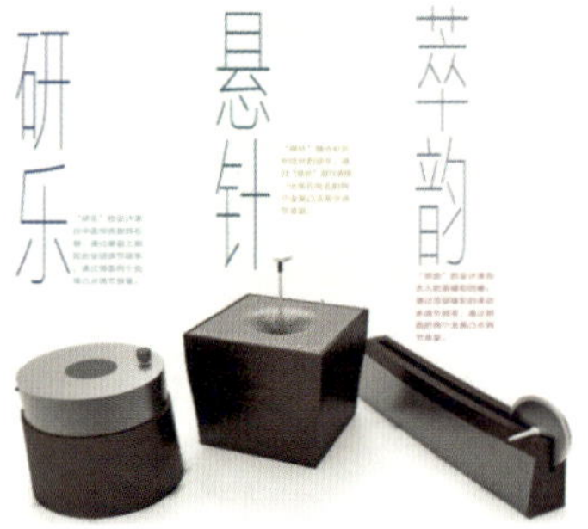

图 6–14

图 6–15

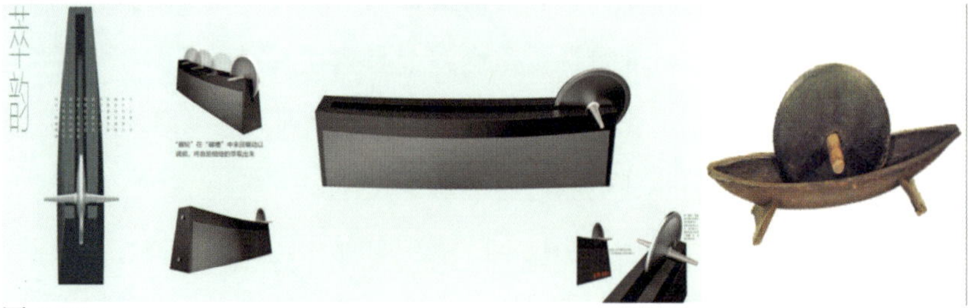

图 6–16

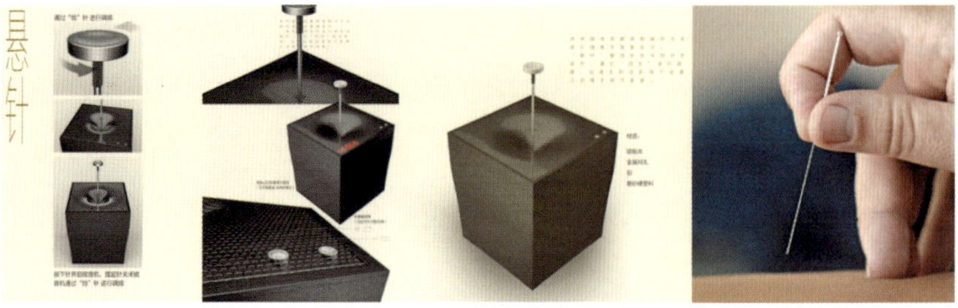

图 6–17

五、中国传统造物“人为物本，物因人用”的思想

荀子最早提出“重己役物”思想，用一种理性的道德规范来确立人在物质世界中的主体地位，应该由人控制物，而不是人被物控制。《尚书·周书·旅獒》有云：“不役耳目，百度惟贞。玩人丧德，玩物丧志。”不被感性情绪所左右，处理事情就会得当，把心思放在玩弄别人上就会丧失道德，把心思放在玩耍器物上就会丧失斗志。可见，中国的先人很早就意识到人对物的绝对控制权，所以所有的造物活动都应该为人所用，所有的造物成果都应该指向为人类服务。在我国古代造物活动中，设计者很早就注意到人与物的关系中人的主体性地位问题，强调人要发挥主导性思想，比如图 6–18，北宋（辽）耀州窑烧制，1971 年辽宁北票辽墓出土的青釉摩羯省油灯，这是一件古代设计中实用与艺术完美结合的精品之作。中国历史博物馆孙机先生考证它是一盏省油灯，设计奇妙之处在于：如图 6–19，由于摩羯鱼腹部被分隔成两部分，其前半部分为储油灯，后半部分用于贮水，利用水的冷却可达到省油的效果。英国着名学者李约瑟博士在《中国科学技术史》中认为，省油瓷灯预示了一种蒸馏冷凝与水循环系统的现代化技术。从设计的角度去看，耀州窑青釉摩羯省油灯就是在不影响整体造型的前提下，稍稍改变产品内部结构，添加一种功能去解决另一种功能所带来的缺点，且这两种造型与功能具有整体统一性。又如铜牛灯，以铜牛腹中的水吸入燃灯所产生的烟，亦是如此。其设计之巧妙的出发点可以看出当时设计是为了给人们的使用带来更好的舒适度与便捷性。人为物本，物因人用。在人的要素和器物生产的关系中，人才是根本，器物的设计、生产、制造必须以人为绝对考虑因素，不仅重视人的物质需求，还要考虑人的情感需求，也就是我们今天所说的“以人为本”。

图 6–18：耀州窑摩羯省油灯，出土文物

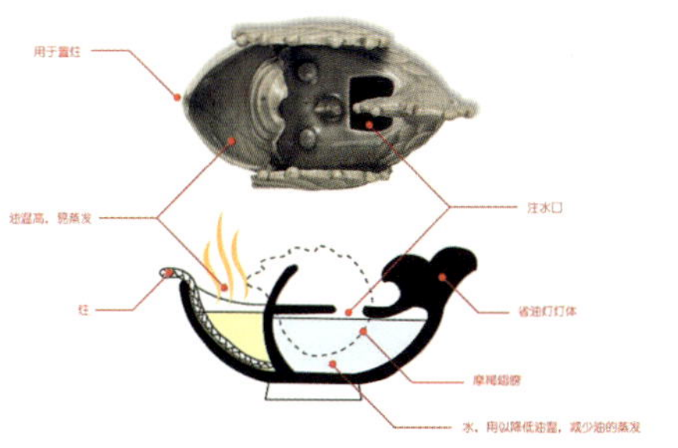

图 6–19：耀州窑摩羯省油灯使用原理分析图

人为物本，物因人用，与我们上节所说的“重己役物”几乎是等同的意思。文献表明，自先秦的造物活动以来，我国传统造物一直遵循着“人第一，物第

二”的思想，重视人和物之间的联系与差异，在人和物之间建立一种密切的联系，充满人性，让人感觉亲切而不是生硬。[1]王祯将其表述为“人为物本，物因人而用”[2]。《荀子·王制》指出：“水火有气而无生，草木有生而无知，禽兽有知而无义，人有气、有生、有知，亦且有义，故最为天下贵也。力不若牛，走不若马，而牛马为用，何也？曰：人能群，彼不能群也。人何以能群？曰：分。分何以能行？曰：义。故义以分则和，和则一，一则多力，多力则强，强则胜物。”[3]水、火能动却没有生命，草木有生命却没有知觉，禽兽有知觉却没有道义，人能动，有生命，有知觉，有道义，所以人在自然界中处于最高的等级位置。人根据道义确定名分、等级尊卑，就能和睦，就能团结对外，力量强盛。可见，荀子认为人是万物的主宰，居于最高的统治地位。“人为物本，物因人用”体现了中国传统造物史上的造物原则，符合哲学上对于人在自然、社会和思维领域的主导认知。

2014年，我们研究“道物工房”的第五年，做了以“诗意的栖居”为主题的设计研究。“诗意栖居”，不仅指居住，更是指生活。通过多维视角和本土化中国式人情味的设计让你慢生活，品味生活，发现并表达生活的美。在审美与抒情方式一章已大致介绍，诗意的栖居共分为——觉物、影戏、拂翼、非编四大系列。审美与抒情方式一章中，我们分析的是“觉物”系列——借用传统意向中“透与不透”的关系，融入现代科技，展现中国方式造物的意向特征。在本章生产与使用方式一章中，我们重点用“拂翼”作为案例分析传统造物与现代设计的人情化延续，以展现造物中我们一直以人为先导，不仅重视人的物质需求，还重视人的精神需求。曾经长辈都有用扇子轻拂我们，帮我们解除心烦，助我们入眠的经历，扇子已成为中国人传递情感的重要工具，但是现在却被我们渐渐遗忘，取而代之的是西方的方式——风扇、空调。现代风扇的主要工作原理是发动机带动叶片旋转产生气流，现代家用空调的工作原理则是运用压缩机、冷凝器、蒸发器等主要机械部件，循环改变室内空气温度，不管是空调还是风扇，他们的工作方式都是纯机械化不带任何感情色彩的。而我们，想延续小时候长辈帮我们扇扇子时的情感传递，又要使产品的使用带有一定的效率性质，综合两者，即用机械方式来传递情感，定义为人文机械“拂翼”。

---

1 郑娟 . 论设计的哲学思维 [J]. 发明与革新 , 1999(6): 19.

2 葛松林 . 中国古代农业技术哲学思想初探 [J]. 科学技术哲学研究 , 1995(2):14–18.

3 （周）荀况撰，廖名春、邹新明校点 . 荀子 . 沈阳：辽宁教育出版社 , 1997: 35 –36.

教学案例 5：

《拂 · 翼》电扇

“拂翼”包括吊扇和立扇。我们希望用带有人情味的机械方式来达到出风的效果，所以两个风扇的联动结构模仿人扇扇子的时候肩、肘、腕关节的连续动作（图 6–21、图 6–22），配合一下一下机械摇动的声音，以此让人产生儿时的联想。不仅如此，从功能的角度看，用这种方式扇出的风非常柔和、舒适，给人以最佳的体感舒适度。所以“拂翼”不仅能作为风扇，还能作为空调辅助系统，加速空气的流动。从这个案例可以看出，我们造物和情感之间的关系经历了一个“人文—机械—人文机械”的过程。传统造物具有人文属性但使用效率不够，现代工业设计使物品的使用效率得到了大大提升但缺少了物品应该具有的“人情味”。我们现在做的，就是反思机械时代的风格特点，观察西方人从效率出发造物的方式，基于中国式生产与使用的特点——从人的感受出发，传递自然而具有情感的现代产品设计。

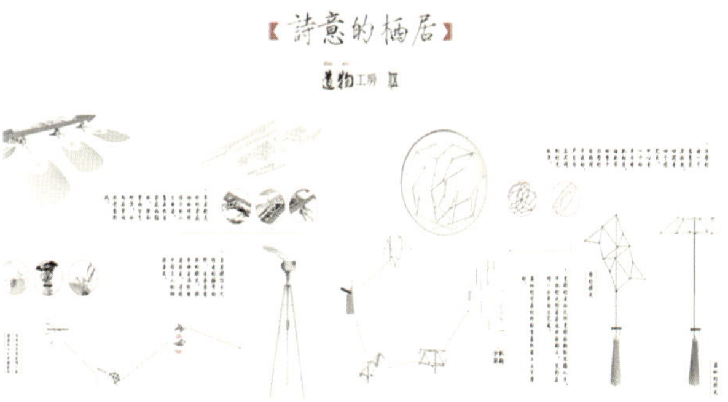

图 6–20：道物工房五——诗意的栖居，金陵造物

图 6–22：诗意的栖居 · 拂翼（吊扇）

图 6–21：诗意的栖居 · 拂翼（立扇）

学生作品：《拂 · 翼》

作者：金祥　陆文浩

获奖信息：2014 首届江苏文化创意设计大赛“紫金奖”评委会大奖

现代灯具不仅要满足功能，而且也要注重精神传达方面。由于灯具具有实用和审美双重价值，不论是在公共空间还是在住宅空间，它都发挥着自己独特的魅力。2016 年我们尝试将灯具与现代艺术、轻科技结合，在现代灯具设计中融入最新可行的工艺，材料，概念等，使其更加现代化、趣味化。通过了解机械运动特性的基础，探讨灯具设计在营造禅意空间氛围中的体现，机械运动结构在产品设计中被应用，通过对机械运动路径和材料相互影响的结果下，深入研究机械结构运动方式和材料肌理变化，同时材料表面的形式和造型进行探索。

教学案例 6:

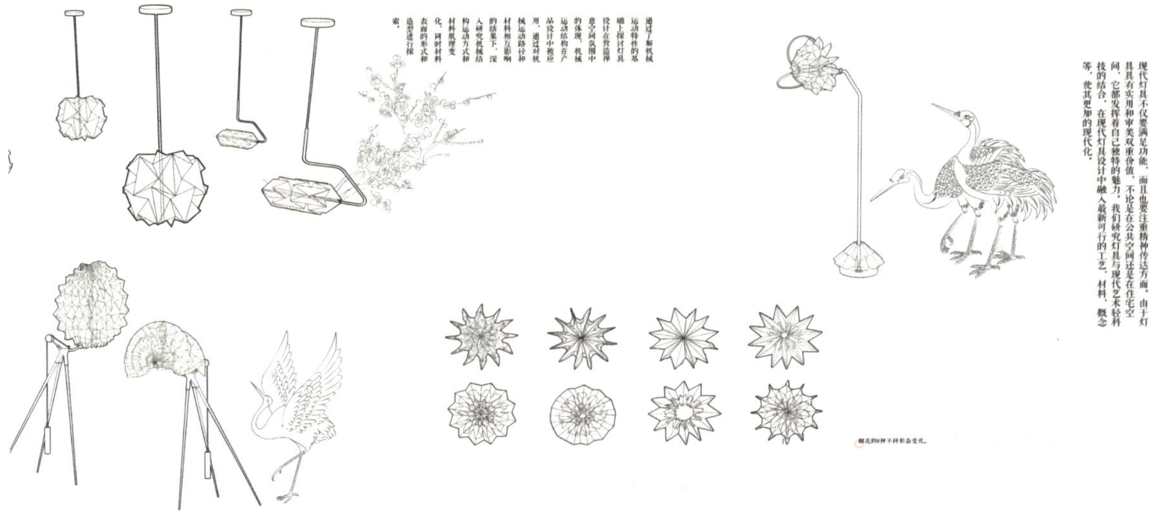

作品选择以动态结构结合外观造型去营造禅意空间，把这一独特的方向作为主题，从动态的视角来表现对禅意氛围的理解。在此，考虑的是如何将古人造物智慧与现代轻科技相结合，在电子时代与传统文化相碰撞，产生新的造物智慧。

学生作品：《呼吸折纸灯》
作者：张倩
作品参加 2016 伦敦设计节（Experience 100% Design）南京周

本章小结

本章，我们首先探讨中国传统思想中的“人”与“器”。造物的过程，说到底就是主体“人”和客体“物”的关系问题，这个问题在研究生产与使用的方式中，表现得更加明显。中国人从秦汉时期开始，就对宇宙、社会、人、物之间的关系有了系统性的初步认知，知道造物要综合考虑各方面的因素。在造物的生产实践和使用过程中，“技”（生产制造的技术与方法）、“道”（指导生产制造的方法论）、“器”（生产制造的最终结果呈现）三者之间需要沟融与融合。即技以载道，道器合一。古人有不少记述农业、手工业的书籍很好地表现并论证了这种关系，比如《天工开物》，书中的记述都是古代先人们智慧的结晶。本章用四大方法展现了传统造物的生产与使用方式在当下产品设计中的实践创新。

第一，系统化模件化。很多人认为系统化模件化的设计方法是西方传入的产物，但据雷德侯考证，中国传统文化中很多方面都能体现出模件化的倾向。传统器物表面装饰模件化，生产制造技术模件化，传统器具相当一部分以组合使用的形式出现，并且，手工业生产体系下呈现明显的劳动分工倾向，这也是模件化的形式之一。我们选用南京文化产品设计中的“石头盛”（秦淮小吃餐具设计）和“雨花台”两个案例，表现了现代文化产品的模数化设计方法和组合使用特征。

第二，多用途。从中国传统食器多用途的代表——筷子出发，分析中国传统器具多用途的特征，以 LEXUS DESIGN AWARD “动·静”（香具）的设计实践，表现一物多用、一器呈现两种状态的新智慧。

第三，“善假于物”。从中国传统升水器械（桔槔、翻车、筒车）的研究出发，分析中国传统造物“借用”的思想，以中国方式收音机设计，表现“借用”传统意向进行创新操作体验的中国方式设计。

第四，“人为物本，物因人用。”从传统造物“重己役物”的思想出发，结合北宋（辽）耀州窑烧制的青釉摩羯省油灯，提炼出“人为物本，物因人用”的思想。这种“人本物用”的思想不仅体现于器物的使用价值，更重要的是带给人们的情感体验和精神价值。比如 2014 年本人带领本科生完成的道物工房五——诗意的栖居·拂翼，就是传统造物人性化与人情化的现代设计延续。在这章中，我们的论述方法比较规整，以传统器具分析导入 + 传统设计的方法论概述 + 当下设计实践的具体应用方法这样的三段论行文方式构成，找寻传统造物中的生产和使用方式对于现代设计创新的智慧启迪。

总的来说，中国传统造物之下系统化模件化、多用途、借用、人性化等生产与使用方式值得我们当代设计认真学习推敲。

学生作品：《碰撞与融合》
作者：何以诺

7 中国方式特征与造物延续的路径之五——社会活动方式

一、中国文化的深层社会结构

1. 中国人对“人”的定义

“存在”的拉丁语为 existere，有“站出来”的意思，看拼写我们可以发现，其非常接近英语中的 exit，而 exit 在英语中是“出去”的意思。通过意识形态哲学研究我们可以发现，存在主义（又称生存主义）者认为，一个人之所以能称得上存在，必须以独立的个体作为基础，从社会角色中脱离开来，自我内省，才是“存在”。可见，存在主义的释义与拉丁语中的含义极为接近。在中国人传统的思想观念中，人，是社会角色的总和，即，人必须处于社会关系中，人的价值才能得到发挥，得到别人的承认、认可。自我封闭、个人主义，都是很不好的方式。中国人对“人”的定义，一定是强调社会关系忽视个人自我的。《论语》有云：“仁者，人也。”什么是人？将“仁”字拆开，单人旁加表示数字的“二”，说明从古代哲学开始，中国人就认为在两人关系或社会关系中，才能对个体的“人”下定义。在传统社会，这个“两人”意味着君臣、父子、夫妇、兄弟等等；到了现代，“两人”扩展到社会群体关系，但本质上中国人用群体定义个人的深层社会结构并没有改变。在这样的文化背景下，显然东西方对于“人”的定义就形成了两大不同的阵营。西方崇尚由内定义外，由个人定义外延的社会关系；中国崇尚由外定义内，由社会关系来定义个人角色的价值。在这样的定义下，不在社会关系中的孤零零“个人”很容易被判定为没有价值。除此以外，中国古代伦理思想的显著倾向就是肯定人在天地之间的重要地位并强调人与自然的统一关系，既肯定人与天地之间的区别，又强调两者之间不可分割的密切联系。儒家的《易传》以“天地人”为“三才”，道家的《老子》以“道、天、地、人”为“四大”，《礼记·礼运》更是把人视为天地之中心。

2. 中国人的“和合性”

谈论中国人的“和合性”，从中国人的烹饪和饮食方式说开去再合适不过。和西方国家做菜每道菜泾渭分明、重点突出相比，中国人烹调习惯于将各种食材、各种调味料“和合”在一起，使菜肴和调味料之间互相渗透，互相转化，而不是互相孤立泾渭分明，这是中国人从古至今口味及烹饪方式上的“和合”特点。饮食上，和西方国家的分餐制截然不同，中国人喜欢一大家族围聚在一起，热热闹闹，从共同的菜品中共同夹菜。甚至很多情况下，会出现用夹菜代替让菜的情况，用自己的筷子夹菜硬塞给对方吃。随着社会观念的进步，这种让菜的情况也在渐渐改观，但总的来说，西方人的用餐习惯体现了强烈的个人主义，而中国则是“和合性”。上文分析过，中国人用“仁”来定义“人”，用社会关系群体关系去定义个人价值，这种观念反映在中国人的“人情味”中就是合二为一，我中有你，你中有我，没有明确的界限感。比如待人接物中，中国人喜欢抢着付账，中国人不喜欢计较“小钱”，他们认为这是小气、太较真的表现。对于亲朋好友，感觉自己吃一点亏也无所谓。中国人普遍不喜欢与人，尤其是自己的亲朋好友划清“界限”，即中国人在人际交往过程中“界限感”较弱。但当今越来越多的人发现，没有明确的界限感，会带来很多问题，比如婆媳矛盾、好友反目成仇等等。界限感的缺乏极易使人过分进入别人的生活领域和人格领域，给别人的生活带来困扰。中国自古以来流传的“在家靠父母，出门靠朋友”，不是没有道理的。

当关系比较好的一群人三五成群外出，大家需要去不同的地方，是彼此一起陪逛还是分道扬镳？这个问题放在美国人和中国人身上可以得到完全不同的答案。美国人大多数都会分道扬镳，各自去各自需要的地方，分头行动；中国人大部分情况下会陪着别人逛他们的，别人再陪着逛自己的，因为在中国人看来，既然大家关系不错，分道扬镳是很不礼貌的。可见，中国人具有强烈的“在一起”感。中国人的陪逛行为是美国人不能接受的，一方面美国人时间观念都极重，不想把时间浪费于无谓的等待；另一方面，美国人从小被教育拥有独立的人格，不要依附别人。而中国人一向惧怕落单、脱离大部队，所以用强烈的“在一起”感掩盖了很多交友的真实意图。这种掩盖很多情况下并非出于主观故意，可能是当事人自己都意识不到的。

二、中国传统居住文化与居住建筑

探讨中国人的社会活动方式，我们选取了住和食两个方面。从居住文化和居住建筑来谈，我们发现，中国传统古建筑与中国人的自然观和造物观一样，以“天人合一”为建筑根本。细节决定成败，中国古代建筑的辉煌成就与局部细节的精细处理是分不开的，也体现了天人合一的根本化属性。作为一个刚接触中国文化的外国人，他们普遍对传统建筑的大屋顶颇有兴趣。一个敞开的“人”字，架构于建筑之上，动感飞檐，蔚为壮观。但据史学家的研究，中国的大屋

飞檐

“民以食为天，箸者下圆上方。”——《考工记辅人》

天坛

地坛

顶发展伊始是不带飞檐的。人们处于对天的崇敬，由于屋顶遮蔽了天而诚惶诚恐，希望从屋顶的形制上寻找“通天”的办法。于是飞檐的设计应运而生，屋顶倾泻而下，停住，反向弯曲，曲线优雅，是一股向上腾起的动势。动静结合，虚实相济，不仅是体现了中国居住文化的根本，也是中国传统美学的深刻反映。《周易·系辞上》中记载：“有天地然后有万物，有万物然后有男女，有男女然后有夫妇，有夫妇然后有父子，有父子然后有君臣，有君臣然后有上下。”[1] 在古人的意识里天地是万物之始，人作为天地派生出的个体因子必然要顺应天、象法地。自奴隶社会早期以来素有“制器尚象”的传统，映射到建筑房屋的造物活动中便是追求天人同构，因而自古以来中国素来有“天似穹庐”和“天地入吾庐”之说。从自然的视角来看人们认为“宇宙即是建筑，建筑即是宇宙”，即宇宙是“大房屋”，房屋是“小宇宙”；从造物的角度看人们筑房象法宇宙，效仿天地以求“虽由人作，宛自天开”的审美理想。“天圆地方”便是对这种有机宇宙观的特殊注解，古书有记载说：“天圆如张盖，地方如棋局。”对于法则记载说：“天道曰圆，地道曰方。”对于性质记载有：“天动为圆，地静为方。”这种思想浸透到古人衣、食、住、行、用造物活动的每个层面，如《庄子·田子方》中记载了“儒者冠圆冠者，知天时，履句履者，知地形”[2]；《考工记辅人》中记载了“民以食为天，箸者下圆上方”；《大戴礼记明堂》中记载了“诊之方也，以象地也，盖之圆也，以象天也”以及“以茅盖屋，上圆下方”[3]。如今流传于世的从原始时期的红山文化遗址到明清时期的天坛、地坛都显而易见“天圆地方”的建筑法则。不管从宫殿建筑群体组合到民居筑所庭院形制皆为方形和矩形，皆以“地方”来呼应“天圆”。比如单体建筑的反宇飞檐以凹形的圆弧曲线来表达与“天圆”的自然衔接，同时也表达了人顺应天的“谦卑”的态度，不仅缓解了高榭台相对于地面的匍匐感，在方正严整与稳重熊伟中呈现圆转曲折、轻灵秀美的活泼姿态，而且这种自然有机的曲线既和谐又恰如其分地融入自然环境，与起伏的山，姿态绰约的树木及周围的环境在视觉上浑然一体。当中国的古人普遍认可“天圆地方”的时候，西方《圣经》早在三千年前便指出“上帝坐在地球大圈之上”，大地是圆球形，随后又指出地球的东西两半球都有人居住。随着原子论和地球论的确立和发展，伴随着科学技术的进步他们以

1 《周易·系辞上》.
2 《庄子·田子方》.
3 《大戴礼记明堂》.

圣彼得堡金顶大教堂

圣家族大教堂

观测实证的传统形成系统的自然科学、生命科学以及更加科学的宇宙观。首先，对待自然的探索更偏重于个体独立的自然客体研究，因而在建筑中更注重单体的形式因素所带来的韵律感。西方人把建筑称为“凝固的音符”，即是这种韵律感被凝固在外显于建筑的各因子之上，受自然科学和纯粹的理性主义影响建筑审美偏重于严谨的几何形态，完美的比例结构以及精准的数理计算。其次，在处理人与自然的关系时倾向于抗衡，对自然的态度更多地表现为人为的改造，他们认为“建筑作为一种人工文化，是人对自然的强制性的进击、占有与征服”。所以表现在建筑上与中国反宇飞檐相反，强调向天凸出的圆弧曲线和直指苍穹的尖塔，呈现出一种夸张而又令人震撼的尺度和一种向上伸展的张力，体现了人对抗自然的力量，这是以建筑为载体为了证明人的崇高和永恒存在的创造。这种二元对立的思想一直到文艺复兴以后才有所缓和，由重个体转向着眼于整体性。在工业革命时期的西方现代设计中，在对工业化进程的反思和反都市倾向的背景下二元对立转向二元调和，并提出建筑自然化的思想由改造自然转向模仿自然、顺应自然。因此对自然植物的模仿形成了浪漫主义的有机建筑；对自然生物的模仿形成了生态主义的有机建筑；顺应自然形成了理性主义有机建筑。尤其以赖特的建筑最为著名，他认为建筑是连接生命系统和自然系统的纽带必然要展现对人性的关怀，他把有机建筑称为“活”的建筑并以此来恢复建筑基本功能——“住”的容器。由此人与自然和谐相处开始成为人们的共识，

诚如赖特所言：

“我在以自己的观念建造房屋时，并不知道老子，我是很晚才发现老子的。原先我曾自诩自己有先见之明，认为自己满脑子装有人类需要的伟大的预见。因此我起初曾想掩饰但终究不得不承认，我只是后来者。几千年前就有人作出了这一预言。不过我又想到自己毕竟不是乞灵于老子。这是一个更深蕴的客观存在的事实，是永恒的并被坚持着持续下去的事实。”

同时这并不是一种简单意义上的对自然的回归，而是站在现代设计的基本价值立场之上综合了对工业化、科技化以及建筑哲学的反思之后所提出来的，为了更好地满足人的需求为人服务的新理念，这是思想上的巨大进步。

1. 社会制度对中国居住文化的影响

封建土地私有制是中国古代的基本土地制度。与西方以工业生产进行资本累积不同，土地私有使以土地为生的人们看到了土地的重要性，形成了牢固的土地观念。土地作为一种财富的象征和私有物，但凡有经济实力的人开始购买土地，购置田产，大兴土木，盖房造园，人们热衷于一切与土地有关的活动。资本与土地的结合，极大地促进了居住文化的发展。历史上最具代表性的徽商和晋商，他们创造出的安徽黑瓦白墙民居和乔家大院，成为中国传统建筑设计史上不可不提的一笔。

"社"是中国古代独有的地域单位。[1]中国古代民间村社组织，以家庭或家族为单位，限制人口迁徙。这是完全不同于自然村落的组织形态，蕴含着丰富而厚重的政治因素。对人们的日常生活来说，村社将人口、家庭和家族固定在属于自己的土地区域内，限制迁徙，强化"乡土观念"。所以，在这样村社制度之下成长起来的人们，即使短时间外出，最终大多数还是会选择回到自己的土地上，继承祖业，人丁兴旺。可见，中国传统建筑中经常出现四代同堂或者五代同堂的情况不是没有原因的。某种程度上，促进了以院落组合为特征，长幼尊卑伦理严谨的传统居住建筑形态的产生。中国在夏朝就建立了宗法制，由氏族社会父系家长制演变而来，重视血缘关系，对后世封建社会的发展影响巨大。中国传统的居住形式，在血缘关系和宗法关系的支配下，呈现出某些显著特征。比如，由于血缘的维系，中国传统建筑的特点之一即生产生活二合一。在古代，家庭本身就可以作为一个小的生产单位，男耕女织，所以反映在城市住宅——外面是商店里面是住家，反映在农村住宅——住宅的厕所一般都是和院子连在一起。建筑布局上，受伦理尊卑影响，四合院等具有明显中国传统特色的建筑应运而生。

2. 传统住宅的风水论

风水，又称堪舆、相地、阴阳等，是汉民族历史悠久的一门玄术。以传统阴阳五行观为根本基础，以阴阳平衡、藏风得水为目标，核心思想是"生气论"。认识生气，利用生气，是风水活动的关键。风水，可作为环境及建筑设计的一部分基础理论，建立住宅，或治理都城。学术界认为，研究风水的鼻祖是郭璞。他在《葬书》一文中，开篇明义"葬者，藏也，乘生气也"，可见，生气是《葬书》的核心和灵魂，葬乘生气是风水活动的纲领和主旨。"夫阴阳之气，噫而为风；

风水，又称堪舆、相地、阴阳等，是汉民族历史悠久的一门玄术。以传统阴阳五行观为根本基础，以阴阳平衡、藏风得水为目标，核心思想是"生气论"。

1 丁俊清 . 中国居住文化 [M]. 上海：同济大学出版社 , 1997：14—20

西安半坡博物馆
半坡聚落模型

气者，水之母，有气斯有水。”“经曰，气乘风则散，界水则止。古人聚之使不散，行之使有止，故谓之风水。”《葬书》中说呈现的“风”与“水”的概念，最早来源于《周易》八卦巽卦和坎卦的象征物。古人由于自然条件和科学技术的限制，大抵只能从想象的角度看待自然中的客观物，带有唯心主义的色彩。

人们对风水的理解与应用，最早无疑体现在住宅的建造上。住宅是跟人们生活联系最紧密的建筑形式，甚至，在原始社会，住宅的建造关系到人们的生存率。考古发现，最早能体现中国风水轮的住宅应该是半坡仰韶文化村落遗址。半坡文化是新石器时代的文化，距今约 6800—6300 年，在今黄河中游地区，是今天黄土高原地区窑洞住宅的原始雏形。这个地区一年四季较为干旱，降水少，分布集中，冬季风大。考古发现，半坡时期的村落遗址位于白鹿原西侧下，白鹿原终年森林茂密，潺潺河水，半坡遗址中所有的房屋都是坐北朝南，靠山临水，每家每户都有一片开阔的院子。这样的风水建造观必然有其原因，背山建造阻挡了冬季来自于西伯利亚的寒流，坐北朝南、院落开阔保证了冬天的日照时间，窑洞设计藏于山体内，使冬暖夏凉。半坡先民们这种“藏风得水”的建造意识，干旱的气候条件下，仍然保证了居民们的生产生活用水，不管是农耕、畜牧还是捕捞，都带来了极大的方便。[1]

对于传统历史上的建筑，民居住宅都能很好地使用风水论指导建造，那对于一国之都的建造，更是动用了丰富的风水理论。世界上文明古国都能原样保存下来的很少，比如意大利罗马、希腊雅典、埃及开罗，都已经不再是当年的形态和样貌。但唯有北京城，历经五个世纪的历史沧桑巨变，仍然很好地保留了其传统与历史，尤其是故宫一带。我们今天研究，北京城的建造包含了丰富的中国风水理论指导，其方位、地形、水流都经过了严格的测算。宋代理学大师朱熹曾评论北京城的建造有云：“天地间好个大风水！冀都（即今北京）山脉从云中发来，前面黄河环绕。泰山耸左为龙，华山耸右为虎。嵩山为前案，淮南诸山为第二重案，江南五岭诸山为第三重案。故古今建都之地，皆莫过于冀都。”[2] 中国总的地理趋势西高东低，水系丰富，山脉丰富，北京城的选址与这一大的趋势完全相符。前有黄河，左有泰山，右有华山，前有嵩山，完全符合“山环水抱必有气”的风水格局。当然，中国传统的风水观在发展的过程中

1　于希贤、于涌．中国古代风水的理论与实践——对中国古代风水的再认识(上、下)[M]. 北京：光明日报出版社，2005.

2　（清）孙承泽．天府广记 [M]. 北京：北京出版社，1962：5.

不可避免带有某些迷信色彩，但总的来说，对我们今天的环境规划、建筑设计、室内设计还是产生了丰富而深远的影响。

3. 中国传统居住建筑

中国地大物博，北起黑龙江漠河，南到南沙群岛曾母暗沙。西起帕米尔高原，东至黑龙江、乌苏里江汇合处。陆地面积960万平方千米，陆上边界2万多千米。这样广阔的面积，使得中国大陆内部呈现出极大的环境、气候、板块、地形差异，从东到西，从南到北，中国传统住宅形制呈现巨大的差异化特征。我们这边暂且以南北方地域为代表，研究南北方的传统民居形制以及造成差异化的原因。中国幅员辽阔，北方可再细分为东北、西北、华北，东北以大院为主要民居形式，西北以窑洞为主要民居形式，华北以四合院为主要民居形式。虽然形式多样，但北方民居总体体现出空间紧缩、坐北朝南、南窗大北窗小的特点，为的就是增强保暖性，充分采光，防止北风侵袭，进一步节省采暖能耗。北京四合院是我国历史上颇具代表性的北方民居形制。前文已经分析过，中国传统的建筑系统，最小的单位是开间，开间组成房屋，房屋连成院落。四合院定位于“院”，意味着四合院的建造理念重点是“院”不是“间”，房屋的群体构成，体现居住的群落性、群体性。以“院”为中心的房屋群落组织方式是中国传统住宅的主要布置形式。北京四合院的布局设计轴线清晰、院落分明、尊卑有序、隔绝内外，明确展现了中国传统伦理等级和宗法思想在社会生活方式上的反映。北京四合院坐北朝南，按南北方的轴线进行东西房屋对称分布。如图7-1，四合院的院落大门一般偏于正南一侧，古人称“坎宅巽门”，讲究的人家在外大门内部还有一道内大门，但内外大门绝对不在一条直线上，这样的偏向设计很好地保护了院落的隐私和对外的封闭性。步入大门，进入前院，四合院作为居住性场所，前院的面积都不大，以倒座为主，主要用作门房、客房、客厅。接下来，穿过中门进入内院，内院进深较大，且可根据家庭人口数量调整进深和房屋数量，由正房、耳房和两侧厢房组成。北面正房称堂，供奉“天地君亲师”牌位，举行家庭仪式；正房为长辈居住之所，厢房根据长子次子之别，为晚辈居住之所。大型四合院，在院落进深上增加院落；超大型的四合院，再增加平行的几组轴，但总的来说，无论面积多大，数量多少，所有的四合院都遵循轴对称的设计理念，这也是与中国传统思想观相符合的。四合院与外界隔绝，院内栽种花草、养养虫鱼鸟兽，通风日照条件也好，是北方气候下十分舒适的一种民居样式。且内外有别、尊卑有序，体现了中国传统的伦理与等级观念。[1]

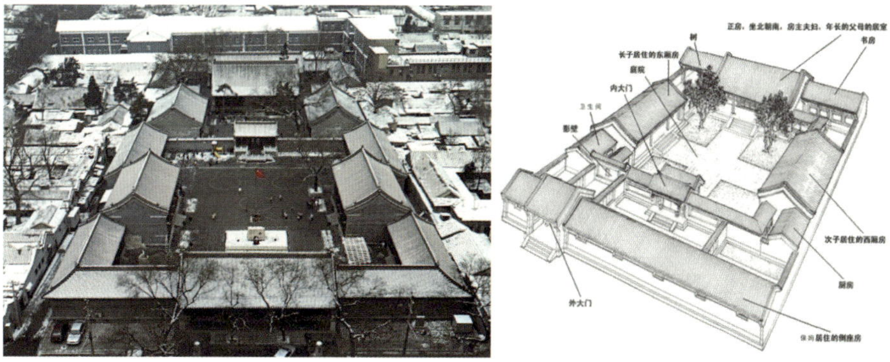

图 7-1：北京四合院

南方，一般指江南地区。因为自古以来就有“上有天堂，下有苏杭”的说法，江南地域经济富庶，人们生活安定有序，是传统经济发展的重要经济带。南方气候温和，水系丰富，大大小小的江河湖海加上水塘河溪，带来了独特的江南生活方式。由于水系众多，交通便利，江南的商人走向全国乃至海外，将其他地域的文化带回，交融融合，形成了以本地文化为主，在细节中又带着异域特点的江南文化和建筑风格。不同于北方高门大宅，南方住宅好似一个清新温婉、不施粉黛的姑娘，中等规模，适合居住，色调淡雅，喜好原木和原色装饰，柔美细致。天井是江南民居的住宅设计的重要特征（图 7–3），这一点从我们小时候住过的老房子和现在所剩不多的传统民居可以看出来，我们这里以徽州民居为例。天井天井，顾名思义，选取天空做采光井。天井其实也是个小院落，南方民居中的各房屋都围落在天井四周，形成以天井为中心、统领各房的格局。和北方相似，天井的围合体现了传统礼教的等级伦理秩序，以某种建筑形式围合大家族的生活秩序。另一点与北京四合院相同的是，江南民居中的房屋可以沿南北方向的轴线叠加，说明建筑的可增长性是中国传统建筑体系的特征之一。中国南方采用天井的建筑手法跟南方的气候有很大的关系。南方夏天有独特的黄梅季，多雨潮湿，可以整个月不见太阳，淅淅沥沥，东西极易发霉。在这样的气候下，南方民居一定要注意通风和采光。另外，天井统领各屋，各屋都向天井排水，也是很方便的。

图 7–2：宏村

图 7–3：南方天井民居

1　刘致平 . 中国居住建筑简史 [M]. 北京：中国建筑工业出版社 , 1990：56—62.

不管是南方还是北方，不管是通风还是采暖，中古传统的住宅形制有一些共同的特点是能提取概括的：

第一，传统住宅的空间特征。环境设计、建筑设计、室内设计，都是有关的空间的设计研究，空间的的创造、空间的关系、空间的使用是住宅空间设计的主要内容。这一点，我们祖先在几千年住宅的造物过程中积累了丰富的经验。中国人认为，空间是可以相互依存、相互作用、相互转化的，就像阴阳、有无、虚实，在一定的条件作用下，相互转化融合。所以空间与空间之间不是对立的关系，应该呈现出在对立中求统一，在统一中求变化的状态。中国人注重含蓄，注重过渡空间、流动空间的设计。艾蒙德·倍根这样评价传统住宅的空间特征："用建筑物的一面实墙限定出来的空间只不过是没有性格的空间，通过重现中国方式的情况下，就可以在一个空间中注入建筑艺术意义的精神，表现出节奏和肌理。"

第二，传统住宅"院"的构成。上文分析过，中国传统建筑不重单体，重群组。不管是北方的四合院还是南方的天井住宅，中国人喜欢在一个大空间内形成小空间的群组，也就是院落。院的构成，是中国传统居住建筑的精髓。如果将单体建筑独立出来，建筑的外立面对于大环境的影响并不大，最终只是起到好看的背景作用。但中国人将建筑单体围合到院落，其作用就大为不同了。对于院落这个空间来说，建筑单体的外立面就成为了审美的主题，而院落反而成为了建筑的衬托。室内与室外空间相互影响，室内空间看做室外空间的延伸，户外空间作为室内环境的扩展，这是中国传统住宅空间设计的"二重性"。

第三，传统住宅的平面特征。从建筑单体的轮廓来看，中国传统住宅都具有十分规整的形制，而西方却从来做不到这样。究其原因，造成中西方建筑轮廓差异如此巨大的原因是结构因素。中国传统建筑采用梁柱体系框架结构，以木材为主要材料，墙体不承重，所以建筑外部规整，内部分割自由。西方由于采用券拱结构，墙体承重，结构不自由，造成了很大差异。另外从平面图上看，中国传统住宅一般遵循轴对称的建造方法，体现了中国传统封建伦理教道，符合中国人的审美习惯。

三、中国人的典型居住形式——传统与当代

1. 中国典型传统家庭的组成形式

家庭的组成形式，往往与家庭内部人与人之间的关系息息相关。其中，占据主流的两种关系是代际关系和夫妻关系。身为夫妻关系的两人居住在同一屋檐下，是再正常不过的事情，所以夫妻关系对于家庭的组成形式影响并不大，影响较大的是代际关系。代际关系是两代人之间的人际关系。我们前面分析过，西方人对于“人”的定义是从个体出发的，对于“群体性”和“在一起”的需求也没有中国人强烈，这表现于代际关系就是强调“断裂”。西方人的观念中，每一代在成长了之后就完全了建立了自己，不再依附于别人，也不再受别人控制，以清晰的表现和认识到“自我”。为了做到这一点，就必须使下一代脱离上一代进行完全的独立，所以西方人的代际关系并不“和合”，上一代和下一代都倾向于独立人格的发展。表现在家庭的组成形式上，西方基本都是小家庭的构成形式，儿女成年便独立出来，老人们自己居住，很少有老人主动要求跟儿女同住的。其实，代际关系的不和合不仅反映在西方，中国同样存在。应该说，任何人类的社会中，代际关系总是紧张的。下一代的出生成长，总会对上一代的权威进行挑战。之所以中国的不和合性不明显，就是因为在中国的传统文化观中，下一代是必须向上一代妥协的。中国有“不肖子孙”这个成语，指不能继承祖先事业，没有出息的子孙，“肖”的含义是相似。中国人用“肖”来定义“孝”，认为只有与上一代相似，遵照上一代的意愿才是孝顺。所以中国人的代际关系表面上还是维持着“和合”，不像西方呈现明显的“断裂”。因为“和合”，传统家庭以整个家庭作为生产生活单位，一个人的生老病死、婚丧嫁娶全都离不开家庭这一单位。中国典型传统家庭的组成形式是大家庭模式，这个包含两层意思：一个是兄弟姐妹分家，父母与其中一个子女以及他们的小家庭居住在一起的形式；另一个是兄弟姐妹不分家，父母与所有的子女以及他们的小家庭居住在一起的形式。不管是否分家，这两种居住形式都是三代同堂、四代同堂甚至五代同堂的大家庭样式。这种组成形式在历史悠久的封建社会时期一直被奉为典范。

2. 当代中国家庭结构的变化

家庭小型化是中国现代家庭发展的基本趋势。我国家庭的小型化主要表现在两个方面：首先，家庭户规模大幅下降。如图 7–4，随着计划生育政策的实施以及人们婚育观的转变，20 世纪 80 年代以后，我国生育率不断下降，家庭户规模大幅缩减。第五次和第六次全国人口普查显示，我国的总生育率分别仅为

1.22 和 1.18。其次，核心家庭是我国家庭结构的主体模式。计划生育政策催生了大量的“四二一”家庭，即四个老人两个夫妇一个孩子，呈现倒三角形结构，传统金字塔型家庭结构已成为历史，核心家庭成为当代中国最普遍的家庭结构类型（图 7–5）。

资料来源：中华人民共和国国家统计局．中国统计年鉴 2012，中国统计出版社。

图 7–4：1953 —2010 年我国平均家庭户规模的变化趋势

图 7–5：现代中国家庭结构变化——从大家庭到小家庭

目前 80 后和 90 后正在成为婚恋市场的中坚力量，这一阶段中国家庭结构的变化可以说是相当具有代表性的。夫妇核心家庭持续增加，结婚后的夫妻双方各自脱离原生家庭，组成二人小家庭。不久，随着孩子的降生，夫妻双方的长辈也会开始介入到这个新三口之家的生活中——这意味着三代同堂的家庭结构。如今 80 后 90 后均面临着巨大的工作压力，在相当的客观条件和主观条件之下，大部分小家庭是无法维持由其中一人（基本上为女性）脱离工作全职陪护孩子的，请别人看护也面临着经济压力增加、不放心等因素，所以在这种情况之下，中国特色的一段时间内的着三代同堂的家庭结构就产生了——由夫妻双方的父母过来同住带孩子。具体情况不一而足，可能是丈夫的父母亲，可能是母亲的父母亲，也可能是轮流过来，但不论是哪种形式，这种特殊时段内的三代同堂是我们当下社会结构中的特色。若干年后，一般等孩子上小学或上初中之后，老人们回归原生家庭，至此核心家庭只剩下两代人（图 7–6）。

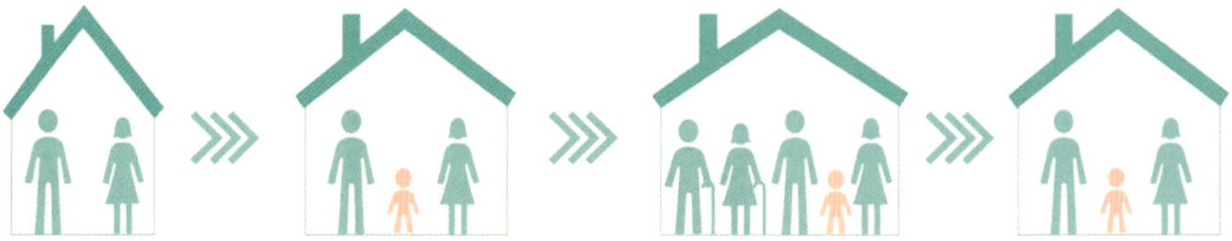
图 7–6：夫妻婚后若干年内的家庭结构变化——从小家庭到短时期内的大家庭，最终回归小家庭

3. 基于中国典型居住形式下的方式设计

家庭结构的变化一定会带来关于饮食习惯、烹饪方式等一系列的变化。据调查，80 后和 90 后正在成为国内婚恋市场的中坚力量，刚迈入新婚生活的 80 后或者 90 后的年轻夫妇，由于新婚的新鲜感以及工作压力的原因，会选择在外面吃，不做饭或者能够为他们带来更多便捷的烹饪方式——比如西餐。但两三年后随着孩子的降生，家庭结构开始发生重大变化——不仅仅是两口人向三口人的转变。据目前中国现状，孩子出生后夫妻双方的长辈会开始介入到这个新三口之家的生活中——这意味着三代同堂的家庭结构。这时年轻夫妇的生活习惯和方式已经难以满足三代人的共同需要。我们能预见到，随着双方父母的介入，两代人之间一定会产生不少的分歧和矛盾。因为不仅有原生家庭的代际关系，还加入了另一个家庭形成新的代际关系。新的代际关系中，来自两个家庭的生活习惯差异、认知差异使新的家庭组成充满挑战。作为我们，希望可以帮助他们在两代人之间搭建桥梁，使这其中因为居住形式、饮食习惯造成的矛盾关系得以改善。

中国当今的大城市节奏快压力大，与父母同住时，夫妻因为工作繁忙需要加班往往不能和家人一起吃饭。但上文已经分析过，中国人具有强烈的“和合性”和“在一起感”，在中国传统观念中，一家人吃饭被认为是一件很重要的事，长此以往父母带孩子吃饭，夫妻在外吃饭就会对家人间的情感关系造成一定的问题。2011 年，本人担任博世西门子中国市场家电设计工作坊的项目主持，博世西门子希望对中国家庭的饮食方式进行研究，做出基于中国方式博世西门子设计构想，使之能在中国市场上得到消费者的青睐。经过我们的深入调研，对中国家庭结构的分析、家庭结构中的“痛点”调查——提出留餐柜的构想（图 7–7）。留餐柜专为中国家庭设计，使用电丝加热技术，满足了中国人为家人留饭的需求。厨房家电一体化已成趋势，留餐柜隐藏于吊柜之中，可根据需求升降，使用电丝加热技术。即使家人因故不能按时回家吃饭，回家后仍可以享受到留餐柜为家人保存的那份新鲜温暖与爱心。留饭状态时，呼吸灯光带闪烁，象征着对家人的召唤，保存的是新鲜温暖与爱心。深入调研中国居住形式和生活模式，探究存在问题，是运用社会活动方式转译传统的重要环节。

教学案例 1：

博世西门子希望对中国家庭的饮食方式进行研究，做出基于中国方式博世西门子设计构想，使之能在中国市场上得到消费者的青睐。经过我们的深入调研，对中国家庭结构的分析、家庭结构中的“痛点”调查——提出留餐柜的构想。

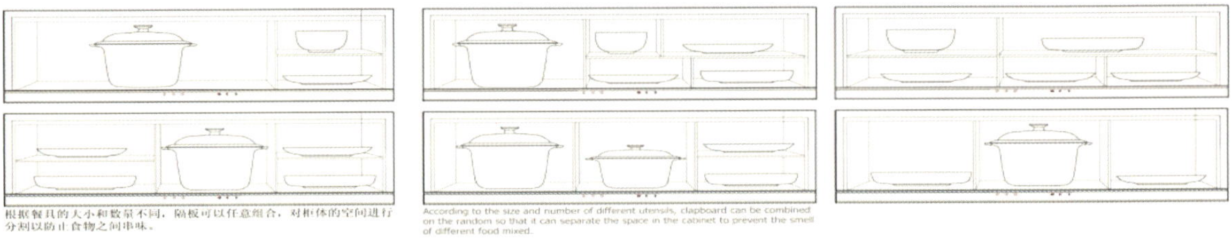

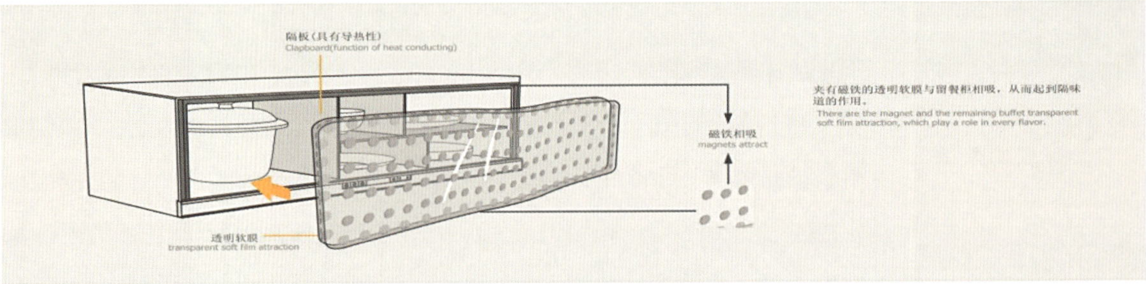

图 7-7：家的召唤——留餐柜，博世西门子 · 南京艺术学院

四、　中国人的饮食习惯——“民以食为天”

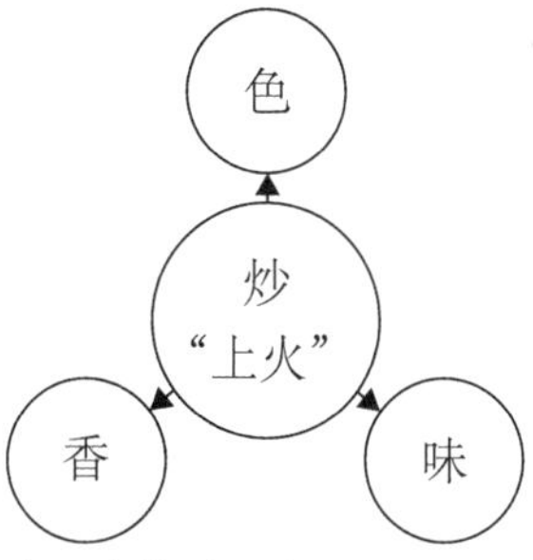

中国人偏爱明火的烹饪方式

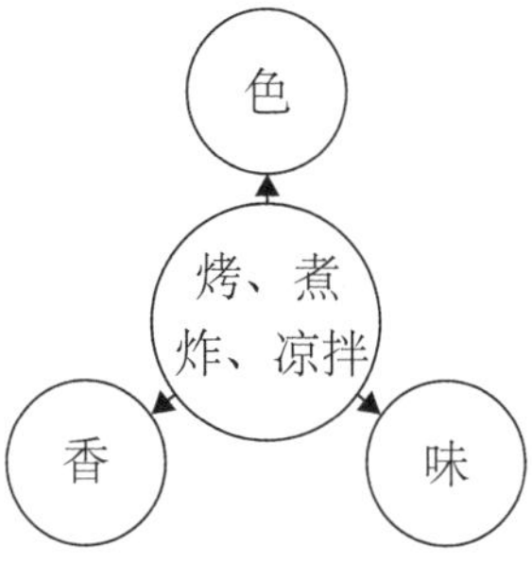

西方人偏爱明火的烹饪方式

1. 烹饪方式的特殊性

中式美食是我国几千年来饮食文化的积累和传承，其中的中国文化博大精深。在我国烹饪界，烹饪手法多达几十种，但谁也不能否认，“炒”是中国人做菜最基本的烹调手法。从古至今，中国人都偏爱明火的烹饪方式，认为上火翻炒锅是食物，菜色更鲜亮，口感更润滑，入味更均匀，只有“上火”，才能真正炒出菜的“色、香、味”。和中国的烹饪方法不同，西方人烹饪方式中的关键词是烤、煮、炸以及凉拌。

2010 年，博世西门子南京研发中心找到南京艺术学院工业设计学院，希望与我们合作，对博世品牌厨房电器、洗衣机进行本土化改良创新设计。工作坊主题：该工作坊要求学生在博世设计美学下，在对博世两类产品进行使用体验和分析后，表达出新一代中国人基于中国人当下的生活方式，对博世两类产品（厨房电器和洗衣机）的认识和看法。在这个工作坊中，“多米诺的进化”很好地体现了在中国人偏爱明火、喜爱蒸煮炖炒的烹饪方式之下，博世的厨房多米诺系统进入中国需要做出怎样的本土化改变。如图 7–8，这款产品的全称叫“多米诺的进化——生活的节奏”，是博世德国厨房多米诺系统的中国化改进，原本来自于博世西门子公司在德国推出的一套名叫“多米诺”的模块化产品。在德国市场获得成功后，希望将模块化的设计理念推向中国厨具市场。德国的多米诺系统原先包含的模块有煤气灶、电磁炉和烧烤炉，通过研究中国人的日常烹饪方式和饮食习惯我们发现，煤气灶和电磁炉完全符合中国人的需求，但中国人普遍没有在家烧烤的习惯，所以烧烤炉功能可以去除。通过对中国人厨房的观察，我们提炼出除了煤气灶和电磁炉的其余三个模块组——电饭煲、蒸笼和汤锅。中国人现在普遍都用电饭煲做饭了，简单方便，一键操作，如能结合到模块组中来，可以大大节约厨房空间。中国人早饭喜爱面点蒸食，如包子、馒头、烧麦、蒸饺等等，且蒸笼的原理与电饭煲类似，所以做了组合设计。另外，中国人爱喝汤，尤其在中国南方，煲汤已成为一种文化。中国人每天餐桌上肯定要有一道汤，作为汤锅也是中国人的必需品。煤气灶、电磁炉、电饭煲、蒸笼和汤锅，五件产品，四个模块，组成了多米诺在中国的进化。

中国人的烹饪中另一个关键词“模糊逻辑”，中国人对于烹饪过程中量和度的拿捏，均是靠经验主义和直观感受。就菜谱而言，油适量，盐少许，酱油适量，料酒适量，糖半匙，醋一大匙，大蒜辣椒姜丝若干。多大的勺？油温七成热是多热？勾薄芡，多薄才算薄？西方人的菜谱一定是认真的标注盐几克，糖几克，各种主料多少克。当然话说回来，中国菜之所以魅力无穷，千变万化，正因为有了适量、少许、若干、些许这样的模糊逻辑。同样的食材，不同的人做，味道很有可能千差万别。因为除了食材的选择，还涉及火候的掌握，配料的量，配菜配料放入顺序，以及厨师个人的炒菜习惯等等。即便是同一个厨师，用同样的食材做同一道菜，成品味道也有可能会略有不同。就使用厨具而言，中国人对数字仍然不敏感，他们更倾向于模糊的逻辑或直观的视觉感受。比如对于现在市场上大多数电磁炉的设计，都是以液晶屏上的千瓦数显示目前的功率，但事实上，习惯了明火操作的中国人对千瓦数并没有什么概念，这个跟西方是很不一样的。中国人用电磁炉往往炒菜先按到最大，快好的时候降档，由此我们可以提出关于中国人模糊逻辑的界面设计思路——利用传统旋钮意向的触屏界面设计。如图 7-9，旋钮触屏往左是减，往右是加，随着火候的不同，电磁炉面板上出现相对应的颜色变化，模拟明火的状态和感觉。

教学案例 2：

图 7-8：多米诺的进化——生活的节奏，博世西门子·南京艺术学院（从左至右：电饭煲＋蒸笼，煤气灶，煲汤锅，电磁炉）

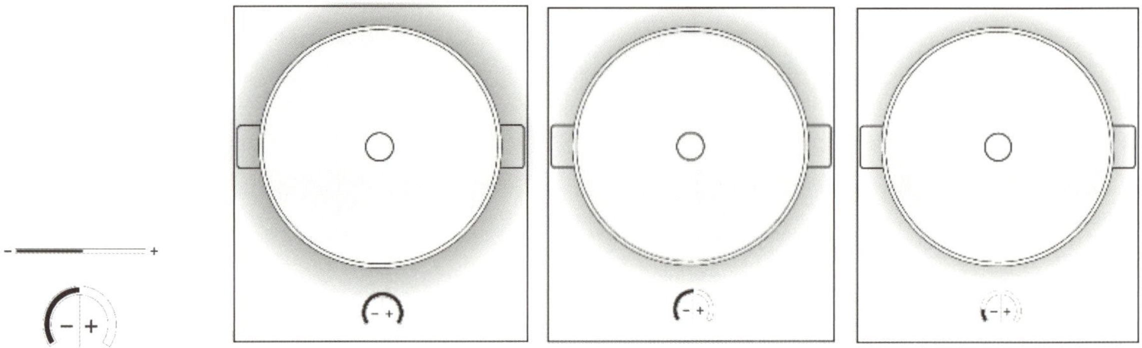

图 7-9：中式烹饪模糊逻辑的触屏旋钮设计，博世西门子·南京艺术学院

2. 饮食方式的特殊性

食材以及烹饪方式的不同自然也会导致饮食方式的不同。西方人由“个体”定义“群体”，往往个性独立，没有很强的依赖感，推演到饮食方式中，西方人采用分餐制。大家坐在一起，但由专门的人员事前分配好食物，一人一份，每个人的碗碟都是单独的。中国人由“二人”定义“一人”，重视家庭伦理，群体氛围，有很强的“在一起感”，推演到饮食方式，中国人采用合餐制。不管是家常便饭，还是商务宴请，中国人都喜欢热热闹闹地围坐在一起，从公共的盘子里夹菜。在中国人看来，这才是吃饭的气氛，分餐制实在太过冷漠。最能体现合餐热闹气氛的食物决不能少了火锅。火锅，古称“古董羹”，因食物投入沸水时发出的“咕咚”声而得名，它是中国独创的美食，历史悠久。据考证，西汉时期即有火锅，到宋代，火锅的吃法在民间已十分常见。火锅与其他菜肴显著的不同就是，炊具也是食具，边煮边吃，热气腾腾，万物合一。当今，中国家庭仍然延续着对这一食物的热爱，吃火锅已成为中国家庭的日常饮食方式。吃火锅既可外出，也可在家自己制作，家庭吃火锅一般使用电磁炉加热保温，电磁炉方便移动，且干净卫生。但是在整洁的家里，我们不想有一个多余的独立式电磁炉放在家中用来吃火锅，也不想每次吃火锅都将电磁炉从厨房拿到餐厅，搬来搬去，结合前面的多米诺系统案例，我们有了这样的构想——多米诺系统中的可移动电磁灶（图 7-10）。朋友来访前，我们先将锅置于多米诺系统中的电磁炉制作火锅底料，一切都准备好，等待朋友到来；吃火锅时，将电磁炉从厨房灶台中拿出，放在餐桌上作为吃火锅时的加热保温的灶具；客人散去，收拾好碗筷，擦净电磁炉，将其放回多米诺灶台。

教学案例 3：

图 7-10：多米诺系统中的可移动电磁炉设计，博世西门子 · 南京艺术学院

中国人的生活方式中自古就有喜欢新鲜食物的习惯，而且食物喜欢现炒现吃，喜欢热食，不喜欢“隔夜菜”，这跟中西方城市的不同发展思路具有很大的关系。西方的城市建设方式是“条状”的，沿公路展开城市建设，而且大多数住宅楼楼层都比较低，所以城市一般都拉得比较长，隔很长一段路才有公共服务设施，因此，西方人没有车不行，而每次去超市购物都是满满一推车食品，用车载回家中储存，因此需要体积比较大的冰箱用以储存食物。中国历史上为了安全，城市建设都有“围城”的概念。城市建设基本上是“团状”的，城市人口居住比较密集，特别是改革开放以后，高层住宅楼不断出现，单位面积中的人口居住密度很大。为了人们使用的方便，每一个居民小区都有设施比较齐全的公共服务设施，生活非常方便。因此，我们无需一成不变地引入全西方方式的冰箱，也无需追求“越大越好”，而应该研究适合中国人生活方式的冰箱。2012 年我们与海尔合作，进行中国传统造物智慧启迪创新设计研究。上文伦理与等级方式和材料与构件方式两章中我们列举了用传统智慧进行白色家电 CMF 设计构想的案例，这里，我们进行的是白色家电的产品创新设计（图 7–11）。薄体冰箱一方面满足了中国人喜爱双开门的心理，另一方面给冰箱的空间做了科学的改进，防止冰箱进深多大导致很多食物被遗忘，让人打开冰箱就一目了然。

教学案例 4：

基于中国人喜鲜食的饮食传统，我们调研发现：一方面，现代家庭喜好购买大容积冰箱，冰箱占地面积大，比较笨重，设备感过强。另一方面，冰箱过大，放置食物凌乱，不能一目了然选取自己需要选取的食物，时间久了冰箱里很多食物变质产生异味。所以，我们构想，中国人应该有适应自己传统吃新鲜食物生活方式的薄体冰箱。

图 7–11：中国传统造物智慧启迪创新设计研究——薄体冰箱，海尔 · 南京艺术学院

中西方饮食习惯的差距还体现在食物的温度上。西方人爱吃冷食，如沙拉、冷菜、前菜等等，而中国人喜爱热食，除了正菜前的开胃小菜和餐后水果是冷

盘外，主菜、汤类、甜品、糕点、主食都是热的。中国人对冷食不感兴趣，这与中国人的烹饪手法和饮食习惯有关，在中国人看来，食物的味道要靠热度激发，很多菜肴凉了之后就失去了本来的味道，甚至对健康有害，所以必须趁热吃。“一热提三鲜”说的就是这个意思。拿早餐作为案例，我们来对比东西方在冷热食上的差异。莎士比亚曾经说过：“And then to breakfast, with what appetite you have.”由此可见，在西方人看来，早餐是一天中最为重要的一顿。西方早餐一般的配置是：柳橙汁、熏肉、土司、果酱、加糖和奶精的咖啡。在此基础上，美式早餐一般再加一杯加牛奶和糖的麦片。麦片都是已经预熟的膨化麦片，吃的时候只要将麦片和牛奶（冷热均可）或水果、酸奶混合，略加搅拌，即可食用。我们可以看到，西式早餐除了咖啡，其他基本上都是冷食。对比中国人，中国人在早上习惯吃热食，因其暖胃，有益身体健康。我们身边，大家的早餐基本上是这样：豆浆、油条、馄饨、包子、煎饼（北方居多）、河粉、烧麦（南方居多）。中国人的早餐各地有各地的特色，包子和豆浆是全国普及的，南方人则有吃早茶的习惯。也有的地方的人常吃面条、各种河粉、米线，口味比较重，酸辣或者麻辣的都有。各地口味有差异，但有一个共同的特征——中国人的早餐体系下都是热食。这样问题就来了，现在大多数中国家庭用的厨房小家电，基本从西方原样引进的，缺乏针对中国人饮食习惯的专用器具。尽管中国人的生活方式西方化比较厉害，反映到家庭早餐中也有很多年轻人逐步西化。但是不管怎样变化，中国人自己的饮食习惯已经根深蒂固地印到我们的血液中不可能完全改变。因此，我们需要开发针对中国人生活习惯的家庭早餐饮食器具（图7–12）。

教学案例5：

在海尔关于中国传统造物智慧启迪创新设计的研究中，我们据此提出叠式早餐机的构想。中国人的早餐全部需要加热或现做，种类花样繁多，如何在早晨有限的时间内有效率地做好早餐，并且不占用太多的厨房空间。叠式早餐机运用中国传统器具食盒的思想，组合好就是一件器具，但分开后包括了蒸笼、煮锅、摊饼锅、煎炸锅等器具，基本涵盖了中国人早餐的各式花样。这是基于中国人特定吃热食方式下的设计创新。

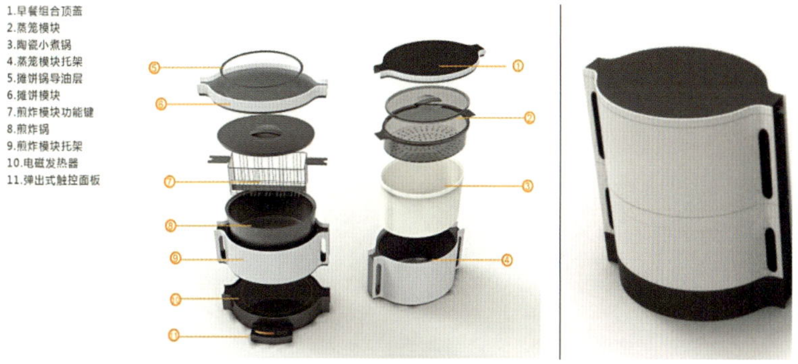

图7–12：中国传统造物智慧启迪创新设计研究——叠式早餐机，海尔·南京艺术学院

中国地大物博，小吃文化也是世界闻名，在某些地方，小吃文化甚至可以成为当地相当有分量的旅游名片。2012 年，我们对南京文化产品的研究关注到南京的小吃文化。南京的饮食向来具备大小通吃的特点，不管是京苏大菜，还是金陵小吃，都活色生香。除了曾是帝王、贵族筵席上的京苏大菜外，南京的小吃也是久负盛名。南京小吃主要以夫子庙一带的小吃为代表，现已发展成为全国有名的文化旅游圣地。奇芳阁的鸭油酥烧饼、什锦菜包；蒋有记的牛肉汤、牛肉锅贴；莲湖甜食店的赤豆元宵、五色糕团；回味鸭血粉丝等等。与京苏大菜相比，虽不登大雅之堂，却贴近平民生活，深受南京百姓和外地游客喜爱。金陵造物之石头盛系列下的秦淮小吃餐具设计，上文在材料与构件一章中已作为模块化的设计案例加以分析。一共有蒸笼、碗、盘子类、调料罐调料碟类、小托盘和大托盘六大类。蒸笼主要用于什锦菜包、牛肉包、豆沙包、牛肉烧麦、小笼汤包等蒸点类点心，碗主要用于赤豆元宵、麻油干丝、开洋干丝、鸡汁回卤干、乌鸡汤、牛肉面、豆腐脑、拌凉粉、小馄饨等汤水类食物，盘子主要用于鸭油酥烧饼、椒盐烧饼、怪味豆、茴香豆、盐水鸭、五香卤蛋、五香牛肉、牛肉锅贴等干点类点心，调味罐里当然不能少了南京人最爱的辣油和醋。这样一来，对于秦淮小吃的食客来说，无论是汤水类 + 蒸点，汤水类 + 干点，还是只有汤水类，大托盘都能胜任这些组合方式，涵盖食客的所有需求。（图 7–13、图 7–14）

教学案例 6：

图 7–13：南京文化产品之“石头盛”（金陵小吃餐具）效果图，金陵造物

图 7–14：南京文化产品之“石头盛”（金陵小吃餐具）摄影图，金陵造物

当今社会，商品经济飞速发展，物质产品极大丰富，现代人的生活方式已经改变了很多，生活节奏的加快，使茶文化及禅意慢慢消失。而茶在现代社会中不仅仅是一种饮料，更是作为一种象征中国传统文化的语言符号，在社会上越来越普及。茶具设计是茶文化的一种载体，茶具在功能、造型、文化方面也一直逐渐延伸。而茶具的使用过程，即茶在品尝的过程中，同时也是现代人领悟茶文化精神的过程。茶文化作为中国传统文化的载体和产物，应该被更好地传承下去。2016 年笔者团队在了解中国传统文人饮茶方式的基础上根据饮茶方式的差异性及现代茶具的普遍性，在简化传统喝茶繁杂的手续中进行再设计，以一种简化的方式将茶文化继续流传下去。从各个时期茶具的造型、功能、材质、色彩中研究，分析了文人饮茶方式的差异与茶具设计的关联性。从中国传统文人的饮茶方式与茶具设计的关联性出发，在设计茶具的过程中应该考虑茶具相对应的造型美观及它的可供实用的艺术价值。在设计的过程中结合加工工艺、材质这些要素。同时结合人机工程学，使我们设计的茶具符合现代人的饮茶方式和心理特征。在设计的过程中注重茶具设计的功能与产品的形式美感，在设计的同时，还要时时牢记茶文化以及传统茶文化精神的体现。因此设计了四套针对一年四季品不同茶的茶具。

教学案例 7：

四季禅茶茶具

从分析饮茶方式着手，在简化的同时加上情感化设计，来表达在喝茶的同时人内心的感受。简约的基本造型加上繁杂的饮茶方式的对比下，总结出具有独特品味的茶具设计，同时，在茶具设计中我们也会使用简单淳朴的自然元素以另一种方式给人营造一种不一样的品茶氛围。在满足茶具的功能的同时，体现茶具的美观性。

图 7-15：四季禅茶茶具系列

学生作品：《四季禅茶》
作者：向晶锐　陈婷

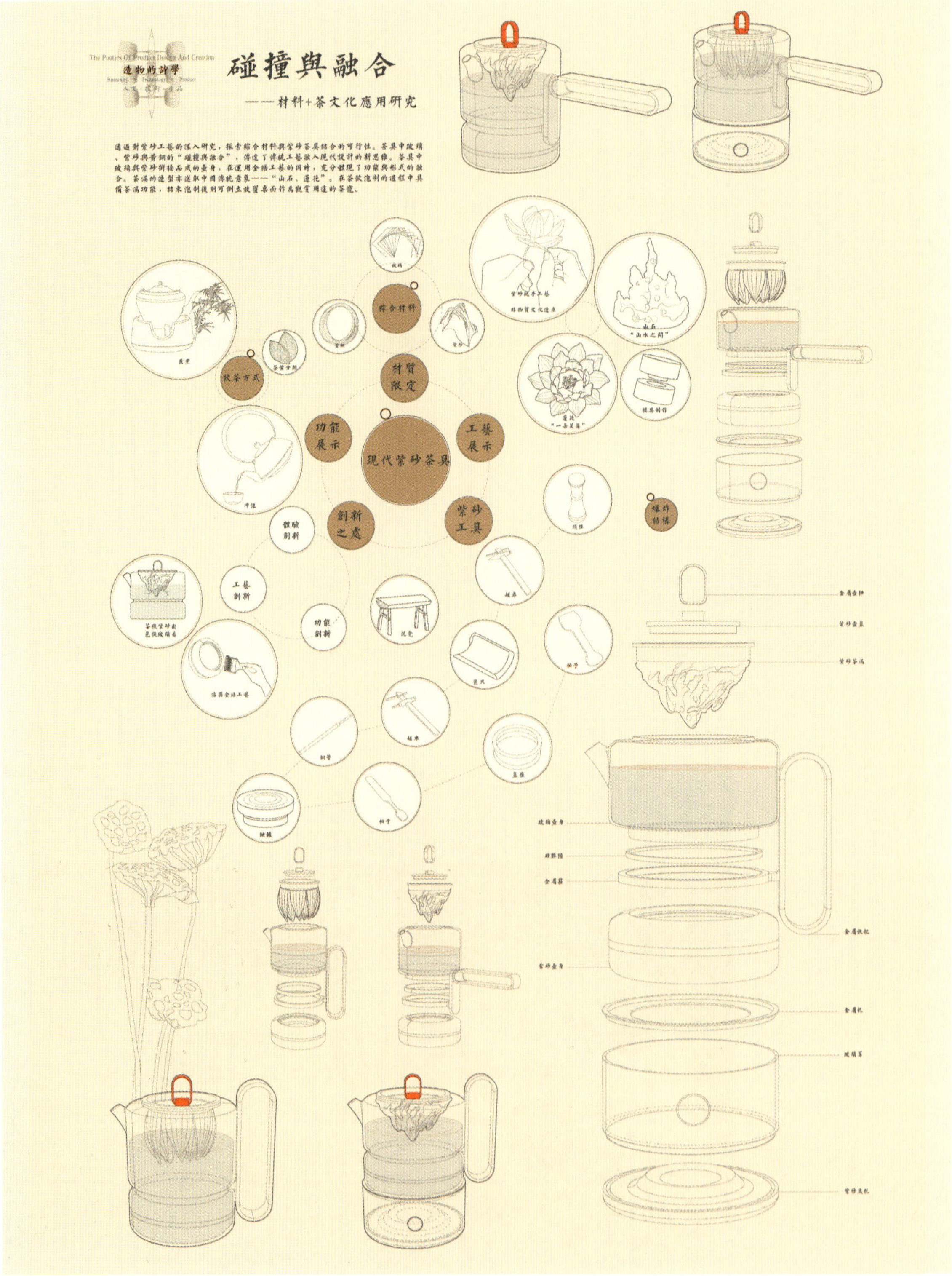

学生作品：《碰撞与融合》
作者：何以诺

本章小结

本章要探讨中国人典型的社会活动方式，必须先对中国文化深层的社会结构加以分析。当然，中国文化的深层社会结构实在是一个太过庞大的概念，这里只是提取其中两个关乎社会活动方式产品设计的文化特征。首先，中国人如何对“人”进行定义。中国人的传统观念是，由“二人关系”定义“个人”。人是社会角色的总和，人必须处于社会关系中，价值才能得到承认和发挥。其次，正是由于定义的社会性，所以中国人表现出强烈的“和合性”，包括中国人的“烹调术”，中国人的“人情味”与“界限感”和中国人的“在一起”感。基于中国人典型社会生活方式之下的产品设计，一定要考虑到中国人的这些社会文化特征。接下来我们从“住”和“食”这两个最显性的方向，具体阐述社会活动方式设计的方法。

第一，中国传统居住文化与居住建筑。从古至今，中国人居住文化的根本一直是“天人合一”，这点从未改变。历史上的多种社会制度对中国居住文化和家庭构成造成了深远的影响。虽然由于气候不同、自然环境不同，中国南北方住宅形制差距较大，按总的来说，中国传统住宅建筑仍然呈现出一定的空间特征、院落构成特征和平面特征。这些都直接影响到了中国人的典型居住形式。历史上中国典型的家庭组成形式以大家庭为主，进入现代社会以后，家庭小型化是中国现代家庭发展的基本趋势。但由于某些特定的国情因素，虽然男女双方婚后一般会离开各自父母，建立小家庭，但一旦孩子出生，接下来会出现几个月到几年不等的三代同堂的家庭结构，这是中国当代典型的居住形式。家庭结构的变化一定会带来关于饮食习惯、烹饪方式等一系列的变化，如何调和这种两个家庭、三代人之间的生活方式矛盾，我们用工业设计的方式，以博世西门子工作坊留餐柜的设计为例，展现问题解决之道。

第二，饮食活动。中国人认为“民以食为天”，与西方民族相比，中国人在烹饪方式和饮食方式上都有许多特殊性。比如中国人烹饪偏爱明火，采用模糊逻辑，对精确数值不敏感；中国人吃饭采用合餐制，喜新鲜，喜热食，有很厚的小吃文化传统。这部分我们主要选取博世西门子“厨房电器本土化改良创新设计”工作坊的成果和海尔“中国传统造物智慧启迪创新研究”工作坊的成果，展现中国传统饮食方式的现代产品设计。基于中国人的代际关系、夫妻关系、家庭组成方式、饮食方式特殊性，展现关于中国人社会活动的中国方式设计，这是西方人的生活中必然没有的，是真正的“中国方式”。

《呼吸折纸灯》

利用发源于中国的纸质材料与西方的运动机械，形成动态折纸灯。人与灯具在空间中形成生命的互动，道法自然，天人合一。灯具在从大到小的变形过程中光线也在产生从亮到暗的相对应的变化。创造出很多不同的组合形式，给人不一样的空间感受。一呼一吸中，与人形成互动，赋予产品以真正的生命，使灯具具有实用和审美双重价值，不论是在公共空间还是在住宅空间，它都发挥着自己独特的魅力。

学生作品：《呼吸折纸灯》
作者：张倩

8 中国方式运用在现代产品设计中的影响和意义

一、本土文化全球解读的重要意义

当今社会，随着东西方文化的不断交融，现代文化与传统文化持续进行着激烈碰撞，而全球范围内，越来越多的发达国家从产品研发的各方面越来越重视地域文化的作用，从而及时调整在国际市场竞争中的方法策略并广泛加强合作,在这种态势下,中国设计面临着巨大的挑战与机遇。目前,为了降低产品成本,全球制造业基地与消费市场正向第三世界发展中国家进一步转移，产品的质量与价格不再是市场竞争中的不二法宝，创意与个性越来越受到关注而成为决定设计竞争生死的关键因素。不难发现，能体现地域文化，吸纳传统特色元素的产品在市场竞争中更能赢得本土消费者的青睐。越来越多的优秀企业与品牌在“正地化”策略方面投入更多的精力。目前，绝大多数跨国公司的成功不是依靠单纯的产品输出销售，而往往要结合市场需求，在产品中充分考虑销售地的地域文化与习惯需求，适时地纳入本土文化特色与传统情怀元素，进而成功地提炼适合当地的设计资源策略。这些潜移默化的改变表现出这部分企业在产品开发与推广竞争中正努力做到市场扩张与文化保护双赢的可持续发展经营理念，无疑，这些成功的案例模式必然成为中国设计在全球化趋势下走向国际市场的一笔丰富的经验与可借鉴资源。

清华大学教授吴良镛先生曾指出：“在全球化的形势下，地域文化如果缺乏内在的活力，没有明确的发展方向和自强意识，没有自觉地保护与发展，就会显得被动，有可能丧失自我的创造力和竞争力，淹没在世界‘文化趋同’的大潮中。”当今，信息化、数据时代的全面推进给我们带来的是一个全新的经历与生活体验，这些经历与体验也必将带来更多新的灵感与创意。而很多情况下，传统的设计理念与工艺已经不能完整将这类由新时代催生的设计想法表达。因此，设计必须在已有的文化形式上进行一次彻底的蜕变，与此同时，也要坚持现代设计的方式，以保持产品的传统文化特征与精细制造的原有优势能得以延续，即在纯粹中寻求裂变。纯粹与裂变，二者看似矛盾，但在实际操作过程中就好似传承与发展，是相互依存的，在事物的发展过程中缺一不可，也是必然规律。纯粹离不开裂变，在全球设计意识国际化大趋势下，中国设计只有经历巨大变革才能在残酷的竞争中生存，从而保护本土文化与民族工艺的延续；而裂变同样离不开纯粹，因为唯有坚持了传统工艺与本土文化内涵的设计才能保证中国设计在国际市场竞争中保持自己的民族文化特征，立于不败之地。虽然在设计发展的过程中，二者往往会此消彼长，但却不可缺失，否则必将带来落后与消亡。因此，如何在中国设计中做到统一与多元并重，在个性创新的过程中保护好传统文化，从而营造具备中国民族特色的国际化多元设计是每一个中国设计师的责任与义务，确立设计中的民族身份也是中国设计能推向国际市场所必须探索与研究的问题。

二、中国方式承载了对传统文化记忆的内在诉求

中国设计的潮流正如季羡林先生对文化交融的观点：“两种陌生的文化一旦交融，一般来说至少要经历过五个阶段：撞击——吸收——改造——融合——同化”

目前，中国的现代设计是伴随着改革开放而逐步发展起来的，随着国门的开放，西方世界的优秀设计逐步涌入中国市场，在当时，给国人带来的吸引力是巨大的，对当时的“工艺美术”从业者也带来了极大的震撼与冲击。不论是在艺术观念上还是在具体的设计项目中，从业者极力模仿西方的艺术观念和设计理念，从此，中国的设计行业在西方现代设计文化的引导下逐渐发展起来。事实上，从鸦片战争以来，清政府打开国门之初，传统文化不论是在建筑设计还是刚起步的工业产品的设计中就开始逐步丧失原有的主流地位，20 世纪 50 年代苏联模式的引入进一步弱化了传统文化在设计中的作用，这种本土文化的衰退在“文革”时期达到了一个高潮。中国设计正处在对西方强势文化的“吸收”阶段之中，虽然在设计潮流上表现出与西方设计趋同化的现象，但对设计具体的表达方式和对全球的设计趋势造成的影响却是不同的。同时，在这个过程中，西方强势文化中的价值观、生活方式也对中国社会生产、生活的方方面面产生了不可磨灭的影响，为了满足市场需求，中国设计在对西方文化吸收、追赶的过程中并没有对自己的文化传统起到足够重视，逐步丧失了自己的民族特征与国际影响力，缺乏传统内涵的中国现代设计被国际边缘化。日本、韩国当代设计被西方世界公认为东方设计艺术的代表，中国设计表现出被国际设计趋势边缘化的态势，成为一种弱势艺术。

而西方强势文化对东方文化的价值观念，正如美国艺术史学家大卫・克拉克在评论亚洲艺术时说的一样：“最新近的亚洲艺术还可以在以西方为中心的视野中放射光芒。并非是对观念系统进行重组，亚洲当代艺术对西方口味来讲仍旧被视为是一个暂时的新鲜玩意儿，抑或被视为一种欣慰的根据，即这个越来越像西方的非西方世界正在学说它自己的艺术语言。”现实情况却是，中国设计也和中国当代艺术一样，在看似跟上国际化步伐的表象中，隐藏了对能吸引西方世界眼球的本土优秀传统文化的遗忘与丢弃，区域化、本土化发展受到制约。如上所述，大卫・克拉克也提到西方世界对“世界艺术史”中国部分的描述在清朝以后就含糊不清：“它的思路是这样的，即把现代中国历史包含在其先

的历史中，为的是强调文化的连续性。”对于清代以后的艺术史的描述是：“除了在绘画和书法方面有一些个人主义者的作品之外，和过去相比简直没有任何意义。”虽然这样的描述并不一定完全客观，但也足以让我们反思曾经走过的弯路，从而寻求修正方法。在中国当代设计当中融入“中国方式”即重拾传统文化涵养，寻求自身的印记特征，既是对长久以来迷失自我的一种警觉，又是在中国设计发展道路上的一次修正。

三、中国传统文化与设计的当代性表达

一方面，是对传统的正统历史叙事方式的继承；另一方面，也果断吸取在国际化演变进程中占主导地位的西方现代文明。

艺术审美作为人类的精神需求总是与一个民族的文化经历与生存体验密不可分的，不论何地，在不同的历史阶段与不同的社会精神层面上常常都会有类似“我们是谁？我们从哪里来？我们要到哪里去？”的精神追问。这种质疑性的发问不但会产生在不同文化背景的环境下，同样也产生在同一文化背景的历史发展过程中。正如西方的后现代主义哲学把后现代文化看成是对西方现代文化（精英主义）的“大众的反抗”一样，当今的中国当代文化也在进行着一场史无前例的重构，国际当代设计潮流是以西方发达国家设计理念为主导的，反观自身，到目前为止，中国的当代设计中绝大部分“当代性”的确立也是以为了融入主流而追随西方脚步而确立的，这一过程中，丢弃了太多的传统造物理念与特征样式。传统工艺美术造物的理念与中国传统文化息息相关，从某种意义上说可称为中国传统设计的指导思想。在当代国际看来，往往将中国传统造物打上历史印记，归为“老物件”，不具备设计的“当代性”，而当代中国设计如果缺乏了这些传统文化特征又不足以吸引眼球被国际所关注。看起来，这似乎进入了一个死循环。从“工艺美术运动”开辟了世界现代设计的先河以来，中国设计在世界设计领域中所处的地位一直是较为被动与尴尬的，要么是荒诞地拼凑，要么是简单地抄袭，尤其是近年来，“山寨”“模仿”似乎已经成了中国制造的代名词，国际上众多设计展览甚至表现出对中国的一种抵制与排斥，中国设计的发展受到严重制约。但随着我国制造业实力、设计教育水平的不断提高，加上国家在自主创新上的重视，中国的设计人认识到原创的重要意义，力图通过自身力量改变这一尴尬的局面，越来越多具备中国传统文化精神的设计实践如雨后春笋，破土而出，走上了国际设计界的大舞台。在这一过程中，固然也存在不少矛盾，会让设计师迷茫与困惑。例如，传统造物习惯与现代人生活方式之间的差异，往往会造成设计师在传统精雕细琢的手工艺与如今量产

的简约便利产品设计中难以取舍。应该通过怎样一种方式既能保留传统工艺美术中的精美品质又能制造出适合现代市场需求的优良产品成为每个设计师都会考虑的问题。也正因为如此，越来越多的学者、企业、设计机构都在努力进行传统文化设计实践，尝试构建中国当代设计的文化体系，从而找到适合我们自身的设计之路。

目前，国际当代设计几乎把所有能运用到设计当中的“样式”都开拓出来了，设计人将能搜罗到的人类历史上的全部总结、归纳为设计活动所用，设计不再有既定的、统一的风格和样式，也不再是局限在传统观念中的“物尽其用”。多元化表达方式的外显之下，越来越多地隐含了深层次的内含，在这种任何形态都能运用到设计上的情况下，设计不但要为了满足使用者的“审美”情趣，很多时候往往还蕴含了一种观念、一种思考或是一种情怀。也正是有了这个前提条件，当代中国设计的价值也可以表达为对本土文化在西方现代文化冲击下弱化的反思，对传统文化形态的记忆，这是中国当代设计应该亟待关注的切入点。中国传统文化具备相当大的包容性，其艺术形式与载体是相当丰富的，深入到营造、陶瓷、书画、服饰、科技、娱乐、宗教、民俗等与人们生产、生活密切相关的方方面面，所有的样式形态中所蕴含的不但是满足使用者的物质需求和审美需求，更是体现了当时人们的一种价值观念与精神寄托。这与后现代主义艺术表达——“物语”这一概念是异曲同工的。因此，在后现代主义设计的大范畴下，“中国方式”是有能力将表达传统文化记忆的当代设计推向国际前沿的。

从“工艺美术运动”开辟了世界现代设计的先河以来，中国设计在世界设计领域中所处的地位一直是较为被动与尴尬的，要么是荒诞地拼凑，要么是简单地抄袭，尤其是近年来，“山寨”“模仿”似乎已经成了中国制造的代名词，国际上众多设计展览甚至表现出对中国的一种抵制与排斥，中国设计的发展受到严重制约。但随着我国制造业实力、设计教育水平的不断提高，加上国家在自主创新上的重视，中国的设计人认识到原创的重要意义，力图通过自身力量改变这一尴尬的局面，越来越多具备中国传统文化精神的设计实践如雨后春笋，破土而出，走上了国际设计界的大舞台。在这一过程中，固然也存在不少矛盾，会让设计师迷茫与困惑。例如，传统造物习惯与现代人生活方式之间的差异，往往会造成设计师在传统精雕细琢的手工艺与如今量产的简约便利产品设计中难以取舍。比如中国古典园林在现代园林中继续继承，按老路子发展，可能对于现代人来说是有一定困难。毕竟现在和当时相比，人们的内心世界确实是有所改变的。现代人无法身临其境，无法真真切切地感受到古人原先感受到的情感和心性。应该通过怎样一种方式能既保留传统工艺美术中的精美品质又能制造出适合现代市场需求的优良产品成为每个设计师都会考虑的问题。也正因为如此，越来越多的学者、企业、设计机构都在努力进行传统文化设计实践，尝试构建中国当代设计的文化体系，从而找到适合我们自身的设计之路。

四、中国方式的未来价值

基于“中国方式”当代设计的发展基础是中国传统文化，因此，“中国方式”当代设计必然在某种程度上需要承担一个“文化载体”的角色，需要展现中国传统文化（尤其是经历了近现代西方强势文化侵略后）发展至今的历史过程。

首先，“中国方式”当代设计的研究应该是对中国传统文化的再认识与再思考的过程。作为一种新的设计体系，“中国方式”的定型与成熟必然需要经历对已有的传统文化的全面认识与发掘。在设计再造过程中又需要结合当下人们的生活习惯与精神需求。只有经历了这样的思考，“中国方式”当代设计才能成为有本之木、有根之水，在国际设计的大舞台上伴随着自身的文化特征与西方设计开展对话。

其次，“中国方式”当代设计的最终成形表现必然包涵中国传统文化历时性的发展与中西方不同文化的共时性交融。任何一种文化艺术形式的确立都不可能是一蹴而就的，必然有一个循序渐进的发展历程，“中国方式”当代设计也是如此，应该是由众多设计师个体、学者、研究机构对中国本土文化的提炼与延伸再造的积累结果，是一种文化发展的集合物，同时，其自身也是不断发展与变化的。在这一过程中也会不可避免地批判性吸纳外界文化元素，最终找到适合自己的在国际舞台上独具特色的新型文化意识形态。

再次，“中国方式”当代设计虽然是对中国本土文化的一次重构与发展，但是它必然是中国传统文化体系的一个发展分支，或者说是中国传统文化在当代社会的延续。

正如罗素所说：“不能自圆其说的哲学决不会完全正确，但是自圆其说的哲学满可以全盘错误，最富有结果的各派哲学向来包含着显眼的自相矛盾，但是正为了这个缘故才部分正确。”这种自相矛盾在“中国方式”当代设计的发展历程中也必然存在，不论是对传统的提炼，还是结合当下的再造，亦或是设计师主观意识的附加，都是如此。它不可能是对经典传统的简单重复，在创新过程中必定存在某种时代的局限性。但正因为具备经典性与局限性并存的双重特性，才能促使“中国方式”进一步成长与发展。实际上，“中国方式”当代设计不仅代表了设计本身，它更是中国当代文化体系发展的一面镜子，是当代国人文化价值观的体现，同时又促进了本土文化体系的进一步发展。在国际舞台中，也代表了中国文化发展的方向与趋势，将成为新时代中国文化独具特色的标的之一存在于人类文化发展史当中。

如今，中国当代设计师的心态已经由改革开放初期的浮躁逐渐过渡到理性状态，由当初的广泛照搬西方设计到今天的回归自我呼声越来越明显。人们争论与研究的早已经不是我们到底要不要中国设计，而是我们要什么样的中国设计，中国设计应当以一种什么样的方式展现给世人。近年来，随着中国制造业的高速发展，国际资本大量涌入中国，全球范围内也越来越重视中国广大的消费市场，这无疑对我国的设计行业是一次不可多得的发展机遇。中国也正努力抓住这次机遇，不论是世界博览会还是大大小小的体育盛会的举办，中国正利用一切机会向世界展示自己，展示“中国方式”的成就。“中国方式”正在谱写着中国当代设计的历史，若干年后，这段历程必将成为中国设计发展史中的重要组成部分。诚然，任何一种文化艺术形式的发展都是与当时的社会结构与背景密不可分的，就当前中国的社会客观背景而言，我国制造业正处于从以往的粗放、廉价模式往高质、高效、自主、可持续模式发展的转型，这种大环境无疑为中国当代设计提出了新的要求与机遇。“中国方式”的当代设计要想真正在设计发展史中占有一席之地，每一位设计人所肩负的重任也是不言而喻的。这当中包括教育的责任、理论研究的责任、设计实践的责任等等。设计工作者必须开阔视野，明确目标与作品的价值定位，而不应该将市场利益放在首位。

英国前首相撒切尔夫人在2001年出版的《治国方略》中有下面一段话：“中国成不了超级大国，因为中国没有那种可以用来推进自己的权力，进而削弱我们西方国家的具有‘传染性’的学说。今天中国出口的是电视机，而不是思想观念。”虽然说，这一论调并不完全客观，但也足以让我们警醒。因为一种文化的推广，究其根本还是具备独立意识观念的输出。确实，过往我们在这方面所做的工作存在很大不足。同时，在信息时代，以传统的文学、艺术作品为载体的文化输出方式所具备的优势越来越弱，更多的意识形态、精神观念被注入到设计当中，并伴随产品、建筑等物化形态来到人们的身边，在日常生活中潜移默化地影响人们的观念转换。反之，独立的文化观念，又是设计作品能具备原创性的思想保证。正如孙中山先生百年前所论述的：“行之非艰，而知之惟艰。”这当中的“知之”放在中国当代设计中便可以理解为指导实践的观念。一旦观念确立，“则行之决无所难”。

本章小结

在提出观念的探索阶段会存在很多不确定性，但有一点是不会改变的，那就是：这种“观念”必须是能够打动和影响国际社会的。这也就要求我们所提出的观念必须与它域文化有所区别，同时又是站在现代人生活与思维方式立场上的前沿思考，这也是众多学者所提出的传统文化“现代化转化”的工作。在全球化的时代背景下，一个民族的传统文化能否得以延续与发展并不能单看该种文化能否在本民族与本土地域范围内是否能得以留存，而是要看是否能在世界范围内与它域文化互融共存，并保有自身特征。“中国方式”在这场文化发展的变革当中有必要、有能力屹立于世人的面前。

结语

继全球化之后，本土化已成为更受大众关注和期待的发展要素，尤其在文化发展领域，强调个性的而不是共性的，研究地域本土的而不是全球大众的。近年来，中国人越来越关注于自己本民族文化的发展，越来越多的学者、民众开始站出来捍卫自己民族的文化，这是个好事，说明国人已经开始走出“全盘西化”的误区，重新审美自己民族的文化价值。但过犹不及，我们要注意避免一个误区——对传统文化奉行“拿来主义”。并不是说，文化本土化之后，我们就不要关注异域的文化了，只需死守自己本民族的传统文化，将其一代一代传承下去，这是另一个误区。时代在发展，社会在进步，对于民族传统文化，我们也要辩证地看待，取其精华去其糟粕，结合现代元素，走出中国文化现代发展的新路子。为什么我们强调“可全球解读”，就是因为只有不断交流，不断创新，本土文化才能得以延续、重生。本书解决的问题与意义主要有以下四点：

1. 理清了一些概念

在本书的绪论中，除了阐述研究的目的与意义，研究的背景与现状概述，当下中国传统文化在现代设计中运用的现象与分析外，对“本土化”“全球化”“本土文化全球解读”做了概念上的梳理。在本书的第一章中，对与“中国方式”相关的一些概念进行了概念界定，包括“中国样式”的相关概念界定，“中国方式”的相关概念界定，“中国方式”定义的提出与发展，并且将“中国方式”与设计思维进行联系。绪论和第一章这部分概念的理清对我们接下来中国方式的设计论述起到了很好的铺垫作用。

2. 揭示了传统文化现代转换现象背后的本质

传统文化现代转换，这不是一个新课题，为什么我们有必要拿出来说，就是因为历年来很多人对于传统文化的转换存在误区。本书分析了当下中国传统文化在现代设计中运用的层次论——中国图案、中国样式和中国方式。其中，中国图案，即传统图案符号在产品中的简单堆砌，这是最低层级，我们在本书不纳入讨论范畴。中国样式，即一系列中国元素在现代产品设计中的组合搭配，属于传统文化现代转换的形式层级。中国方式，即传统文化深层次内涵的现代设计体现，属于传统文化现代转换的意义层级。我们研究发现，目前大多数的设计实践停留在形式层级——中国样式的层面，但“形式”的概念无论在哲学体系中还是设计学体系中从来就不属于“本质”的范畴，同样它也不是文化现象的本质。传统文化现代转换现象背后的本质属性应该是“方式”，我们基于中国人的传统审美方式、伦理方式、生活方式、造物方式等等，能给现代设计带来怎样的求变与创新。

3. 十年的探索和尝试

本书研究的创新点之一就在于——“形而下”的理论论述方法。本人提出的可全球解读的具有中国文化特征的现代产品设计的五大方法属于理论创新的层面，本书没有对这五大理论进行过多“形而上”的论证，而是着眼于自己和周边优秀的设计实践，用广泛的实例全方位举例、剖析、总结这五大方式理论。这一过程，离不开这七年来本人和学生们、团队成员们的共同努力。从2009年开始，本人开始专注于中国文化的产品设计研究，每年举办一届由本科生和研究生共同完成的题为“道物工房”的毕业设计汇报展。从2012年开始，开始专注于更小地域范围——南京城的文化创意产品开发，成立“金陵造物”品牌和设计工作室，为我们每天生活的这一城市进行文化创意产品开发设计，设计作品被江苏省委宣传部和南京市人民政府选定为南京城市宣传礼品，礼送各方来宾和贵客。

4. 总结了五大方法

第一，审美与抒情方式。中式美学是一个长久以来一直受艺术学领域关注的问题，我们由中式美学出发看到中国人深层次上的审美属性，关注中国人的情感认知和中国人特有的吉祥文化，以及在文学艺术等领域特有的抒情方式。

第二，伦理与等级方式。分析中国社会从古至今社会等级的形成和演变，以至于到今天，伦理等级、长幼尊卑的观念一直存在于中国人的日常生活中，推演到中国人的礼乐文化在建筑、位次、婚丧习俗、服饰色彩等对象中的体现。

第三，材料与构件方式。因为材料和构件的呈现都是具象的、实物的，所以材料和构件是当下的设计取材比较多的方向，我们从中国传统建筑、家具、器物入手，另辟蹊径，展现不一样的现代设计应用之道。

第四，生产与使用方式。中国传统造物之下系统化模件化、多用途、人性化等生产与使用方式值得我们当代设计认真学习推敲，我们以传统器具分析＋方法论概述＋当下实践案例证明的三段论论述方式，找寻传统造物中的生产和使用方式对于现代设计创新的智慧启迪，这是先人们在长久的造物实践过程中留给我们的宝贵财富。

第五，社会活动方式。我们从中国文化的深层社会结构出发，毕竟这是影响接下来千百年来中国人的家庭组成形式、居住形式、饮食方式的根本原因。基于中国人的代际关系、夫妻关系、家庭组成方式、饮食方式特殊性，展现关于中国人社会活动的中国方式设计，这是西方人的生活中必然没有的。

这五种方法，连接传统到现代，可以单独使用，也可以两到三种组合使用。经过“方式”的通道转译，中国传统文化形成现代表达的新面貌，去其肉留其骨，去其形象留其本质。本书中提出的传统文化现代设计转译的五大方法并不属于标准答案的范畴，尚不能包含所有的“中国方式”，如有读者提出其他的转译通道与方法，也是很正常的。我们经过多年的实践探索，最终成文，更多的是进行一项前人没有过的设计学尝试性研究，以一家之言起到一个抛砖引玉的作用。可以预见，未来会有越来越多的人士加入这一研究领域中。我们的目前所做的探索有限，希望有更多的人一起参与关于中国文化的设计研究，为中国设计争取西方文化主导下的国际话语权贡献自己的一份力量。

案例汇总

一、审美与抒情方式

1. 图 3–7：“提月”插香座

2. 图 3–8：“你我同舟”烛台

3. 图 3–9：南京“鱼筷”（成人版、儿童版），金陵造物

4. 图 3–10：南京缘·一辈子，金陵造物

5. 图 3–11：上上签，洛可可

6. 图 3–12：南京辟邪花灯，金陵造物

7. 图 3–13：“金陵造物”南京文化产品设计的名称来源

8. 图 3–14：传统梅瓶（左）与南京文化产品设计花器（右）的对比，金陵造物

9. 图 3–15：苏州博物馆

10. 图 3–16，17：新文人家居产品设计·器具·磁悬浮加湿机，金陵造物

11. 图 3–18，19，20，21：诗意的栖居——觉物——书桌，玄关柜和书柜，金陵造物

12. 图 3–22：莫愁壶，金陵造物

13. 图 3–23：新文人家居产品设计器具系列——音律，高山流水，闹钟，残荷，金陵造物

二、伦理与等级方式

1. 图 4–2：北京故宫平面图

2. 图 4–3、图 4–4：五台山佛光寺大殿平面图、正立面图

4. 图 4–5：中国伦理方式下的交通工具位次设计

3. 图 4–7：中国传统智慧启迪现代设计——现代洞房，何晓佑设计

5. 图 4–8：南京文化产品之“石头盛”餐具（8 人餐桌展示 / 个人整套展示），金陵造物

6. 图 4–10：南京文化产品之“朝天觥”酒具，金陵造物

7. 图 4–11、图 4–12：中国传统造物智慧启迪新研究·白色家电的 CMF 构想，海尔·南京艺术学院

8. 图 4–15：2010 年道物工房一——“功能的通感”，金陵造物

9. 图 4–16：“上下”文化产品案例

三、材料与构件方式

1. 图 5–8：上海世博会宁波滕头案例馆
2. 图 5–7：中国美术学院象山校区
3. 图 5–9：苏州大学文正学院图书馆
4. 图 5–13– 图 5–15：“椅君子”，“椅琴剑”，“竹计划”
5. 图 5–16：“你我同舟”烛台
6. 图 5–18– 图 5–20：南京文化产品之“秦淮盒”，金陵造物
7. 图 5–22– 图 5–24：中国传统造物智慧启迪新研究——白色家电的 CMF 构想，剑气箫心，金昭玉粹，宁静致远，海尔 · 南京艺术学院

四、生产与使用方式

1. 图 6–1– 图 6–3：南京文化产品之“石头盛”（金陵小吃餐具），金陵造物
2. 图 6–4、图 6–5：南京文化产品之“雨花台”，金陵造物
3. 图 6–6– 图 6–8：叉箸 / 保青 · 竹箸，台湾品研文创
4. 图 6–9、图 6–10：“动 · 静”（香具），金陵造物
5. 图 6–14、图 6–17：中国方式收音机设计——研乐，萃韵，悬针，金陵造物
6. 图 6–18、图 6–19：北宋（辽）耀州窑青釉摩羯省油灯，出土文物
7. 图 6–20– 图 6–22：诗意的栖居 · 拂翼（立扇、吊扇），金陵造物

五、社会活动方式

1. 图 7–1：北京四合院
2. 图 7–3：南方天井民居
3. 图 7–7：家的召唤——留餐柜，博世西门子 · 南京艺术学院
4. 图 7–8：多米诺的进化——生活的节奏，博世西门子 · 南京艺术学院
5. 图 7–9：中式烹饪模糊逻辑的触屏旋钮设计，博世西门子 · 南京艺术学院
6. 图 7–10：多米诺系统中的可移动电磁炉设计，博世西门子 · 南京艺术学院
7. 图 7–11：中国传统造物智慧启迪创新设计研究——薄体冰箱，海尔 · 南京艺术学院
8. 图 7–12：中国传统造物智慧启迪创新设计研究——叠式早餐机，海尔 · 南京艺术学院
9. 图 7–13，14：南京文化产品之“石头盛”（金陵小吃餐具），金陵造物

参考文献

图书类：

1. 雷德侯 . 万物［M］. 北京：生活・读书・新知三联出版社 . 2012.

2. 柳冠中 . 事理学论纲 . 长沙：中南大学出版社 .2006.

3. 孙隆基 . 中国文化的深层结构［M］. 桂林：广西师范大学出版社 . 2011.

4. 贾雷德・戴蒙德 . 枪炮、病菌与钢铁：人类社会的命运 . 上海：上海译文出版社 . 2006.

5.［美］乔舒亚・库拍・雷默等 . 中国形象——外国学者眼中的中国［M］. 北京：社会科学文献出版社 .2006.

6.［法］雅克・布罗斯 . 发现中国［M］. 济南：山东画报出版社 .2003.

7.［法］魏明德 . 全球化与中国［M］. 北京：商务印书馆 .2002.

8.［美］克莱德・克鲁克洪等著，高佳等译 . 文化与个人［M］. 杭州：浙江人民出版社 .1986.

9.［德］瓦尔特・舒里安著，罗梯伦译 . 作为经验的艺术［M］. 长沙：湖南美术出版社 .2005.

10. 周宁 . 天朝遥远——西方的中国文化研究［M］. 北京：北京大学出版社 .2006.

11. 何兆武，柳卸林编 . 中国印象 : 世界名人论中国文化［M］. 桂林：广西师大出版社 .2001.

12. 刘海平编 . 文化自觉与文化认同［C］. 上海：上海外语教育出版社 .2008.

期刊文献类：

1. 肖丰 . 中国方式 : 中国当代艺术中一个重要的文化现象［J］. 华中师范大学学报 .2004(1). 人大复印资料 2004 年 2 季文化研究类转载 .

2. 肖丰 . 中国方式 : 中国当代艺术一个现实的文化策略［J］. 华中师范大学学报，人文社科总第 182 期 .

3. 杨卫 . 文化版式的交织与更新——从栗宪庭的“中国方式”到陈孝信的“中国版本”［J］. 美术向导 .2007(3).

4. 王南溟 . 中国符号的劳动竞赛 : 徐冰与谷文达［J］. 大艺术 .2004(1).

5. 吴味 . 打的还是“中国牌”—评“里里外外・中国当代艺术展”［J］. 艺术评论 .2004(10).

6. 吕澎 . 艺术应该关注在历史中形成的当代性［J］. 艺术生活 .2008(3).

7. 潘凯 . 有关传统资源的当代性转换叮］. 雕塑 .2004(5).

8. 刘新刚 . 中国当代艺术的“模糊身份”［J］. 文艺研究 .2007(12).

9. 曹桂生 . 全球化 : 中西方文化艺术的交往与互动［J］. 美术 .2007(3).

10. 吴玉军 .“他者”之镜中的“自我”——全球化语境下的中国近代民族认同［J］. 山东社会科学 .2006(5).

11. 陈汗青，曹亚丽 . 解读设计符号语言及其本土文化内涵［J］. 装饰，2005(12):7.

12. 李承贵 . 传统文化价值的四类解读方式［J］. 学术界 , 2002(02):67–76.

13. 李加军 . 跨文化的对话 : 误读与化解路径——以孔子学院为例［J］. 学术探索 , 2011(02):113–118.

14. 马冬梅 , 咸宝林 . 析礼制在传统建筑中的表现［J］. 同济大学学报社会科学版 , 2005, 16(5):45–48.

15. 蔡锋 .《周礼》饮食制度述略［J］. 青海师范大学学报：哲学社会科学版 , 1997(03):50–56.

16. 李加军 . 跨文化的对话 : 误读与化解路径——以孔子学院为例［J］. 学术探索 , 2011(2):113–118.

17. 蔡拓 , 孙祺 . 建构主义视角下的文化全球化——兼论中国传统文化的作用［J］. 南开学报 : 哲学社会科学版 , 2009(6):79–85.

18. 王天夫 , 王飞 , 唐有财等 . 土地集体化与农村传统大家庭的结构转型［J］. 中国社会科学 , 2015(2):41–60.

19. 傅禄霞 , 刘兵 . 我国历史上大量存在过传统大家庭吗——我国家庭结构古今谈之一［J］. 社会 , 1987(4):34–35.

20. 石建社 . 论东西方文化主要差异及合璧的必然性［J］. 高等财经教育研究 , 2008, 11(3):79–83.

21. 朱承 . 礼乐文明与生活政治［J］. 中山大学学报社会科学版 , 2014(6):100–111.

22. 许哲娜 . 中国古代等级服色符号的内涵与功能［J］. 南开大学学报哲学社会科学版 , 2013(6):93–101.

23. 陈万求，郭令西 . 人类栖居 : 传统建筑伦理［J］. 自然辩证法研究，2009(3):61–66.

24. 周丹 . 日本设计中自然流露出的禅意［J］. 大众文艺学术版 , 2015(6):116.

25. 庞卓恒 . 中西古文明比较［J］. 社会科学战线 , 2001(4):111–138.

硕博士论文：

1. 汪保群 . 东方语境与中国油画［D］. 安徽师范大学 .2007.

2. 王大治 . 扣响可能之门——中国当代艺术文化策略［D］. 东北师范大学 .2003.

3. 刘新纲 . 中国传统艺术符号在现当代艺术中的运用［D］. 华东师范大学 .2006.

4. 张云鹏 . 文化权：自我认同与他者认同的向度［D］. 吉林大学 .2005.

5. 孟庆艳 . 文化符号与人的创造本性［D］. 吉林大学 .2006.

6. 张幼云 . 时代语境与艺术的接受［D］. 中央美术学院 .2004

7. 李凤英，文化全球化：一体与多样的博弈［D］. 首都师范大学 .2007.

8. 崔婷 . 全球化背景下的当代中西文化交流问题研究［D］. 山东大学 .2006.

9. 李鲜 . 中国古代的“和”“同”观与当代文化多样性问题［D］. 云南师范大学 .2004.

10. 王岳 . 饮食方式与饮食具设计［D］. 东华大学 , 2005.

11. 张宇 . 理念在当代中国住宅设计中的冲突与融合［D］. 湖南大学 , 2008.

12. 黄越 .“本土化”的文化视野下，现代居住建筑设计之探讨——北京城区居住建筑设计“本土化”的文化战略［D］. 天津大学 , 2008.

13. 王文瑜 .“蕴情契理 , 知志合一”——中国设计的“情理”智慧［D］. 武汉理工大学 , 2013.

14. 杨梅 . 历史上中西设计文化的比较研究［D］. 河北师范大学 , 2008.

15. 柯象菲 . 东西方审美对现代包装设计影响之比较［D］. 中国美术学院 , 2008.

16. 高小宇 . 既新又旧：王澍建筑创作中对旧材料的运用研究［D］. 南京工业大学 , 2014.

17. 高兴 . 设计伦理研究［D］. 江南大学 , 2012.

18. 李阳 . 解读王澍建筑设计思想［D］. 长安大学 , 2014.

19. 谢雨子 . 全球化背景下的“在地化”与“本土化”设计策略之变［D］. 中央美术学院 , 2014.

20. 祝帅 . 在本土与全球之间［D］. 中央美术学院 , 2006.

21. 李蕾 . 建筑与城市的本土观［D］. 同济大学 , 2006.

22. 曹孟娟 . 中国传统文化创作方式在现代平面设计中的运用［D］. 山东轻工业学院 , 2007.

23. 陈仲先 .《天工开物》设计思想研究［D］. 武汉理工大学 , 2008.

24. 张明山 . 明代农具设计研究［D］. 南京艺术学院 , 2014.

25. 高纪洋 . 中国古代器皿造型样式研究［D］. 苏州大学 , 2012.

26. 张雯 . 土生土长——以夯土为核心的自然建造研究［D］. 中国美术学院，2013.

27. 李喆 . 从本土建筑师的师承关系解读本土设计的发展历程［D］. 中国建筑设计研究院，2011.

28. 宋文 . 中国古代造物与西方现代设计从“式”到“事”的比较研究［D］. 山东大学，2013.

29. 孙俊桥 . 走向新文脉主义［D］. 重庆大学，2010.

30 刘翠萍 . 东西方艺术设计本质比较［D］. 武汉理工大学，2002.

图书在版编目(CIP)数据

文化创新产品设计 / 张明著. -- 南京 : 江苏凤凰美术出版社, 2021.11

ISBN 978-7-5580-9369-2

Ⅰ. ①文… Ⅱ. ①张… Ⅲ. ①文化产品—产品设计—教材 Ⅳ. ①G124

中国版本图书馆CIP数据核字(2021)第218581号

责任编辑 王左佐
责任校对 许逸灵
责任监印 于 磊

「十三五」江苏省高等学校重点教材
教材编号: 2020-2-222

书　　名 文化创新产品设计
著　　者 张明
出版发行 江苏凤凰美术出版社(南京市湖南路1号 邮编: 210009)
制　　版 南京新华丰制版有限公司
印　　刷 南京大贺开心印商务印刷有限公司
开　　本 787mm × 1092mm 1/16
印　　张 13.5
版　　次 2021年11月第1版 2021年11月第1次印刷
标准书号 ISBN 978-7-5580-9369-2
定　　价 88.00元

营销部电话 025-68155675 营销部地址 南京市湖南路1号